# 中国 CFO 能力框架 2022
## ——成为胜任的 CFO

## CFO Competence Framework in China 2022
## —Toward Competent CFO

上海国家会计学院　著
美国管理会计师协会

中国财经出版传媒集团
经济科学出版社
Economic Science Press

图书在版编目（CIP）数据

中国 CFO 能力框架 2022：成为胜任的 CFO／上海国家会计学院，美国管理会计师协会著 . —北京：经济科学出版社，2021.12（2022.2 重印）（2022.3 重印）
　ISBN 978 - 7 - 5218 - 3130 - 6

Ⅰ.①中… Ⅱ.①上…②美… Ⅲ.①企业管理 - 财务管理 - 研究 - 中国 Ⅳ.①F279.23

中国版本图书馆 CIP 数据核字（2021）第 255985 号

责任编辑：白留杰
责任校对：杨　海
责任印制：张佳裕

## 中国 CFO 能力框架 2022
### ——成为胜任的 CFO
上海国家会计学院　著
美国管理会计师协会

社址：北京市海淀区阜成路甲 28 号　邮编：100142
教材分社电话：010 - 88191309　发行部电话：010 - 88191522
网址：www.esp.com.cn
电子邮箱：bailiujie518@126.com
天猫网店：经济科学出版社旗舰店
网址：http://jjkxcbs.tmall.com
北京季蜂印刷有限公司印装
787×1092　16 开　14 印张　220000 字
2021 年 12 月第 1 版　2022 年 3 月第 3 次印刷
ISBN 978 - 7 - 5218 - 3130 - 6　定价：63.00 元
(图书出现印装问题，本社负责调换。电话：010 - 88191510)
(版权所有　侵权必究　打击盗版　举报热线：010 - 88191661
QQ：2242791300　营销中心电话：010 - 88191537
电子邮箱：dbts@esp.com.cn)

# 序

2002年10月，上海国家会计（SNAI）学院建院伊始，就成立了项目组从事首席财务官（CFO）能力框架项目研究，并在2006年出版了《成为胜任的CFO——中国CFO能力框架》一书，书中提出CFO不仅要负责财务工作，还要深度参与公司的经营、决策和战略，这一观点随后印证了企业的诸多变化。此后十年来，信息化、国际化和金融危机，对企业的管理、经营和竞争能力提出了更高要求，对CFO的能力要求也发生了变化。因此，第一期CFO能力框架项目提出十年之后——2014年，我们与特许管理会计师公会（CIMA）合作开展了CFO能力框架项目（第二期）的研究工作，研究报告《中国CFO能力框架2016——成为胜任的CFO》在2016年正式出版，再次引起各界的关注。该报告关注了CFO职能随着经营环境的转型，并首次提出定量化的能力框架。近几年，经营环境再次发生变化，大数据和人工智能（AI）技术的发展、贸易冲突和新冠肺炎疫情接踵而来，再次挑战了CFO的职能和能力。我们希望了解目前企业对CFO的能力要求发生了哪些变化？因此，上海国家会计学院与美国管理会计师协会（IMA）合作开展了中国CFO能力框架（第三期）的研究工作。

经济改革促使经济环境发生了变化，可以说唯一不变的就是经营环境的不断变化。为了适应新的竞争环境，企业管理的策略也随之变化。经营环境的变化要求企业的决策更加科学，这就必须在决策中应用财务信息。这对CFO的管理行为提出了新的要求，要求CFO不仅要负责财务方面的决策，还要参与经营管理、支持决策，CFO的职能必须扩展到经营领域。更重大的责任对CFO的胜任能力提出新的要求，CFO的职能、责任及胜任能力也不是一成不变的，而是在不断地变革和进化，非常有必要进行系统的研究和不间断的跟踪。

  思考遥远的另一端是一种智慧，同样也是一种责任。正是怀着这样的使命感，需要对 CFO 及其所领导的财务领域的未来发展趋势做一些前瞻性的判断，探索 CFO 的转型轨迹，以期 CFO 这个群体能够健康成长。SNAI 和 IMA 一起开展了对 CFO 能力框架第三期的研究工作，自 2019 年以来，进行了大量艰苦的研究工作，终于在 2021 年《中国 CFO 能力框架 2022——成为胜任的 CFO》实现付梓出版。

  本书采用了实证研究和规范研究相结合的方法，以问卷调查的方式了解了我国 CFO 的现状和财务管理的现状，在借鉴国外先进经验的基础上构建了我国 CFO 的能力框架，并在此基础上提出了 CFO 能力框架的实施方法。本书的研究结果对我国 CFO 能力的提高和整个 CFO 职业界的发展都具有重要意义，也必将对我国 CFO 的成长产生深远的影响。

2021 年 10 月

# 内容摘要

## 第一章 绪 论

1. 2002年10月，在财政部的领导和支持下，上海国家会计学院成立了CFO能力框架项目组，承担了对CFO能力框架的研究工作。项目组首先对我国36个城市的156位CFO进行了面对面访谈，获取了大量的第一手资料；以访谈材料为基础，项目组设计了问卷，以回收的480份有效问卷为基础，并结合国际CFO培训的经验以及我国经营环境的实际情况，项目组采用功能法和能力要素法设计了我国的CFO能力框架，阐述了面对变革，CFO应该具备的能力。项目研究报告《成为胜任的CFO——中国CFO能力框架》，受到社会各界的关注，引起良好的社会反响，对我国CFO能力的提高和整个CFO职业界的发展都有重要意义，也对我国CFO的成长产生重要影响。企业界的变化也印证了报告中的观点，CFO不仅要负责财务工作，还要参与经营和决策，CFO的职能必须扩展到经营领域，支持公司决策和战略。

2. 此后的十年，经营环境发生了巨大变化，信息化的普及、经营国际化和国际金融危机，对企业的经营管理和竞争能力提出了更高要求，对CFO的能力要求也发生了变化。2014年上海国家会计学院与美国管理会计师协会合作开展了中国CFO能力框架（第二期）的研究工作，历时两年多，研究报告《中国CFO能力框架2016——成为胜任的CFO》正式出版，再次引起各界的关注。该报告关注了CFO职能随着经营环境的转型，并首次提出了定量化的能力框架。调查发现我国的CFO感受到了来自企业内部和外部的压力，开始关注CFO所要作出的转型。

3. 党的十八大以来，习近平总书记站在党和国家事业发展全局的战略高度，对人才工作作出了一系列重要指示，党的十九大报告提出了"人才是实现民族振兴、赢得国际竞争主动的战略资源"的重要论断，表明了人力资源发展对实体经济、科技创新、现代金融发展的极端重要性，同时指出，创新是引领发展的第一动力，是建设现代化经济体系的战略支撑。

4. 2021年，财政部先后公布了《会计改革与发展"十四五"规划纲要（征求意见稿）》和《会计行业人才发展规划（2021－2025）（征求意见稿）》，对社会公开征求意见。纲要提到会计改革与发展2035年远景目标是：展望2035年，将基本实现打造会计强国的战略目标。会计人才队伍结构进一步优化，会计人员的职业道德、知识结构、执业能力与会计强国的地位相匹配。在发展规划中提出针对企业会计人才的主要任务是培养符合新时代高质量发展要求的大中型企业高端会计人才，同时，发展规划也明确提出构建会计人才能力框架。

5. 近年来，经营环境再次发生变化，以后也会不断变化，可以说唯一不变的就是经营环境的不断变化。在外部环境方面，大数据和AI技术的发展、贸易冲突和新冠肺炎疫情，在外部环境方面，职能财务和信息化进一步发展，内部管理精细化和自动化的普及等，都要求CFO和会计人员的职能和能力与之相适应，我们希望了解目前企业对CFO的能力要求与5年前相比发生了哪些变化？因此，上海国家会计学院与IMA合作开展了中国CFO能力框架（第三期）的研究工作。

6. 有鉴于此，CFO能力框架研究提出了如下的研究目标：

（1）探索符合中国国情的CFO能力框架，为形成规范、科学的评价体系，为国内CFO研究建立奠基性框架。

（2）我们拓展能力框架的对象，针对全体财务人员建立了多层次的、全面的会计人员能力框架。

（3）以CFO能力框架为基础，制定相应的分层级的知识框架，为培训教材和人才评价提供参考。

本书研究运用实证和规范相结合的方法，即通过现状调查（访谈与问卷调查）获取中国CFO现状的实际资料与数据，进行描述性统计分析；然后在国内外大量文献和数据基础上，对我国CFO和发达国家进行了对比分析，找出差距，为进一步设计我国 CFO 的能力框架提供基础，进而结合采用功能分析法和能力要素法以逻辑归纳的方法构建了我国 CFO 的能力框架。我们把整个研究项目分为五个阶段，即前期准备、调查（访谈与问卷调查）、分析和评估、能力框架设计和报告形成。

# 第二章 文献回顾

1. CGMA 管理会计能力框架包括五个方面技能：（1）专业技能。（2）商业技能。（3）人际技能。（4）领导能力。（5）道德、诚信和专业精神。

2. IMA 管理会计能力框架突出了管理会计师应具备的六大能力，即规划、报告、决策、技术、运营、领导和职业道德，其中领导能力是核心，为其他四大能力提供支撑。

3. ACCA 的能力框架针对"财会全才"提出以下 10 项能力要求：（1）专业性和道德感。（2）领导能力和管理能力。（3）法律常识和税务常识。（4）管理会计的可持续性。（5）风险管控能力。（6）提供可靠的财务报告。（7）提供高质量的审计。（8）处理好与利益相关者的关系。（9）有效的财务管理。（10）战略和创新。

4. IFAC 的教育准则把胜任能力解构为三个部分：技术胜任能力（technical competence）、职业技能（professional skills）和职业价值观、伦理和态度（professional values, ethics and attitude）。

5. 北京国家会计学院《管理会计概念框架研究》总结了概念框架的共性特征；研究了管理会计的定义及其所隐含的管理会计本质、管理会计目标体系、管理会计概念体系、管理会计原则与信息质量特征、管理会计功能要素体系以及管理会计工具方法、管理会计报告，构建了管理会计概念框架。

6. 中国商业会计学会管理会计职业能力框架认为从业人员需要具备数据与信息、报告与预算、业务与运行、战略与控制四大业务能力，同时还应具备相应的领导与沟通能力。

7. 中国总会计师协会《中国管理会计职业能力框架》把管理会计职业能

力分为专业能力和综合能力两大类。专业能力包括财务会计能力和管理控制能力，综合能力包括创新能力和领导力。管理会计的职业能力应该建立在职业道德与行为规范基础之上。

8. 中国注册会计师胜任能力指南将注册会计师的胜任能力分为专业知识、职业技能、职业价值观、道德与态度、实务经历四个有机组成部分。

# 第三章　我国上市公司CFO的统计分析

1. 本章以2010~2019年我国沪深两市A股上市公司为研究对象进行描述性统计，CFO特征变量及各类财务数据及指标数据来源为国泰安数据库，共获得有效样本33438个，体现出的CFO个人特征以及所处公司的企业、行业、地区特征。

2. 上市公司的CFO男性居多，男女比例大约2∶1，在位CFO中出现最多的年龄是44~49岁，年龄最大的为76岁，年龄最小的为27岁，CFO学历主要集中在本科及以上，超过65%，并且呈上升趋势，从披露专业来看就读会计专业的人数比例最高。

3. 上市公司CFO具有财务背景的占绝大多数，并且具有复合背景的CFO在逐步增加，具有会计师和注册会计师的CFO所占比例很高。CFO的薪酬呈上升趋势，2019年平均约为65万元，进入董事会的CFO大约稳定在25%。

4. 国有企业在CFO平均年龄上远超其他性质的上市公司，男性CFO占据了更多的席位，占比超过了70%，复合背景CFO的占比也超过80%。从薪酬来看，国有企业与民营企业的CFO报告期薪酬接近，国有企业略高，民营企业最低，外资企业给予CFO的薪酬则远高于国有企业和民营企业。

5. 东北和西北地区的CFO平均薪酬远低于其他地域，领跑的是华北和华南地区，从年龄和性别角度来看，东北和西北地区CFO平均年龄较高，女性CFO占比也同样居于前列，华北、华南、西南地区给予了年轻的CFO们更多的机会，平均年龄明显较低。

6. 货币金融服务业、保险业、房地产业等资本密集型行业CFO的学历水平和行业薪资水平都远高于其他行业，货币金融服务业的学历更是接近了人均硕士研究生的水平，不同行业对 CFO 性别和年龄的偏好也不相同，文化服务业、互联网服务业、艺术和教育以及轻工制造等行业在性别和年龄上的限制更小。不过从数据来看，女性 CFO 管理下的上市公司确实呈现出了更加稳健的财务特征，女性 CFO 管理的上市公司平均资产负债率为 41.66%，远低于男性 CFO 的 44.17%，稳健的财务风格在降低风险的同时也降低了企业的盈利能力。

# 第四章　我国 CFO 现状的调查问卷

1. 所有能力要素的重要性评价均很高，即整体而言各项能力要素都很重要。战略思维和职业道德是最重要的两项，然后依次为知识、人际能力和工作经验，另外，通过差异比较可以看出，在企业规模上，战略思维和人际能力在大小企业规模上的评分有明显差异。相较于小规模企业，大规模企业对会计人员所具有的战略思维能力、人际能力提出了更高的要求。

2. 针对知识能力，所有职业知识的重要性评价均较高，即整体而言各项知识都很重要。这其中最重要的知识依次包括数据分析、财务分析、风险管理、战略管理、成本管理、绩效管理、预算管理、资本运营、公司治理、管理报告分析、运营管理、信息系统、客户管理以及投融资管理，凸显了会计人员的决策职能，以及与公司内其他部门之间的沟通和协调职能。相对次要的知识包括资产管理、项目管理、经济相关法律、人力资源、会计准则、兼并收购等基本的财务部门业务知识。

3. 针对工作经验能力，所有职业经验的重要性评价均很高，即整体而言各项经验都很重要。这其中最重要的工作经验依次包括职业判断能力、企业熟悉程度以及行业熟悉程度，相对次要的工作经验包括行业监管法规、技术发展、集团熟悉程度以及宏观经济熟悉程度。

4. 针对战略思维能力，所有职业能力的重要性评价均很高，即整体而言各项思维能力都很重要。这其中最重要的战略思维能力为问题解决能力，其次依次为决断能力、分析能力、领导能力、商业敏锐度以及创新能力。

5. 针对人际能力，所有能力的重要性评价均很高，即整体而言各项人际能力都很重要。这其中最重要的人际能力为沟通能力，其次依次为学习能力、团队建设能力、谈判能力、影响力以及客户关系维护。

6. 就职业道德而言，各类职业道德的重要性评价均较高，足见人们对各类职业道德的重视。其中诚实守信、遵纪守法的重要性评价最高，其次依次为信息保密、维护公司利益、积极工作、支持公司价值实现和满足监管要求。总体来看，遵纪、守法、合规是会计人员最为关注的职业道德因素。

7. 随着内部环境和外部环境的变化，特别是在信息技术发展等因素的推进下，作为决策信息提供部门的财务职能部门与公司内部其他经营单位的沟通联系不断加强，财务与业务双向互动、持续融合的趋势不断强化。作为财务部门与公司高层管理人员沟通桥梁的 CFO，已经认识到参与战略制定是其重要使命，并已经越来越多地配合 CEO 等公司高管人员完成公司重要战略决策。

# 第五章　CFO 能力框架设计

1. 在对国外发展趋势与我国现状了解的基础上，本书设计能力框架的基本原则是：基于我国的经营环境，基于一定的前瞻性和动态性，基于核心能力，基于一定的通用性。在这些原则的指导下，本书结合采用了能力要素法和功能分析法来设计我国 CFO 的能力框架，从公司的价值创造出发分析了 CFO 应履行的职责及其核心职能；在核心职能的基础上解析 CFO 所需具备的能力；然后从投入的角度，演绎支持这些胜任能力的能力要素。

2. 在公司的价值创造过程中，CFO 的职能应该包括参与战略管理，其中包括核心的业绩管理和决策支持与参与；领导核心业务流程，包括会计核算、会计控制和财务服务；参与公司的资源管理，包括财务信息管理，现金管理、非现金财务管理，人力资源管理和系统维护。上述的职能可以分解为核心职能和相关职能两大类，我们强调的是 CFO 的核心职能，包括决策支持、业绩管理、财务战略、财务服务供应、会计核算与控制、财务信息提供、相关关系维护和资产管理。这些职能也可分解为基本财务职能与高级财务职能，强化 CFO 的高级财务职能已成为未来趋势，这为我们的CFO能力框架设计提供了一个指导思想：即在关注基本财务职能的同时，高度重视高级财务职能。

3. 为了达到相应的目标和完成相应的职能，要求CFO具备一定的能力。CFO的胜任能力是指CFO在其经济实体中承担最高财务负责人角色所应具备的能力，这种能力贯穿于该实体的战略、核心经营和资源管理流程。核心胜任能力应该包括决策能力，战略规划能力，分析能力，领导能力，协作能力，控制能力与资源管理能力等。

4. CFO要胜任其最高财务负责人的角色，必须具备恰当的核心胜任能力，核心胜任能力的基本要素是职业知识，技能和职业价值观。职业知识是指胜任的CFO必须具备的所有与其职能相关的知识，可以分为核心知识和相关知识，核心知识包括战略管理、公司治理、财务战略、财务报告、成本管理、风险管理、购并与重组、税收筹划、价值管理与全面预算、审计与内部控制、财务分析与预测、财务信息系统与ERP、经管责任与资产管理等十三个模块。技能是指为支持CFO感知环境，综合运用知识，形成职业能力的软性特长。核心技能主要包括沟通交流与协调、领导与团队建设、系统思维与问题解决。CFO的核心价值观主要是CFO的职业道德。

5. 通过层次分析法针对能力的构成要进行了分解，得到能力框架具体结构。

# 第六章 CFO能力框架的应用

1. 本章总结财务人员能力框架。

2. 本能力框架同时考虑到能力类别和能力层级，分为五个类别（知识领域、战略思维、人际能力、工作经验以及职业道德）和四个层级，覆盖企业或单位财会人员从初级、中级、高级到专家级的不同群体。

3. 本章详细地分解了能力框架，五类能力划分为30个知识点，每个知识点分为四个级别，构成了详细的知识结构，供各类会计人员学习使用。

# 第七章 结 论

1. 我国 CFO 传统意义上主要从事财务会计工作，因此，对 CFO 的评价和遴选主要集中在财务知识方面。但是，从前面对 CFO 能力框架的讨论来看，作为公司高管人员之一的 CFO，其职能不仅仅与其负责的财务部门的工作密切相关，企业赋予了 CFO 更多的高级管理职能，要求 CFO 必须从公司战略的角度分析问题、解决问题。

2. 未来 CFO 的评价和遴选体系需要重点关注三方面的内容：第一，现代企业要求 CFO 从战略高度参与重要经济问题的分析和决策，不仅涉及财务领域，还涉及非财务领域。因此，CFO 评价体系需要对战略决策给予足够关注；第二，CFO 是作为公司的高级管理人员、作为公司最高行政领导的战略合作伙伴参与公司经营的，因此评价体系在决策、沟通、领导等软技能方面有所侧重；第三，伦理道德问题是许多任职资格评价体系中都异常关注的一个问题。

3. 我们希望以案例为导向，以我们提出的 CFO 能力框架为基础，开发出适应我国企业要求的核心课程体系和后续教育培训课程，以此来促进我国企业财务决策水平的持续提高。

# 目录 CONTENTS

**第一章 绪论** / 1

　　一、前期研究回顾 / 1
　　二、研究背景 / 3
　　三、经营环境变化 / 5
　　四、研究方法与研究过程 / 7

**第二章 文献回顾** / 11

　　一、能力框架研究综述 / 11
　　二、调查问卷研究综述 / 22

**第三章 我国上市公司 CFO 的统计分析** / 37

　　一、CFO 个人特征 / 38
　　二、CFO 特征的交叉分析 / 52
　　三、本章小结 / 60

**第四章 我国 CFO 现状的调查问卷** / 61

　　一、问卷过程 / 61
　　二、能力要求的描述统计 / 62
　　三、公司财务工作现状的描述统计 / 73
　　四、本章小结 / 79

## 第五章 CFO 能力框架设计 /81

一、设计原则 /81

二、设计方法 /83

三、会计人员能力框架设计 /86

四、能力结构分析 /105

五、企业管理者（CFO）的能力框架 /109

六、部门管理者的分析结果 /115

七、业务管理者的分析结果 /117

八、基层员工的分析结果 /119

九、汇总的结果 /121

十、本章小结 /126

## 第六章 CFO 能力框架的应用 /128

一、能力类别 /129

二、能力分级 /130

三、能力框架的应用 /131

四、本章小结 /161

## 第七章 结论 /162

一、完善 CFO 评价体系 /162

二、以案例为导向开发核心培训课程 /163

三、CFO 能力框架的展望 /165

**附录一：企业 CFO 能力框架调查问卷（第三期） /167**

**附录二：描述性统计 /178**

**附录三：分析图表 /199**

**后记 /209**

# 第一章
# 绪 论

## 一、前期研究回顾

2002年10月,在财政部的领导和支持下,上海国家会计学院成立了CFO能力框架项目组,承担了对CFO能力框架的研究工作。项目组首先对我国36个城市的156位CFO进行了面对面访谈,获取了大量的第一手资料;以访谈材料为基础,项目组设计了问卷,以回收的480份有效问卷为基础,并结合国际CFO培训的经验以及我国经营环境的实际情况,项目组采用功能法和能力要素法设计了我国的CFO能力框架,阐述了面对变革,CFO应该具备的能力。项目研究报告《成为胜任的CFO——中国CFO能力框架》,受到社会各界的关注,引起良好的社会反响,对我国CFO能力的提高和整个CFO职业界的发展都有重要意义,也对我国CFO的成长产生重要影响。企业界的变化也印证了报告中的观点,CFO不仅要负责财务工作,还要参与经营和决策,CFO的职能必须扩展到经营领域,支持公司决策和战略。

此后的十年,经营环境发生了巨大变化,信息化的普及、经营国际化和国际金融危机，对企业的经营管理和竞争能力提出了更高要求，对 CFO 的能力要求也发生了变化。上海国家会计学院与 CIMA 合作开展了中国 CFO 能力框架（第二期）的研究工作，历时两年多，研究报告《中国 CFO 能力框架 2016——成为胜任的 CFO》正式出版，再次引起各界的关注。该报告关注了 CFO 职能随着经营环境的转型，并首次提出了定量化的能力框架。调查发现我国的 CFO 感受到了来自企业内部和外部的压力，开始关注 CFO 所要作出的转型，公司财务负责人认为融资管理较投资管理更为重要，展望未来五年，CFO 认为融资管理的重要程度在下降，而投资管理的重要程度上升。得益于信息技术的迅猛发展，会计核算这一传统上非常重要的财务职能得到 CFO 的认可程度很低，认为这一职能重要或很重要的调查对象占全部调查对象的比例仅为 56.33%，认为未来五年会计核算依然重要或很重要的 CFO 比例低至 42.67%，经典财务职能的转变趋势表现明显。

随着内部环境和外部环境的变化，特别是通讯、信息技术的发展，在全球化进程的加快等因素的推进作用下，CFO 已经认识到参与战略制定是 CFO 的重要使命，已经在更多地配合 CEO 等公司高管人员完成公司重要战略决策。同时，CFO 越来越多地参与公司研发战略、销售战略及信息系统管理过程中，并贯穿于公司运营的整个流程中，充分发挥财务专业知识和技能对业务的支撑作用，在逐步渗透于业务流程的过程中，凸显财务职能的重要作用和转变趋势。调查发现财务负责人参与公司经营决策的领域多属于能够发挥自身专业特长的财务领域，包括资产重组、兼并与收购、对内决策支持及财务流程再造四个方面。

最近五年，经营环境再次发生变化，以后也会不断变化，可以说唯一不变的就是经营环境的不断变化。在外部环境方面，大数据和 AI 技术的发展、贸易冲突和新冠肺炎疫情，在外部环境方面，职能财务和信息化进一步发展，内部管理精细化和自动化的普及等，都要求 CFO 和会计人员的职能和能力与之相适应，我们希望了解目前企业对 CFO 的能力要求与五年前相比发生了哪些变化？因此，上海国家会计学院与 IMA 合作开展了中国 CFO 能力框架（第三期）的研究工作。

## 二、研究背景

党的十八大以来，习近平总书记站在党和国家事业发展全局的战略高度，对人才工作作出了一系列重要指示，党的十九大报告的主题是：不忘初心，牢记使命，高举中国特色社会主义伟大旗帜，决胜全面建成小康社会，夺取新时代中国特色社会主义伟大胜利，为实现中华民族伟大复兴的中国梦不懈奋斗。在这个前提和背景下，报告提出了"人才是实现民族振兴、赢得国际竞争主动的战略资源"的重要论断，报告强调，我国经济已由高速增长阶段转向高质量发展阶段，首次提出要"着力加快建设实体经济、科技创新、现代金融、人力资源协同发展的产业体系"，表明了人力资源发展对实体经济、科技创新、现代金融发展的极端重要性，同时指出，创新是引领发展的第一动力，是建设现代化经济体系的战略支撑。要瞄准世界科技前沿，强化基础研究，实现前瞻性基础研究、引领性原创成果重大突破。加强应用基础研究，拓展实施国家重大科技项目，突出关键共性技术、前沿引领技术、现代工程技术、颠覆性技术创新，为建设科技强国、质量强国、航天强国、网络强国、交通强国、数字中国、智慧社会提供有力支撑。

习近平总书记指出，发展是第一要务，人才是第一资源，创新是第一动力。强起来要靠创新，创新要靠人才。中国特色社会主义事业的人才需求，不仅要有数量，更要重质量，要高度重视人才培养培训工作，有针对性地进行培养培训的设计与实施，增强人才培养培训的目标性和实效性，同时也要充分发挥社会力量在培训方面的积极作用，形成多元化的培训机制。人类社会需要通过教育不断培养社会需要的人才，需要通过教育来传授已知、更新旧知、开掘新知、探索未知，从而使人们能够更好认识世界和改造世界、更好创造人类的美好未来。他还指出，"两个一百年"奋斗目标的实现、中华民族伟大复兴中国梦的实现，归根到底靠人才、靠教育。

2021年9月，习近平在中央人才工作会议上强调，加快建设世界重要人才中心和创新高地，必须把握战略主动，做好顶层设计和战略谋划。我们的目标是：到 2025 年，全社会研发经费投入大幅度增长，科技创新主力军队伍建设取得重要进展，顶尖科学家集聚水平明显提高，人才自主培养能力不断增强，在关键核心技术领域拥有一大批战略科技人才、一流科技领军人才和创新团队；到 2030 年，适应高质量发展的人才制度体系基本形成，创新人才自主培养能力显著提升，对世界优秀人才的吸引力明显增强，在主要科技领域有一批领跑者，在新兴前沿交叉领域有一批开拓者；到 2035 年，形成我国在诸多领域人才竞争比较优势，国家战略科技力量和高水平人才队伍位居世界前列。

2021 年，财政部先后公布了《会计改革与发展"十四五"规划纲要（征求意见稿）》和《会计行业人才发展规划（2021-2025）（征求意见稿）》，对社会公开征求意见。纲要提到，在"十三五"期间，会计人才培养方式持续创新、职称制度改革深入推进、人员队伍结构进一步优化，具备初、中、高级资格会计人员分别达到 670.20 万人、242.02 万人和 20.57 万人，重点人才培养工程陆续推出，高端人才培养力度持续加大，为行业改革与发展提供人才保障。

纲要提到，会计改革与发展 2035 年远景目标是：展望 2035 年，将基本实现打造会计强国的战略目标。会计法制水平与国内经济发展和国际资本流动的需求相适应，会计审计标准体系更加科学完备、执行更加平稳有效，我国参与制定国际会计审计标准的话语权和影响力显著提升。会计人才队伍结构进一步优化，会计人员的职业道德、知识结构、执业能力与会计强国的地位相匹配。会计审计工作数字化转型基本完成，会计诚信建设取得突破性进展，会计审计工作质量得到显著提升，现代会计服务业向专业化和价值链高端延伸，会计行业在建设高标准市场体系、建设数字中国以及提升政府经济治理能力中发挥更加积极的作用。

在发展规划中提出，针对企业会计人才的主要任务是培养符合新时代高质量发展要求的大中型企业高端会计人才，应当具有良好的职业操守、新时代发展理念、管理创新能力、全球战略眼光、社会责任感，能够站在时代前沿和战略全局思考问题，为实现企业战略目标出谋划策；能够发挥财会工作对企业经营决策的支撑作用，不断提升价值创造能力；能够充分利用国际和国内两个市场、两种资源，为企业发展提出全球性解决方案；能够有效识别、研判和应对经营风险，为企业健康持续发展提供支持和保障；能够引领带动企业会计人才队伍发展。

同时，发展规划也明确提出构建会计人才能力框架。会计人才能力框架是从事会计工作或履行会计岗位职责应具备的能力和要求的组合，包括知识、技能、价值观等。财政部要以经济发展需求和行业发展趋势为导向，针对不同层次、不同类别的会计人才分别构建能力框架；以能力框架为指引，制定会计人员继续教育科目指南，修订中国注册会计师胜任能力指南，构建高端会计人才培养核心课程体系。各地财政部门根据能力框架组织开展本地区会计人才培训工作，各业务主管部门、用人单位根据能力框架开展本系统、本单位会计人才培训工作。通过各级财政部门、各系统、各单位的共同努力，积极引导广大会计人员根据职业发展要求，持续加强能力建设，推进会计工作更好地服务高质量发展。

## 三、经营环境变化

21世纪以来，国际经营环境发生了重大变化。进入知识经济时代，企业对研究开发费用的投入加大，导致产品更新换代频繁，企业经营节奏加快；信息技术的发展及贸易壁垒的消退使地球变成一个村落，贸易全球化导致竞争全球化；资本的积聚及国际游资的逐利行为加速了跨国资本的流动；发达国家的经济增长放缓使跨国公司的投资向发展中国家转移；跨境购并规模空前，使少数跨国巨头在全球经济中的权重越来越大，并危及发展中国家弱小竞争者的生存。在这样的背景下，我国应如何培养一支高素质的企业管理人才，以应对新时期的挑战成为当务之急。

最近五年，经营环境再次发生变化，在外部环境方面，大数据和AI技术的发展、贸易冲突和新冠疫情，在内部环境方面，智能财务和信息化进一步发展，内部管理精细化和自动化的普及等都对企业经营管理和CFO的财务管理提出了新的要求。大数据和AI技术的发展进一步提升企业财务管理的效率，企业建立信息化的共享数据平台，实现大数据下的共享功能，提升工作效率，促进企业实现精细管理，提高企业的预算管理能力和决策水平，提升预测精准度，有力控制财务风险和经营风险。几年来的贸易冲突让企业在技术创新方面和市场销售方面面临更大风险，原来可以引进的技术需要自主研发，原来出口的产品受到限制，原来可以进口的部件需要寻找国内供应商，这些都对企业和CFO带来新的挑战；突如其来的新冠肺炎疫情更是雪上加霜，国际交流的中断让生产能力和国际贸易受到冲击，企业开始重新规划自身的供应链，并且关注自身和客户的财务风险，CFO必须关注这些事项。

在企业内部方面，会计信息化进一步发展，智能财务逐渐兴起，进一步提升了会计工作效率，扩展了会计工作范围，让会计人员从烦琐的程序性事务中解脱，改变会计人员的工作重点，会计人员必须作出改变来适应自己的工作改变；随着企业管理的信息化和市场竞争的不断变化，企业内部管理越来越精细化，不实施精细管理的企业逐步被市场淘汰，精细管理需要更多的数据支持，尤其是财务数据和经营数据的结合分析，要求财务人员必须拓展这方面的技能；机器人和自动化设备的应用越来越多，正在逐步替代人工从事烦琐的重复性操作，企业的管理方式和成本结构都发生了变化，财务人员也必须适应这些变化。CFO和会计人员作为企业财务的负责人和参与者，对投资者、企业管理者和政府部门对会计信息的需求提供支持，企业内外部环境的变化，对CFO和财务人员的能力提出了新的要求，CFO和财务人员必须作出改变来适应环境的变化。因此，第一期CFO能力框架项目提出十年之后，我们与CIMA合作进行了CFO能力框架项目（第二期）的研究，第二期CFO能力框架项目提出五年之后，我们与IMA合作进行了CFO能力框架项目（第三期）的研究，我们希望了解目前企业对CFO的能力要求与15年前和5年前相比发生了哪些变化？

有鉴于此，CFO能力框架研究提出了如下的研究目标：

1. 探索符合中国国情的CFO能力框架，为形成规范、科学的评价体系，为国内CFO研究建立奠基性框架。

2. 我们拓展能力框架的对象，针对全体财务人员建立了多层次的、全面的会计人员能力框架。

3. 以 CFO 能力框架为基础，制定相应的分层级的知识框架，为培训教材和人才评价提供参考。

## 四、研究方法与研究过程

IFAC 发布的《成为胜任的职业会计师》中建议，对胜任能力的研究可以采用访谈（与雇主或受雇会计师的访谈）、问卷调查（如通过邮寄问卷的方式）、各种类型的工作实验（包括团体交流）以及直接观察等方式。各成员团体也可借鉴其他 IFAC 的研究成果。

上海国家会计学院与 IMA 联合 CFO 能力框架研究小组（以下简称"研究小组"）在研究过程中采纳了 IFAC 的建议，结合使用了实证研究方法（主要是实地访谈和问卷调查）和规范研究方法（主要是归纳、演绎、比较）。整个研究过程分为调查（实地访谈、问卷调查）、分析与评估、能力框架设计和报告撰写四个阶段。

### （一）调查

1. 实地访谈。访谈对整个研究至关重要，不仅可以取得大量的第一手资料，还是问卷设计的基础。从 2019 年 1 月开始，研究小组在阅读大量文献、充分了解国外 CFO 研究方法的基础上，反复讨论设计访谈问题，确定了访谈提纲。访谈人员在经过培训后，对 10 名 CFO 进行了探测性测试。

2019 年 5~10 月，研究小组访谈了分布于上海、北京、深圳、山东等地的 50 家公司，本次访谈取得了良好效果，为我们了解企业对 CFO 的要求和 CFO 本人对职业发展的理解提供了第一手素材。

2. 问卷调查。研究小组从 2019 年 8 月开始设计调查问卷。问卷调查的目的是分析我国 CFO 所面临的环境、对 CFO 的能力要求和 CFO 对自身能力的认识等。

研究小组从企业能力要求、企业环境和基本信息等几个方面设计问卷框架。然后结合访谈结果，对问卷内容进行了完善，在校内广泛地征求意见，对问卷进行了前后五次修改。最后一个程序是酸性测试，测试者认为问题明了、清晰、针对性强，所用时间适中（填写时间平均10分钟）。我们提供两种填写问卷的方式，即电脑版和微信版，既方便被调查者填写，也方便后续的问卷处理。我们采取两个途径发放问卷，一是公开网络途径，通过微信群加以推广；二是现场培训班发放问卷。我们收到1038份问卷，去除了填写时间小于3分钟和大于60分钟的问卷，得到有效问卷945份。

### （二）分析与评估

我们对访谈和问卷结果进行了系统整理，并以此为基础进行了审慎的分析和评估。

1. 访谈分析与评估。访谈工作是为了取得与CFO工作相关的第一手信息，并获得我国CFO的总括感性认识。访谈的结果也用以完善问卷的设置。在访谈过程中，我们要求每一位访谈者对访谈情况进行尽可能完整的现场记录，并在征得被访谈者同意的情况下录音。访谈的内容一般在当天按固定格式进行整理，形成书面文档。

访谈结束后，所有的访谈文档按访谈人进行了归类存档。为便于汇总分析，访谈文档被重新加工，形成工作表格。在工作表格的基础上，加以总结形成访谈综述。我们以该访谈结果征求了若干CFO的意见，他们认为访谈综述基本上反映了我国现阶段CFO的状况。

2. 问卷分析。对多项选择型问题，我们统计出各类问题在全部有效样本中的百分比，并将样本按照七种不同的划分标准划分为十四个子样本，针对不同的子样本对所有问题进行了分类统计。对重要性排序问题，采用九级评分制，1代表不重要（不考虑、不用、无效、很少、分配较少时间、不明显、很小），5代表一般（略作参考、偶尔用），9代表很重要（重点考虑、常用、非常有效、很多、分配很多时间、非常明显、很大），对所有问题计算出各子问题的平均得分，同样也针对不同的子样本计算出各个子问题在不同子样本中的平均得分，并对这些得分逐对进行了均值比较。此外，还统计出选择很重要（重点考虑、常用、非常有效、很多、分配很多时间、非常明显、很大）的CFO在全部有效样本中的比例。

我们采用华莱士和梅勒（Wallace and Mellor, 1988）的方法对样本的代表性加以检验。将反馈回的问卷分为两类，第一类是编号为奇数的问卷，第二类是编号为偶数的问卷。针对重要性排序问题，对各子问题在两个子样本中的重要性得分作了均值差异性检验，结果表明，反馈结果在这两类样本之间并不存在显著性差异。因此从统计角度来看，两类问卷的分析结果没有显著差异。

需要指出的是，问卷结果表明的只是填写者对这些问题的态度和看法，并不表明实际运营过程中管理会计就是完全按照这种模式操作的。

### （三）能力框架设计

实地访谈记录的整理及问卷调查的统计分析是能力框架设计的基础。基于调研的基础，研究小组多次讨论了能力框架的设计，经过多次征求意见（针对研究报告框架）后，以针对全体财务人员建立了多层次的、全面的会计人员能力框架。财务人员分为四个层级，即公司层面、财务部门层面、业务管理层面和普通员工，每个层级的能力框架包含五个要素：知识、工作经验、人际能力、战略思维和职业道德，并以CFO能力框架为基础，制定相应的分层级的知识框架。

### （四）本书基本结构

基于前面三个阶段的研究成果，最终形成了《中国CFO能力框架2022——成为胜任的CFO》。本书的逻辑结构如图1-1所示。

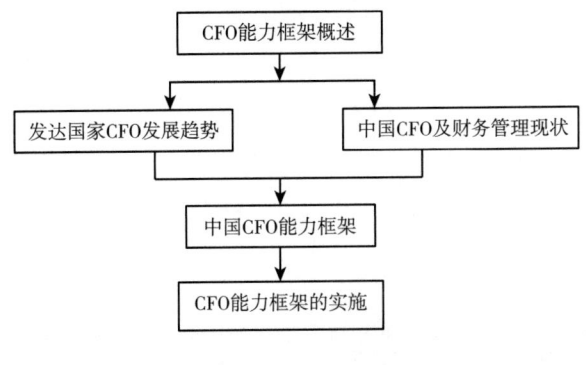

图1-1 基本结构

我们先查阅了大量文献，考查了发达国家CFO的发展趋势，这种发展趋势对我国CFO胜任能力的塑造具有借鉴意义。同时，通过调研，我们了解了我国CFO的现状、需求。然后，结合发达国家的趋势和我国的现状及转型的要求，设计了中国的CFO能力框架。最后，还基于CFO能力框架，探讨了CFO评价及培训体系的建立。

# 第二章
# 文献回顾

## 一、能力框架研究综述

### (一) IMA 管理会计能力框架

2019 年，IMA 以管理会计实务公告的形式发布了自己的能力框架——《IMA 管理会计能力框架》，突出了管理会计师应具备的六大能力，即规划、报告、决策、技术、运营、领导和职业道德，其中领导能力是核心，为其他四大能力提供支撑；同时还对五大能力进行了基于五个等级（有限知识级、基本知识级、可应用知识级、熟练技能级、专家级）的细化。

为了跟上商业环境和技术进步变化的步伐，IMA 分析了管理层所需的新兴能力并更新了 IMA 管理会计能力框架。这个增强的框架确定了核心的六个领域，这个框架和相关材料可以用于技能评估、职业发展和人才专业内的管理。

在该框架中，IMA 总结了五点管理会计核心能力（如图 2-1 所示）。

图 2－1　管理会计能力框架

- 规划与报告

需具备的能力：洞察未来，衡量绩效，报告财务业绩。

- 决策

需具备的能力：指引决策，管理风险，建立道德环境。

- 科技

需具备的能力：管理技术和信息系统，驱动有效运营。

- 营运

需具备的能力：作为跨职能的商业伙伴，助力于全公司运营转型。

- 领导力

需具备的能力：与他人合作，激励启发团队去达成组织目标。

职业伦理展示职业价值观、道德行为和法律合规性所需的能力，对于可持续的商业模式至关重要。

## （二）CGMA 管理会计能力框架

2014 年 4 月，CIMA 出台了一个包括多层级、多知识模块的能力框架，为管理会计的人才培养提供了一个相对系统的能力提升体系，其目的是层次递进的逐步提高会计人员的技能：从基础到专业，从运营到战略，形成一个不断提升的培养体系。具体来看，CGMA 管理会计能力框架包括以下四个方面技能（如图 2-2 所示）。

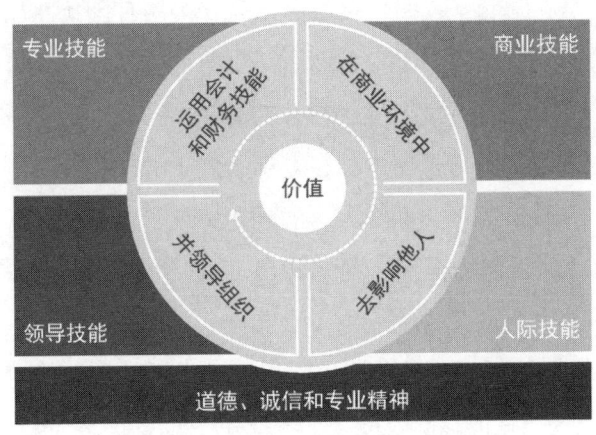

图 2-2　CGMA 管理会计能力框架

1. 专业技能。作为管理会计人员，首先应具备基础的会计与财务技能，尤其是核心会计与财务分析能力，具体表现在：财务会计和报告、成本会计和管理、计划与控制、管理报告和分析、财务与司库、风险管理和内部控制、税务以及会计信息系统等方面的基本知识和分析能力。

2. 商业技能。管理会计的功能不仅限于财务报告和数据汇总，更应该为商业决策和企业战略提供支持和服务，这需要管理会计人员具备敏锐的商业头脑，能够从会计和财务数据中识别商业机遇和风险，判断商业发展趋势。具体表现在：战略、市场与宏观经济环境分析能力；流程管理、商业关系、项目管理的技能，以及对监管环境的了解和应对能力。

3. 人际技能。任何管理工作皆需要与人打交道，这需要具备较强的人际技能，包括影响力、谈判能力、决策能力、协同能力和沟通能力等。

4. 领导能力。管理者的重要职责是调动他人的积极性，引领并推动组织成员的共同努力实现协同发展，具体包括团队建设、辅导与指导、驾驭能力、变革管理以及激励员工和鼓舞士气的能力。

5. 道德、诚信和专业精神。所有的商业行为必须遵循商业道德，上述所有能力的建设，都必须建立在道德、诚信与专业的基础上。

### （三） ACCA 的能力框架

ACCA 希望培养出能响应世界快速变化需求，富有创新性和战略思维的会计师。ACCA 致力于为企业增值的会计师，致力于培养宏观统筹专业型管理人才，涉及的课程是根据现时商务社会对财会人员的实际要求进行开发、设计的，特别注意培养学员的分析能力和在复杂条件下的决策、判断能力，鼓励学员站在管理者的角度从战略层面深入考虑问题，统筹、预测及规划企业走向及企业未来发展。ACCA 能力框架开发于 2013 年，该能力框架明确了通过 ACCA 专业资格认证的学员理应具备的能力和要求。

能力框架针对"财会全才"提出以下十项能力要求。2020 年，ACCA 再次提出未来 CFO 需要具备的核心技能（如图 2-3 所示）。

1. 技术技能和道德技能及财务智慧。成为 CFO 的最基本条件是须具备技术技能和职业道德技能。CFO 要具备相关专业知识，发现潜藏在数据和所披露内容背后的各种问题，采用符合伦理道德的视角，向其利益相关者披露统一的真实信息。

2. 战略与商业敏锐性。未来的首席财务官需拥有很强的业务战略能力，作为其核心竞争力。在瞬息万变的当今时代，此次疫情进一步强化了提高其敏捷性和实践认识的必要性。

3. 风险管理、治理。风险管理是 CFO 职能的另一个核心方面。近期新冠肺炎疫情期间，许多 CFO 认为风险管理应成为重中之重。

4. 数据与技术。数据可用性和技术的变化对未来的 CFO 有着很大影响，需要掌握有关企业种种技术应用可能性的实用知识。在此基础上，构建数据模型，然后利用技术来分析为客户创造价值的各种可能性，以及为企业领导层提供深刻见解的各种可能性。

5. 领导力和沟通能力。CFO 只有具备一定技能组合，才能充分履行这一职责，在业务伙伴合作中沟通能力尤为重要。CFO 需充分发挥职能和作用，确保能够有效领导自身团队。

6. 供应链。供应链是日趋重要的领域，这一点在此次疫情中表现得尤为突出。供应链管理不再仅仅是采购问题，CFO 需要掌控其复杂性，尤其是当涉及合乎伦理道德的采购和供应链韧性等影响因素的情况下。

7. 投资者管理。投资者管理和更广泛的利益相关者管理是 CFO 职能的重要方面。为了能够介绍包含人员（people）、目标（purpose）和利润（profit）等 "3P" 要素的情况，CFO 必须清楚了解企业各个业务部门的不同策略。

8. 咨询。传统财务职责与战略咨询职能之间的差别正日益减小，CFO 在整个企业中提供战略建议的职能尤为重要。许多情况下，CFO 扮演着"超级连接者"的角色，将整个企业的各种活动紧密衔接在一起。

9. 交易。随着业务环境形态的不断发展，无论是收购还是处置某个部门或整个企业，企业间交易的性质也将不断变化，迫使企业不得不考虑其核心业务和流动性。

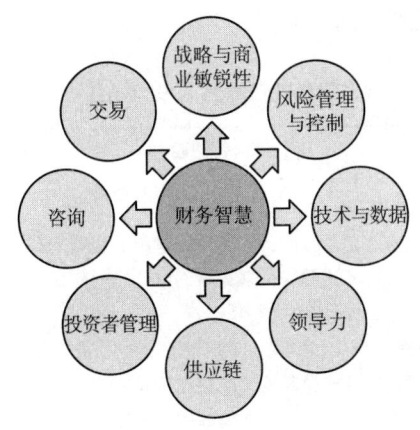

图 2-3　ACCA 能力框架

## （四）IFAC 的教育准则

国际会计师联合会（IFAC）作为全球会计师职业组织，一直致力于推动其会员团体会计职业教育的发展。为推动各会员团体会计职业教育规范的统一，提高职业会计师的胜任能力水平，IFAC 经过多年努力，初步建立起一套注册会计师胜任能力指南体系。国际会计教育准则理事会（IAESB）隶属于 IFAC，负责对职业会计师注册前的教育和培训以及会计职业组织会员的职业后续教育和发展制定准则、指南、研究报告及其他信息资料。

国际会计教育准则试图通过结果基础，原则导向的教育准则来界定职业会计师（professional accountant）所需要的知识、技能和价值观、职业道德和态度。国际教育准则中将职业会计师定义为：一个职业会计师是一个获取、展示和维持会计职业胜任能力并且遵守伦理准则的个人。准则对于能力的解构和对职业道德的重视是本次准则修订的亮点。也成为国际会计教育应对挑战的通用框架。

IFAC 的会员团体通过可靠的程序保证职业会计师具备职业胜任能力，并且把胜任能力解构为三个部分：技术胜任能力（technical competence）、职业技能（professional skills）及职业价值观、伦理和态度（professional values, ethics and attitude）。准则中增加了职业经验（professional experience）要求，并且加强区分了职业经验和实践经验（practical experience）的不同。表 2-1 列示了结果导向的会计师职业胜任能力结构。

表 2-1　　　　　　　　　　　职业胜任能力的学习结果

| 技术胜任能力 | |
| --- | --- |
| 胜任能力领域 | 学习结果 |
| 财务报表审计 | （1）评估由审计聘用接受函和后续程序所识别的风险。<br>（2）监察计划、实施和完成财务报表审计的过程。<br>（3）评估实体持续经营的能力。<br>（4）对财务报表中因财务欺诈和误差引起的重大错报作出评估和反应。<br>（5）评估管理层预测及其他判断存在偏差的证据指标。<br>（6）批准并确立与审计目标相关的适宜审计战略。<br>（7）评估内控重大缺陷并在其他事项方面与相关负责人进行沟通。<br>（8）评估所获审计证据及相关文件的充分性和适宜性。<br>（9）评估所计划和执行的审计是否遵循审计准则及相关法律法规。<br>（10）就相关财务报表出具适当的审计意见和审计报告。 |
| 财务会计和报告 | （1）评估一家企业是否在所有重大方面，根据恰当的财务报告框架编制财务报表。<br>（2）评估财务报表范围内交易和事项的确认、计量、呈报和披露。<br>（3）评估财务报表相对于企业性质、经营环境以及企业持续经营的能力的合理性。 |
| 治理和风险管理 | （1）管理与实体负责人的沟通事宜。<br>（2）评估公司治理结构和风险评估过程以识别财务报表重大误报的风险。 |
| 商业环境 | 通过运用行业、监管和其他外部因素，包括市场、竞争、产品科技和环保要求等信息形成审计期望。 |
| 税务 | 评估所执行的程序，包括他人的工作，评估财务报表中关于税务的重大误报风险，并评估所执行其他审计领域程序的效果。 |

续表

| 技术胜任能力 ||
|---|---|
| 胜任能力领域 | 学习结果 |
| 信息技术 | (1) 评估信息技术环境以识别与财务报表相关的控制，在恰当的情况下寻求IT专业人士的协助。<br>(2) 评估信息技术对于审计战略和财务报表重大错报的潜在风险的影响。 |
| 商业法律法规 | (1) 评估潜在违法违规行为对于审计的影响。<br>(2) 评估证券和股票交易规则以及其对财务报表呈报和披露要求的影响。 |
| 财务和财务管理 | (1) 评估适用于企业的各种筹资渠道，设计出相关审计战略，并计划适宜测试和检查复核程序。<br>(2) 评估企业的现金流、预算、预测和对运营资本的要求。 |

| 职业技能 ||
|---|---|
| 胜任能力领域 | 学习结果 |
| 知识 | (1) 评价会计估值方法，如管理层所作出的公允价值估计。<br>(2) 在审计过程中，运用询问、抽象和逻辑思维解决审计问题，运用批判性分析以充分考虑替代方法和分析审计结果。 |
| 人际交流 | (1) 介绍、讨论、提供与企业管理和与公司治理有效意见。<br>(2) 通过适当的交流方式以解决冲突。<br>(3) 在时机适当时采用协商方式解决审计问题。<br>(4) 有效管理与企业的谈判。 |
| 个人（自律） | (1) 提倡并承诺终身学习。<br>(2) 在所属团队中扮演导师或者教练的角色。<br>(3) 在所属团队中充当学习标杆。 |
| 组织 | 提供领导力以及项目管理手段来管理审计项目。 |

| 职业价值观、伦理和态度 ||
|---|---|
| 胜任能力领域 | 学习结果 |
| 致力于公共利益 | 评估审计质量及其对公共利益、会计职业和更广泛社会的影响。 |
| 职业怀疑态度以及专业判断 | (1) 对评价企业及其管理水平和审计期间获得的证据时要保持一种怀疑的态度。<br>(2) 将专业判断充分运用于计划、实施财务报表审计以及基于审计意见作出相关结论的过程中。 |
| 伦理原则 | (1) 将廉正、客观、专业胜任能力以及谨慎性、保密和专业行为等伦理原则充分运用到审计过程出现的道德困境中并作出适当的解决方案。<br>(2) 识别、考虑和评估可能在审计期间发生的威胁审计师客观性和独立性的因素。<br>(3) 遵守相关法律要求，保守公司机密信息。 |

## （五）北京国家会计学院《管理会计概念框架研究》

北京国家会计学院《管理会计概念框架研究》为中国管理会计基本指引体系的建立提供基本依据，在制度层面建立管理会计基本规范，指导中国管理会计实践活动。在掌握国内外相关文献基础上，以调查法和演绎法为基本研究方法开展，主要研究内容包括：从历史的视角，梳理了国际专业组织机构对管理会计概念框架研究与制定的过程，阐述了管理会计概念框架的发展演变，总结了概念框架的共性特征；研究了管理会计的定义及其所隐含的管理会计本质、管理会计目标体系、管理会计概念体系、管理会计原则与信息质量特征、管理会计功能要素体系以及管理会计工具方法、管理会计报告，构建了管理会计概念框架（如图2-4所示）。

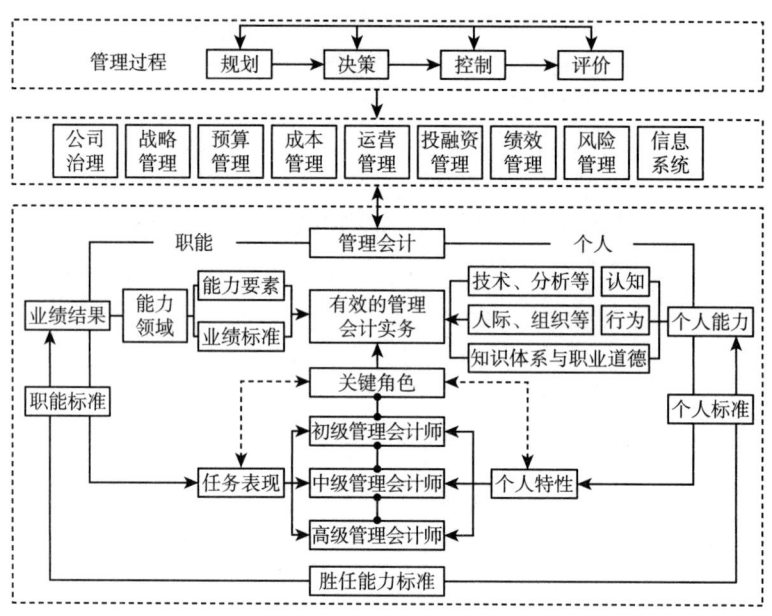

图 2-4　北京国家会计学院的管理会计概念框架

资料来源：《中国管理会计师胜任能力框架》，中国财政经济出版社，2019.

## （六）中国商业会计学会管理会计职业能力框架

为了积极响应国家政策号召，顺应市场需求，提高我国管理会计应用水平，推动企业应对大数据时代的转型升级，提升企业价值创造能力，中国商业会计学会成立了管理会计分会,以数据时代的管理会计人才职业能力框架研究为基础,推出了管理会计信息化认证项目,致力于培养我国管理会计人才,打造中国管理会计人员沟通和职业发展平台。

中国商业会计学会管理会计职业能力框架(2019)体系认为,数据时代的管理会计作为企业内部通用商业语言,以价值创造为最终目的,围绕价值计量、价值分析、价值创造、价值管理这一逻辑主线,需要从业人员具备数据与信息、报告与预算、业务与运行、战略与控制四大业务能力,同时还应具备相应的领导与沟通能力。五大能力各自对不同层级从业人员的要求不尽相同,从而形成四大职级体系(如图2-5和图2-6所示)。

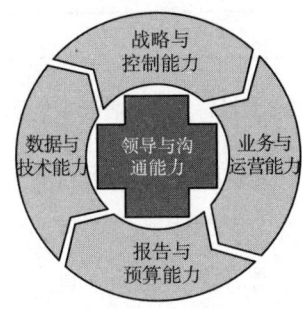

图2-5　中国商业会计学会管理会计职业能力框架

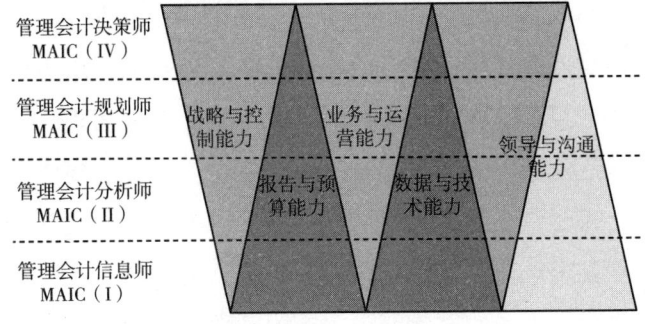

图2-6　四大职级体系

## (七) 中国总会计师协会《中国管理会计职业能力框架》

根据管理会计的职能和特点,管理会计的目标是通过运用管理会计工具方法,参与单位规划、决策、控制、评价活动并为之提供有用信息,推动单位实现战略规划，以持续创造价值为核心，促进单位可持续发展。管理会计职业能力分为专业能力和综合能力两大类。专业能力包括财务会计能力和管理控制能力，综合能力包括创新能力和领导力。管理会计的职业能力应该建立在职业道德与行为规范基础之上（如图 2－7 所示）。

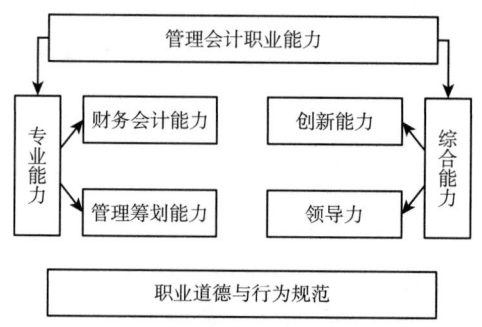

**图 2－7　中国总会计师协会的管理会计职业能力框架**

财务会计能力是管理会计的基础职业能力，管理会计开展工作所依托相关信息的基础来自财务会计。管理筹划能力是管理会计的根本能力，是管理会计职业能力最重要的部分，综合考虑管理会计工具方法的应用领域和实践，我们将管理筹划能力具体分为战略管理能力、预算管理能力、成本管理能力、营运管理能力、绩效管理能力、投融资管理能力、风险防控能力、管理会计报告能力8个方面。

管理会计与财务会计相比是开放型的，其所涉及的领域也大大超出财务会计，最终应用效果是达到单位的业财融合。因此做好管理会计工作，仅有专业技术能力是远远不够的，还要具有综合能力。一是需要强调开拓创新能力，包括技术上善于依托信息等新技术手段、思维上勇于创新开拓。二是管理会计工作是面向全单位经营管理的各个环节，管理会计人员沟通、协调能力以及高级管理会计人员的领导能力，成为管理会计职业能力不可或缺的组成部分。

## （八）中国注册会计师胜任能力指南

2007 年 10 月 11 日，中注协发布了《中国注册会计师胜任能力指南》。从注册会计师人才培养一般规律出发，提出了注册会计师职业生涯胜任能力的总体要求、基本要素和核心内容；参照国际会计教育准则的要求，将注册会计师的胜任能力分为专业知识、职业技能、职业价值观及道德与态度、实务经历等四个有机组成部分，并提出要通过继续教育，保持和提高胜任能力；还对审计项目负责人以及特定环境和特定行业审计业务提出了特殊要求。这些规定可望为注册会计师的资格前教育、资格考试、执业注册、继续培训等人才建设工作提供指导。

注册会计师应当具备的专业知识包括：

（1）会计、审计、财务、税务、相关法律及相关知识；

（2）组织和企业知识；

（3）信息技术知识。

注册会计师需要的职业技能包括下列五类：

（1）智力技能；

（2）技术和应用技能；

（3）个人技能；

（4）人际和沟通技能；

（5）组织和企业管理技能。

注册会计师应当遵循的基本职业价值观及道德与态度包括：

（1）维护公众利益，在审计、审阅和其他鉴证业务中恪守独立、客观、公正的原则；

（2）通过终身学习，培养、保持和提高胜任能力，并保持应有的职业谨慎；

（3）对执业过程中获知的客户信息保密；

（4）职业行为恰当，包括合理确定专业服务收费，不收取或不支付佣金，不从事与执行鉴证业务不相容的工作，保持与同行的良好工作关系，不对自身能力作广告，以恰当的方式进行业务招揽和宣传等。

资格前实务经历的期间至少两年，且应为历史财务信息审计领域中的实务经历。

## 二、调查问卷研究综述

### （一）中国管理会计实践调查

2016年2~3月，美国管理会计师协会（Institute of Management Accountants，IMA）和上海安越企业管理咨询有限公司共同建立的中国管理会计研究中心对中国管理会计实践进行了调研，共回收问卷565份，其中有效问卷518份，有效率91.68%；同时回访了10余位CFO，深入了解他们对相关问题的看法和观点。

对技能的重要程度和熟练程度从1~5进行赋值，1=完全没有，2=低，3=适中，4=高，5=极高，然后计算各项技能重要程度和熟练程度的加权平均值，并根据对企业发展的重要性进行排序。按对公司发展的重要性排序，排在前三位的预算管理相关技能分别为："编制现金预算""熟知预测财务报表的用途，并理解这些财报和预算之间的关系"和"明确预算管理在规划短期目标以及达成这些目标中的作用"（见图2-8）。在每一项技能中，其重要程度都超过了财务人员对此项技能的熟练程度，尤其是"熟知预测财务报表的用途"。全面预算管理是管理会计的重要组成部分，需要战略性规划和全体员工的参与，图中的预算管理技能对于企业发展起着至关重要的作用，只有培养全体员工真正认同全面预算管理的价值，才能为企业成功提供保障。而这项艰难的任务自然落在了财务人员的肩上，他们应该制定预算使得短期目标、行动与战略规划一致，分清企业的优势、劣势以及竞争优势，促进企业实现长期目标与使命。

对绩效管理技能的调研结果表明，被调研企业在以下三个绩效管理手段中拥有更高的技能水平："通过比较实际结果与总预算来明确绩效评估方法的优点与局限性""通过比较弹性预算与总预算（统计），计算销量差异和销售价格差异""分析分部贡献报表并评估绩效"。总体看来，绩效管理技能的加权平均评分在"高"与"极高"之间。绩效评估手段中，对比实际结果和总预算，分析分部贡献报表以及计算销量差异和销售价格差异的重要程度最高，分别占

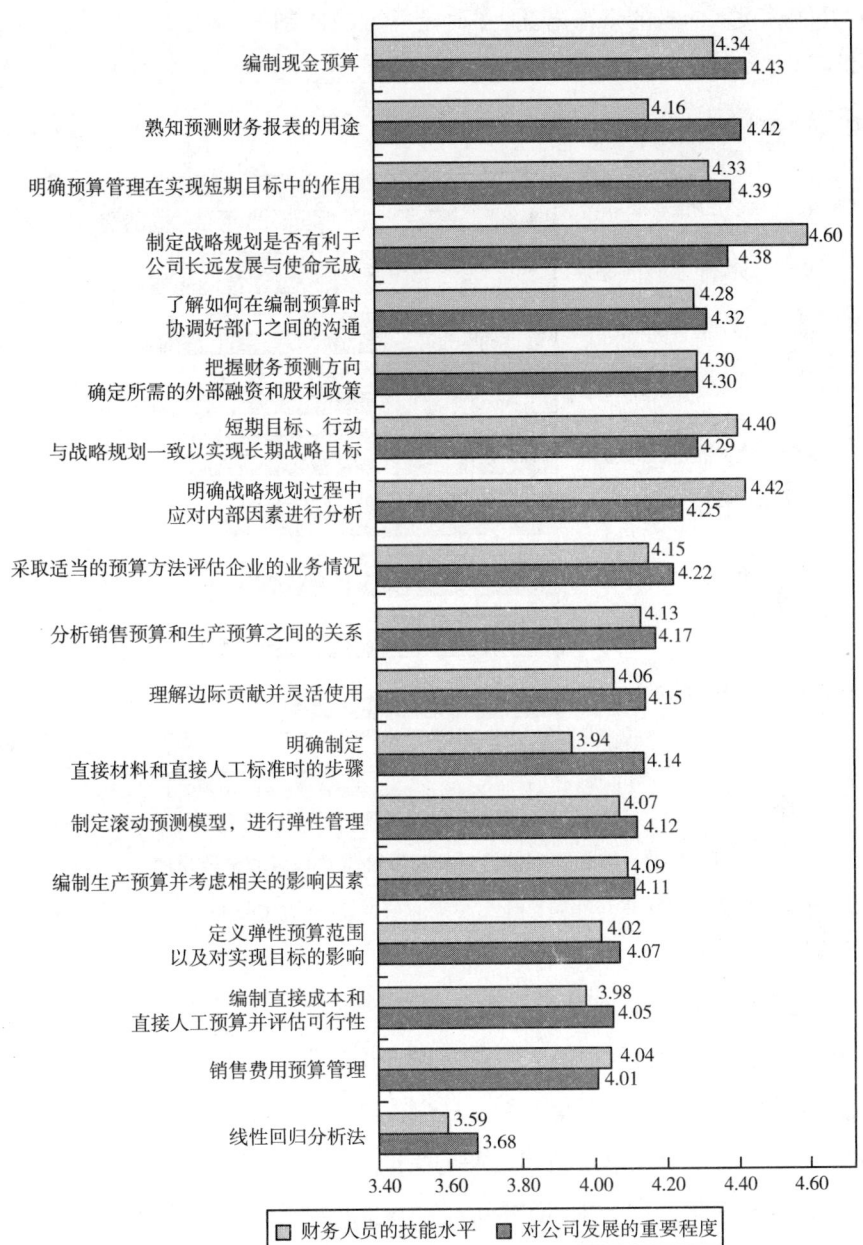

**图 2-8　预算管理技能对公司发展重要程度的赋值排序**

资料来源：管理会计师：2016 中国管理会计实践调研报告——能力与未来，IMA & 安越咨询中国管理会计研究中心，2016 年。

85%、84%和82%的比重，对于重大差异，管理层应该细心调查，确定差异原因并且能够采取恰当的修正措施。"确定标准成本制度"和"计算价格和效率差异"两项技能的重要程度大大超过其熟练程度，管理会计人员尤为需要提升（如图2-9所示）。

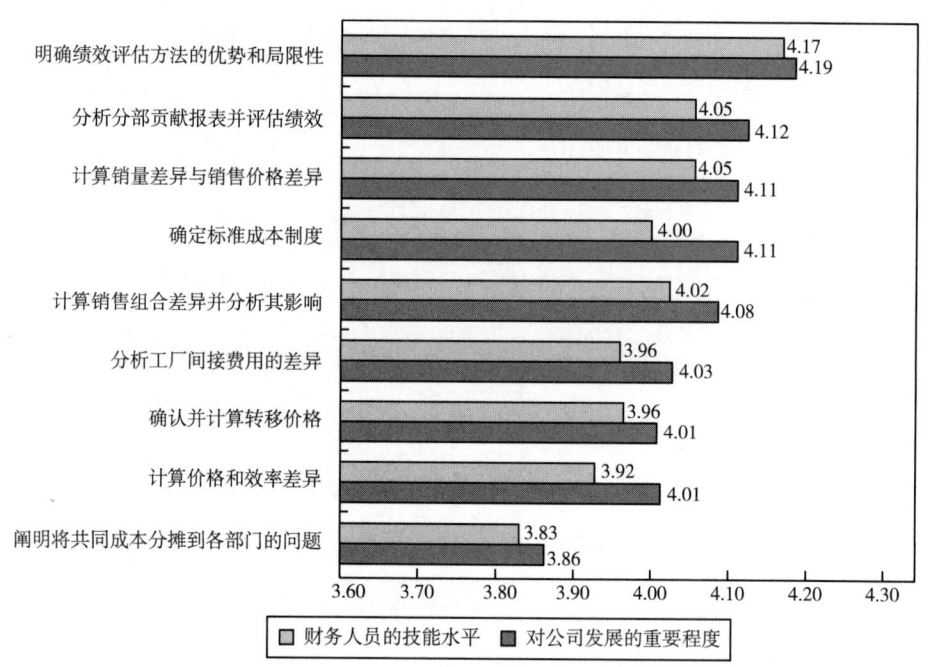

**图2-9　绩效管理技能对公司发展重要程度的赋值排序**

资料来源：管理会计师：2016中国管理会计实践调研报告——能力与未来，IMA&安越咨询中国管理会计研究中心，2016年。

调研结果表明，"计算盈亏平衡点和销售额以求达到目标利润""运用量本利分析法考察变动发生时总收入、总成本以及营业利润的变化""根据给定产品组合计算多产品的盈亏平衡点"这三个决策分析技能更为重要，而排在最末的是"熟知企业以下四个方面的短期均衡价格：（1）完全竞争；（2）垄断竞争；（3）寡头垄断；（4）利用边际收益和边际成本等方法进行的垄断"。这个合理化结果将中国的发展趋势引入一个更加有竞争力的经济体制。从经济学角度来说，熟知企业短期均衡价格有助于企业掌握市场供需以及产品价格的变化趋势，而不是被动地接受市场上的产品价格（如图2-10所示）。

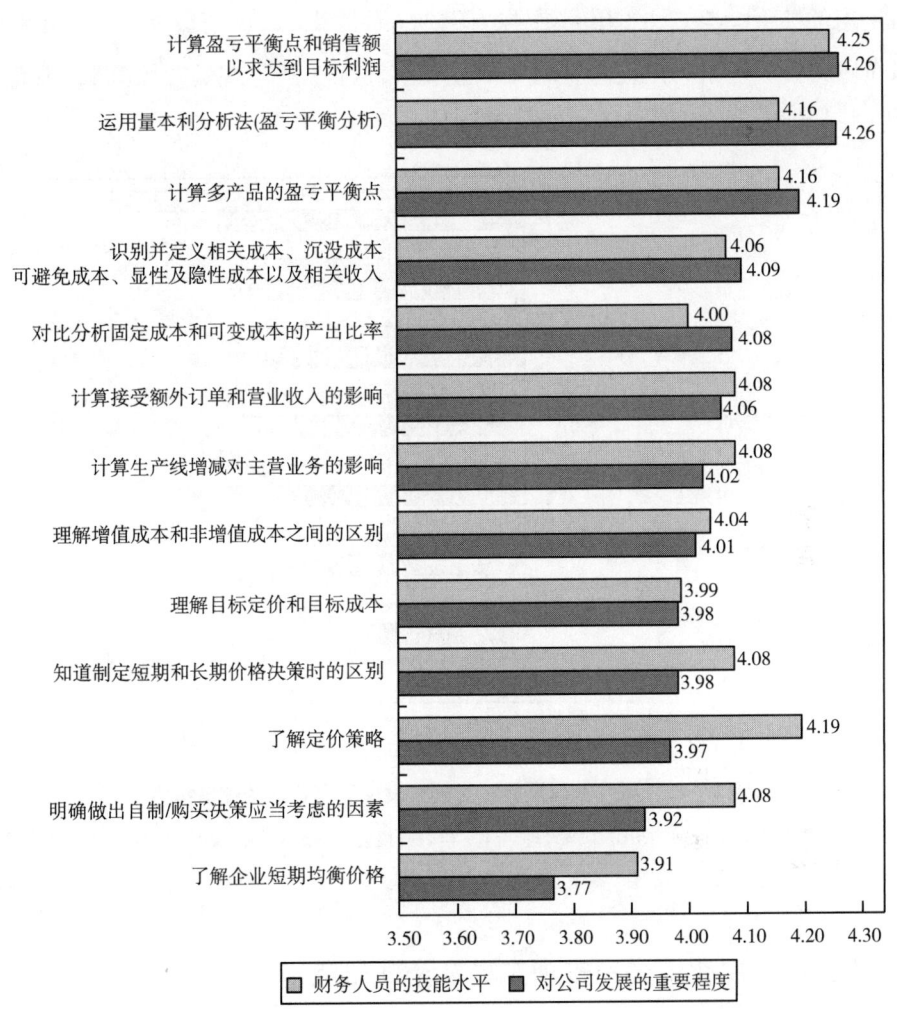

**图 2-10 成本管理与决策分析技能对公司发展重要程度的赋值排序**

资料来源：管理会计师：2016 中国管理会计实践调研报告——能力与未来，IMA& 安越咨询中国管理会计研究中心，2016 年。

风险管理技能中，对公司发展最为重要的包括"识别并了解商业风险、灾害风险、财务风险、经营风险和战略风险""明确风险应对策略，包括避免、保有、减轻（缓解）、转移（分散）以及利用（接受）风险""定义企业风险管理（ERM），并能描述一个 ERM 项目的关键目标、要素以及意义"等，在企业发展过程中，机会与挑战并存，财务人员应当具备战略视野，理解风险的重要性，学会识别风险，只是良好风险管理的第一步，财务人员还应在识别风险时运用各种手段与方法。更为紧要的问题是应对风险。调研数据显示，80%的被调研者将"明确风险应对策略"的重要性评为"高"或是"极高"，没有一个人将其评为"完全没有"（如图 2-11 所示）。

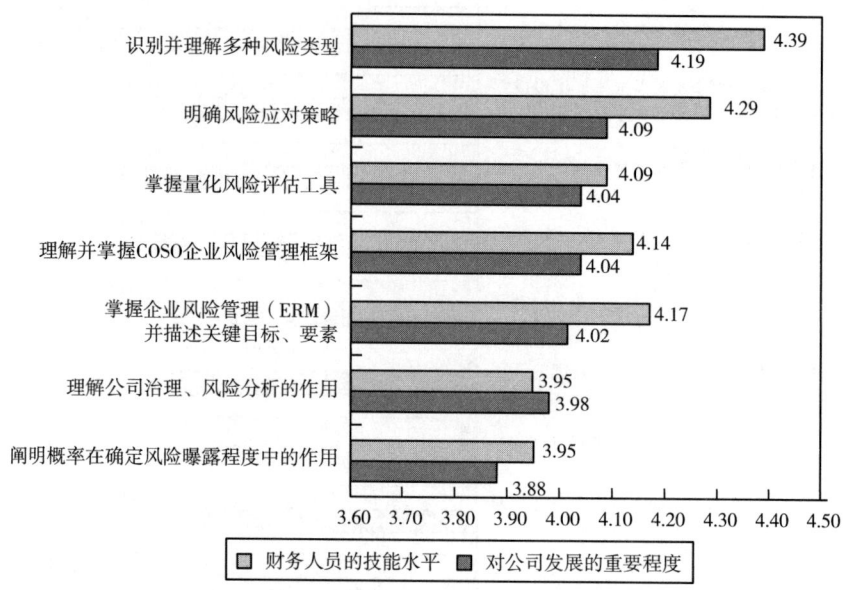

**图 2-11 风险管理技能按对公司发展重要程度的赋值排序**

资料来源：管理会计师：2016 中国管理会计实践调研报告——能力与未来，IMA& 安越咨询中国管理会计研究中心，2016 年。

## （二）贝恩咨询公司管理工具及全球研究

自 1993 年起，贝恩咨询公司十六次在全球范围内针对高管人员展开调查，内容涉及高管人员常采用的管理工具以及此类管理工具的有效性。每两年进行一次研究，以确定 25 个流行的管理工具。通过研究，确定正在使用的管理工具及其成功率。随着时间的推移，研究提供了一些重要的结论。其中：

- 对管理工具的总体满意度的评价为中等正面，但这些工具的使用率、应用的难易程度、成效、优缺点千差万别。
- 当管理工具成为企业主要工作的一部分时，会更加有效。
- 管理者在不同的工具之间随意转换，会削弱员工的信心。
- 针对流行管理工具的夸大往往会导致不切实际的期望，结果也令人失望。

- 决策者通过把战略和工具融合作为实现战略的手段,结果更加理想。
- 任何工具都不是万能的。

长期的调查结果反映了经济环境和管理理念发生了巨大变化,在最受欢迎的 25 个管理工具调查中(如表 2-2 所示)。

表 2-2　　　　　　　　十大管理工具的变化趋势(按使用率)

| 1993 年 | 2000 年 | 2014 年 | 2017 年 |
| --- | --- | --- | --- |
| • 使命和愿景声明(88%) | • 战略规划(76%) | • 客户关系管理(46%) | • 战略规划(48%) |
| • 客户满意度(86%) | • 使命和愿景声明(70%) | • 基准管理(44%) | • 客户关系管理(48%) |
| • 全面质量管理(72%) | • 基准管理(69%) | • 员工敬业度调查(44%) | • 基准(46%) |
| • 竞争对手分析(71%) | • 外包(63%) | • 战略规划(44%) | • 高级分析(42%) |
| • 基准管理(70%) | • 客户满意度(60%) | • 外包(41%) | • 供应链管理(40%) |
| • 业绩激励(70%) | • 增长战略(55%) | • 平衡计分卡(38%) | • 客户满意度(38%) |
| • 重新设计(67%) | • 战略联盟(53%) | • 使命和愿景声明(38%) | • 变革管理(34%) |
| • 战略联盟(62%) | • 业绩激励(52%) | • 供应链管理(36%) | • 全面质量管理(34%) |
| • 周期时间缩短(55%) | • 客户细分(51%) | • 变革管理(34%) | • 数字转型(32%) |
| • 自我指导团队(55%) | • 核心竞争力(48%) | • 客户细分(30%) | • 使命和愿景声明(32%) |

资料来源:Bain Management Tools & Trends survey, 2017.

贝恩公司公布的最新调查结果为 2017 年的调查,是系列调查中的第十六次调查,有来自北美、欧洲、亚洲、非洲、中东和拉丁美洲共计 1268 名被调查对象反馈问卷,数据分析过程中将区域分为四类:北美(包括美国和加拿大)、EMEA(包括法国、德国、西班牙和非洲)、APAC(包括中国和印度)、拉丁美洲(包括墨西哥和巴西)。

(1)北美管理人员对多数管理工具采用较少,平均为 6.3 项,而亚太(包括中国和印度)对管理工具的使用较多,平均为 12.2 项。长期来看,公司采用的管理工具数量也在下降,2002 年公司平均采用 16.1 项管理工具,而 2017 年公司平均采用管理工具数量下降为 7.5 项(如图 2-12 所示)。

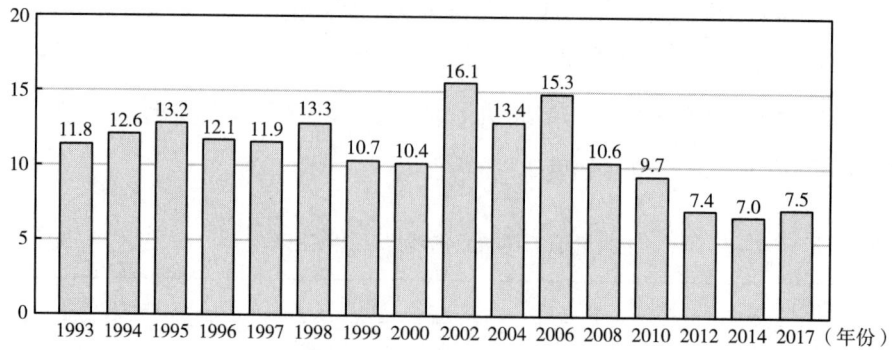

图 2-12　管理工具使用数量变化趋势

（2）1993 年排在前十位的管理工具，到 2017 年只有四项还保持在前十位，公司管理层对这些管理工具的接受程度有所下降，1993 年排在第一位的使命与愿景有 88% 的管理层认可，而 2017 年排在第一位的战略规划只有 48% 的管理者接受（如表 2-3 所示）。

表 2-3　　2017 年各管理工具使用频率与满意度

| 管理工具 | 使用频率（%） | 满意度 |
| --- | --- | --- |
| 战略规划 | 48* | 4.03 |
| 客户关系管理 | 48* | 4.01* |
| 标杆管理 | 46* | 3.94 |
| 高级分析 | 42* | 4.06 |
| 供应链管理 | 40* | 4.05 |
| 客户满意度系统 | 38* | 4.03 |
| 变革管理项目 | 34* | 3.90** |
| 全面质量管理 | 34* | 4.09* |
| 数字化转型 | 32 | 4.07 |
| 愿景与使命 | 32 | 4.00 |
| 员工参与度调查 | 31 | 3.87** |
| 核心竞争能力 | 30 | 3.92 |
| 互联网事项 | 30 | 4.07 |
| 平衡计分卡 | 29 | 3.93 |
| 流程再造 | 28 | 4.02 |
| 客户分割 | 27** | 4.06 |

续表

| 管理工具 | 使用频率（%） | 满意度 |
|---|---|---|
| 战略联盟 | 25** | 3.93 |
| 权变管理 | 24** | 4.00 |
| 兼并与收购 | 24 | 3.90 |
| 组织时间管理 | 22** | 3.96 |
| 价格优化模型 | 20** | 4.06 |
| 情景和应急计划 | 19** | 3.99 |
| 客户旅程分析 | 18** | 4.06 |
| 复杂性降低方案 | 17** | 3.88 |
| 零基预算 | 10** | 3.82** |

注：*表示显著高于均值；**表示显著低于均值，使用频率平均值30%，满意度平均值3.99。
资料来源：Darrell Rigby and Barbara Bilodeau, Management Tools & Trends 2017, BAIN & COMPANY.

（3）没有适用于任何情形的管理工具，一般而言，满意度高使用率低的管理工具，使用率可望提高，如大数据分析，使用率高但满意率低的管理工具，使用率可望降低，如变革管理项目，当然管理工具能够有所改善的情形例外，当年的客户关系管理即是如此。

（4）某些管理工具配合其他工具使用效果好，如平衡记分卡，某些工具单独使用效果好。

（5）区域差异明显。2017年，中国公司和印度公司平均使用的管理工具数量最大，达到8.0项，北美7.2项，欧洲6.6项，拉丁美洲6.2项。

### （三）IBM 的研究

2020年，IBM商业价值研究院开展第四次全球最高管理层研究，主要探索在充满数据的世界抢占领先地位所需具备的能力，了解CFO从数据中获得的价值、CFO打算如何将数据转化为差异化优势以及CFO的计划取得了多大的进展。针对2105位CFO进行访谈，发现为数不多的一组出类拔萃的企业，这些企业的CFO擅长将财务和运营数据与有关客户和竞争对手的信息整合起来，为决策流程提供支持。他们还借助数据发现新的收入来源，分配资本，管控风险和提高利润。与业内同行相比，这些CFO所效力的企业更为敏捷，更富创新力，而且盈利水平更高。

CFO通常都认可技术的重要性,他们认为技术是影响企业的最大外部力量,而在此前的调研中,市场状况居于榜首。57%的受访CFO认为,现在技术是主要的外部影响因素;51%的受访CFO认为,监管问题是第二个主要的外部影响因素。过去,数据主要用于制造、分销和业务管理等目的,如今,随着人工智能、物联网和云计算的兴起,组织终于拥有了趁手的工具,能够将数据转化为洞察,生成情境化的预测性知识。数据回报主要体现在客户数量增多、单位客户收入提高、成本降低和产品面市速度加快,给企业带来的效益比以往任何时候都更高。

87%的受访CFO将数据视为一项战略资产,在先进的智能运营的支持下,提供细致入微的个性化体验。CFO对数据带来的机遇充满热情,比如"重塑产品""更准确地锁定消费人群"以及"提供更为个性化的服务"。那么,最成功企业中的CFO如何实现数据的战略价值,让绩效获得实质性的提升?在研究过程中,研究者根据组织在数据领导力之路上所处的阶段,将所有组织分为四组(如图2-13所示)。

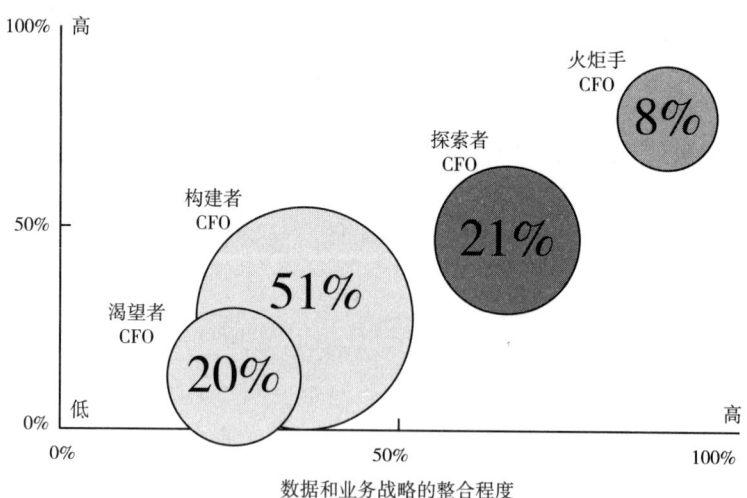

图2-13 数据与业务的整合趋势

"渴望者"企业刚刚踏上这一旅程。他们了解汇总、分析和应用数据的重要性，但尚未作出必要的努力，让所拥有的信息产生回报。他们并未投资相关技术，没有让数据战略与业务战略保持一致，也没有建立数据文化。结果不言自明，他们在利用数据作出运营决策或促进业务转型方面效率很不理想。相比之下，"构建者"企业已经开始进行必要的技术投资。他们还尝试确保数据战略与业务战略保持一致，并培养数据文化。如果采用总体方法，并有效地执行计划，他们有望获得丰厚的回报。

"探索者"企业则已经成功了一半。他们已经投资用于管理和理解数据的工具及技术。在整合业务战略和数据战略方面，他们也取得了进展。现在，他们正从数据中获得回报，尽管还没有实现最理想的结果。只有"火炬手"企业到达了胜利的彼岸。他们大力投资分析、人工智能和其他相关技术，使业务战略与数据战略保持一致，并在数据丰富的文化氛围中开展运营。他们对于数据可以实现的价值抱有很高的期望，而且所产生的回报也往往超越企业预期，这表明还有很大上升空间。

通过将"火炬手"CFO与"渴望者"CFO进行比较后发现，他们所在企业的表现存在明显差异。在企业创新方面：71%的"火炬手"CFO所在组织在运营方面以敢为人先而著称，而"渴望者"CFO中的这个比例仅为22%。在有效管理变革方面，这两组受访CFO之间也存在类似的差距。75%的"火炬手"CFO帮助企业实现了可观的收入增长，67%的"火炬手"CFO表示自己的企业获得了超出预料的利润。而在这两方面取得同样成功的"渴望者"CFO的比例分别只有22%和27%。这两个群体之间的差距不止于此。分析表明，"火炬手"CFO在三个核心领域明显有别于其他CFO。他们：

- 专注于高效的财务规划和分析
- 采用基于事实的战略发展模式
- 指导战略的执行

IBM的另一篇研究报告《让财务部门成为不可或缺、值得信任的业务合作伙伴》指出，在当今的经营环境下，企业制定战略的难度进一步加大，因为战略既要考虑如何把握新兴商机，又要为将来危机做好准备。由于生态系统和平台合作伙伴层出不穷，而对于最高管理层协作的要求也越来越高，因此比起战略制定，战略执行更是难上加难。有鉴于此，财务部门逐渐成为关键职能，因为他们能够帮助推进决策，建立企业弹性，以及在以下领域抓住转型契机，创造价值，如产品或服务、员工和流程、企业或收入模式、行业创新四方面。

财务人员可以深入挖掘数据，加快信息处理速度，充分利用洞察来提高绩效。企业通过投资于数据管理技能，包括与大数据相关的信息和数据整理技能，为这些资源提供支持。企业可以从海量结构化和非结构化业务环境和运行状况数据中提取知识和发掘洞察。领先者充分利用可用数据源，帮助及时调整运营模式，确定员工队伍需求，改变竞争对策以及把握新兴趋势。

为制定战略，CEO 需要依靠财务部门来评估商机，并相应调整资本投资。CFO 与最高管理层合作，为推动增长、优化利润以及控制风险等方面的战略机遇的执行提供指导意见。为此，CFO 对数据进行分析，挖掘洞察，为战略的执行提供信息依据。值得信任的决策支持领先者将洞察提升到了全新高度：以人工智能作为基石，支持战略的执行和跟踪。事实上，超过 3/4 的领先者出于此目的采用人工智能技术；相比之下，仅有不足 1/5 的其他同行具有同样的战略眼光。但单纯依靠技术无法获得这些决策支持洞察。领先者认识到，还必须掌握适当的技能。超过 3/4 的领先者表示，已投资培养分析人才；相比之下，仅有不足半数的其他同行这样做。而且，领先者还积极招募具有数据头脑的人才，与现有员工并肩作战（如图 2-14 所示）。

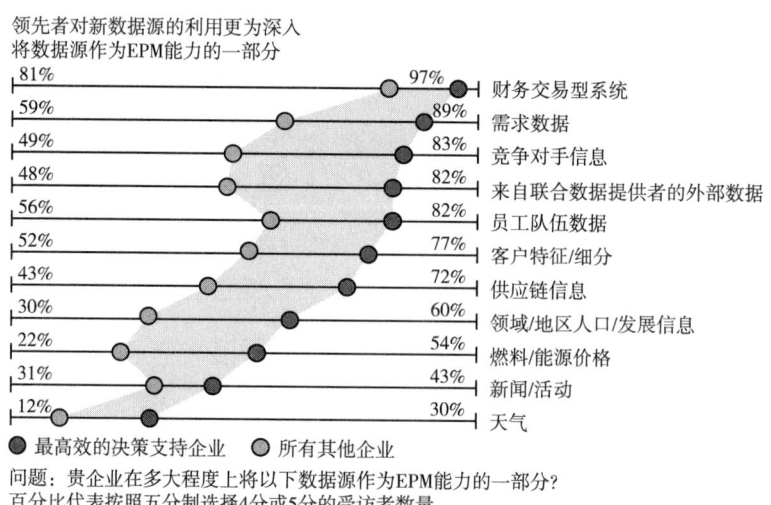

图 2-14 企业对数据的使用程度

投资培养各种技能（如用于训练认知系统的机器学习技能、高级数学建模技能和社交媒体数据挖掘技能）的领先者的数量是其他同行的 2 倍。领先者招募掌握相关技能的人才，结合技术优势，实施预测性分析，发掘规范性洞察，提出下一步最佳行动建议。高技能人才是生成洞察及制定行动计划的基础，是弥补战略执行差距的关键所在（如图 2–15 所示）。

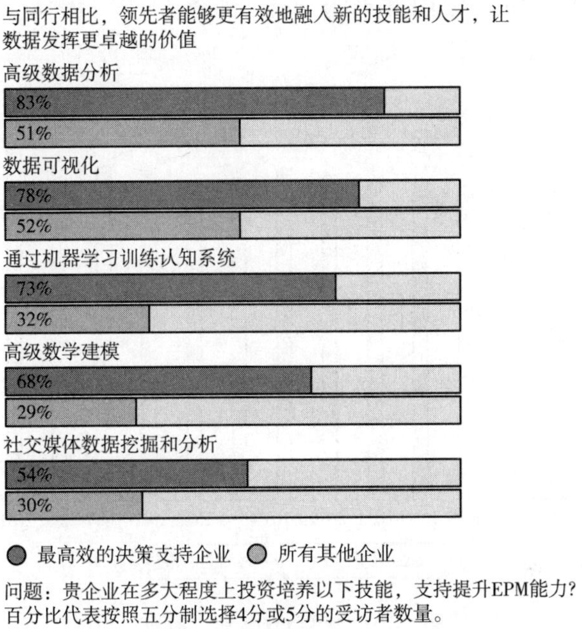

与同行相比，领先者能够更有效地融入新的技能和人才，让数据发挥更卓越的价值

高级数据分析
83%
51%

数据可视化
78%
52%

通过机器学习训练认知系统
73%
32%

高级数学建模
68%
29%

社交媒体数据挖掘和分析
54%
30%

● 最高效的决策支持企业　● 所有其他企业

问题：贵企业在多大程度上投资培养以下技能，支持提升EPM能力？
百分比代表按照五分制选择4分或5分的受访者数量。

**图 2–15　利用数据需要的人才和技能**

## （四）克里斯特/科尔德联合公司（Crist/Kolder Associates）的研究报告

克里斯特/科尔德联合公司是一家美国的高管猎头公司，每年都发布关于美国最大型公司高管的分析报告，包括 CEO 和 CFO。《克里斯特/科尔德联合公司波动率年度报告》（Crist/Kolder Volatility Report）对美国主要公司（包括财富 500 强和标准普尔 500 强）中高管的背景进行了调查，并对他们的离职率进行了衡量。报告讨论每类公司的 CEO、CFO 和 COO 等的职位和组织变化，探讨每位高管的背景，包括行业背景、职能经验和教育，也包括人口统计信息，如年龄、性别和种族。

2020年的《波动率年度报告》调查了674家财富500和标普500中的公司的CEO、CFO和COO，其中上市公司占绝大多数，为643家。研究报告与CFO有关的主要结论如下：

1. 现任CFO的平均年龄是52岁，60%的CFO年龄小于50岁，当年新任职CFO的平均年龄49.2岁，新CFO的年龄呈上升趋势（如图2-16所示）；女性CFO占比12.6%，是10年前的2倍（如图2-17所示）。

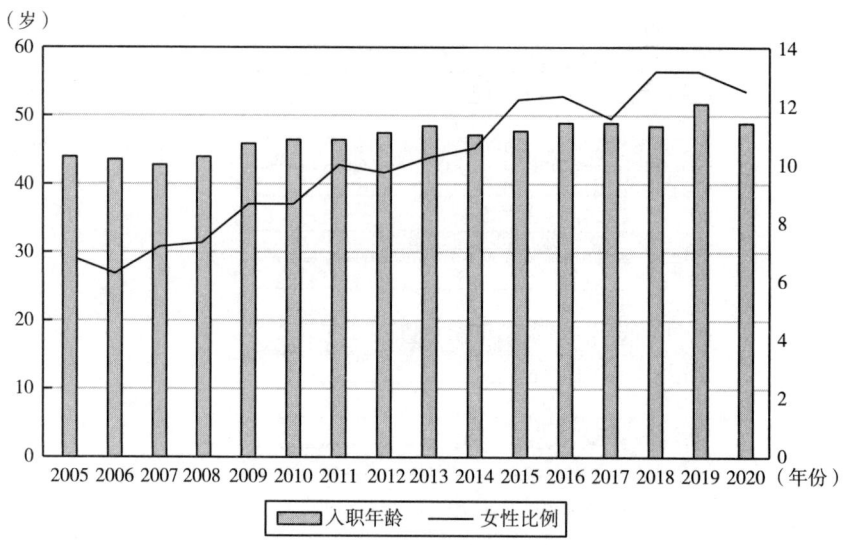

图2-16　CFO的年龄和性别

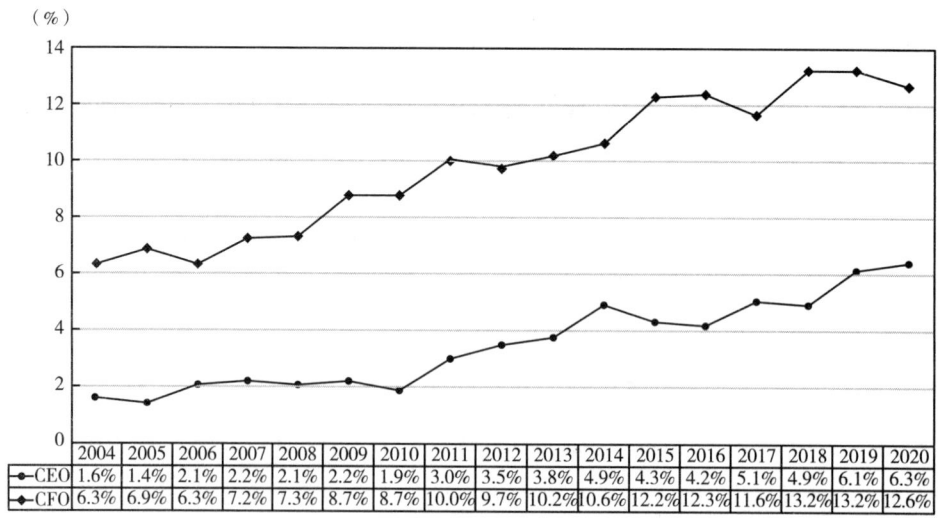

图2-17　CEO和CFO中女性所占比例

2. CEO 的来源主要是公司 COO 和分部总经理,来源于 CFO 的 CEO 为 6.6%,金融行业比例最高,为 13.1%。

3. 现任 CFO 来自五大会计师事务所(包括安达信)的占 30%,其中 13% 的 CFO 有投资银行经验,CFO 的平均任职年限为 4.86 年。企业 CFO 来自企业外部的比例平均为 38.7%,2020 年为 43.1%,企业内产生的 CFO 主要来自财务部门,包括财务经理、分部 CFO、总会计师等。

4. 现任 CFO 的教育背景中,来自前十大高校和国际教育背景的都超过 10%,来自公立大学和私立大学的比例相当高,64.4% 的 CFO 毕业于商学院,其中最多的是来自会计专业,超过 30%,超过一半的 CFO 取得了 MBA 学位(如图 2-18 所示)。

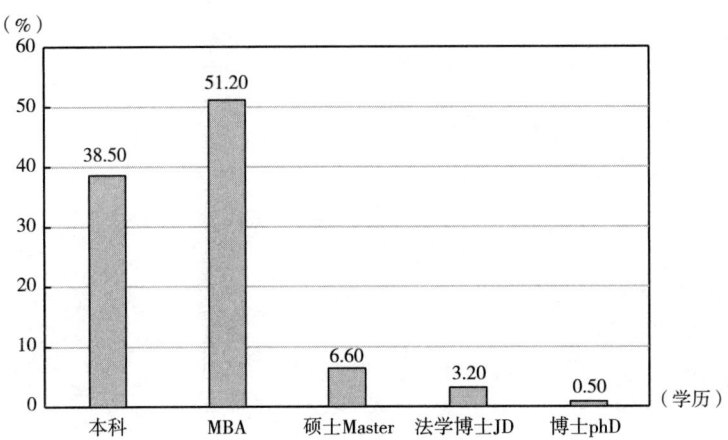

图 2-18 CFO 的学历情况

# 第三章
# 我国上市公司 CFO 的统计分析

本章对近十年国内上市公司披露的 CFO 现状进行了统计和描述性分析，根据数据处理和观察的结果，加以纵向和横向的比对、分析，交叉分析了现有数据呈现出的 CFO 个人特征以及所处公司的企业、行业、地区特征，为建设新时代、新经济下的 CFO 能力框架提供新的思路和数据的支持。

本章以 2010~2019 年我国沪深两市 A 股上市公司为研究对象进行描述性统计，CFO 特征变量及各类财务数据及指标数据来源为国泰安数据库，共获得有效样本 33438 个，样本中由于存在 CFO 连任的情况，剔除重复项，2010~2019 年 CFO 统计样本共 8278 人。各年度样本明细如表 3-1 所示，其中 2020 年样本截至成稿部分上市公司尚未披露 2020 年年度财务报告，为避免差异故未将 2020 年纳入分析范围。

表 3-1　　　　　　2010~2019 年上市公司样本数

| 年份 | 2010 | 2011 | 2012 | 2013 | 2014 | 2015 | 2016 | 2017 | 2018 | 2019 |
|---|---|---|---|---|---|---|---|---|---|---|
| 样本数量 | 2372 | 2682 | 2781 | 2674 | 2966 | 3324 | 3633 | 4327 | 4168 | 4511 |

对于 CFO 现状的分析，将从两个角度出发，一方面是 CFO 个人特征的描

述性统计,用以说明 CFO 个人特征在近十年间呈现的显著趋势;另一方面则是从企业、地区、行业的层面来解释它们的交叉影响,分析企业需要什么样的 CFO,揭示 CFO 的发展方向和变动趋势,为后续 CFO 能力框架的构建提供支持。

# 一、CFO 个人特征

## (一) CFO 性别

从图 3-1 可以发现,2019 年的 4511 个样本中,男性占比约为 67%,女性占比约为 33%,整体呈现 2:1 的分布。从更长的时间维度看,2011~2020 年,男女比例约为 69%:31%,两者间数据相差无几,总的来说虽然男女同权的思潮在全球范围内的影响力逐步扩大,但性别差异仍广泛地存在于各行业中,男性在 CFO 的选任中获得了更多的机会,女性则相对较少。根据中华会计网校《2020 年度会计人薪资调查报告》,我国目前财会从业人员中女性所占比例超过六成,而上市公司 CFO 的分布则呈现截然相反的趋势,受制于我国的传统观念和"玻璃天花板"的存在以及影响,女性财会人员往往在担任中层管理者之后会遇到相比男性更加明显的晋升阻力。传统社会观念一方面容易形成思维定势,狭隘地认为女性更多的"应该"从事辅助性和服务性的工作,决策、高层管理一类的工作与其无关。另一方面,我国传统观念也赋予了女性社会角色的冲突,生育、家庭等会使得女性更多地在职业和家庭之间作出让步甚至是取舍。这种社会角色的冲突不仅拖慢了女性职业发展的速度,还为女性的职业发展蒙上了一层不确定性,企业会更多地考虑选任女性成为 CFO 是否会将这种不确定性传导到企业的管理上去。此外领导层中男性的增多也容易产生"同质性"效应,使得女性管理者职场边缘化以及更多地负责执行层面或非重大的决策。上述原因不可避免地导致了一个共同问题:信任缺失。企业和高管的担忧主要体现在:女性性格中常包含的保守、情绪化可能会导致领导力缺失从而使得企业错过发展机遇,生育责任的履行可能导致更高的用人成本和风险等方面。不过根据彭倩(2020)的研究这种"玻璃天花板"在看中血缘的家族企业中大大减少。

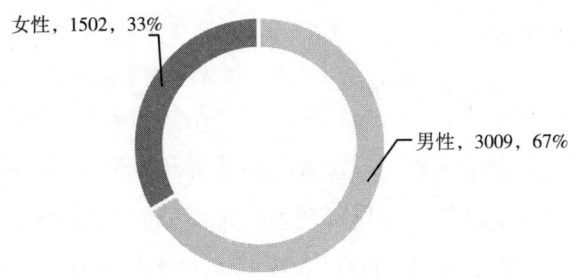

图 3-1　2019 年上市公司 CFO 性别比例分布

虽然根据世界经济论坛（WEF）2021 年 3 月底发布的《全球性别差距报告》来看，全球消除性别差距还需 136 年，任重而道远，但乐观的是，随着女性的自我开发和驱动以及社会意识的进步，我们欣喜地看到女性 CFO 的占比是逐年稳步上升的，如图 3-2 所示。自 2011 年起女性 CFO 的占比已经稳定越过了 30% 的界线并逐渐逼近 40%，值得一提的是本书上一版中，2003~2010 年，女性 CFO 的占比一直稳定在 20%~30% 的区间内，最近十年中女性 CFO 的选任状况有了明显的改善，而在体育、影视传播及文化艺术业中这一数值已经逼近 50%，这一点会在后续对行业的分析中有更为细致地展开。虽然 CFO 群体中女性的占比提高了，但女性 CFO 的境况依然有所隐忧，女性是否享有了和男性同等的晋升机会呢？我们或许从年龄的分析中能够得到答案。

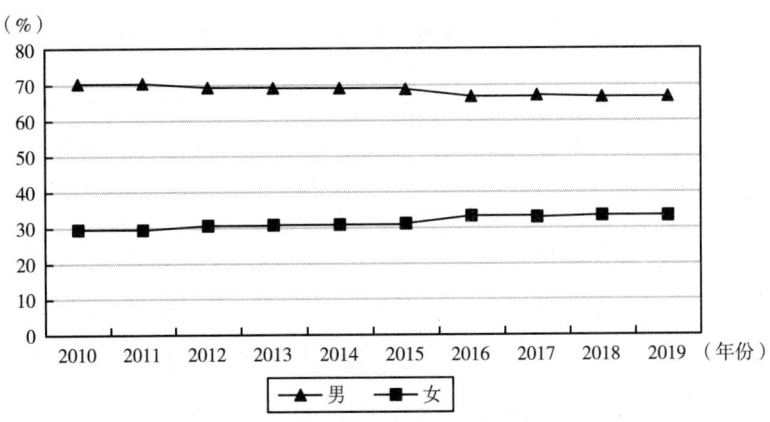

图 3-2　2010~2019 年上市公司 CFO 性别分布趋势

## （二）CFO 年龄

CFO 的年龄这一要素，一般来说更高的年龄代表着更丰富的阅历和更稳重的管理和布局能力，但是这也同样代表着想要晋升 CFO 需要更长时间的奋斗和工作经历，对有望晋升 CFO 的中层管理者们来说显然不是个好消息，从图 3-3 中也就解释了这一问题，女性 CFO 的境况虽然有所改善但也没那么乐观，从数据来看，在大多数的年份里女性 CFO 的平均年龄都要明显高于男性 CFO，说明女性管理者晋升 CFO 其实付出了更多的工作年限和努力。

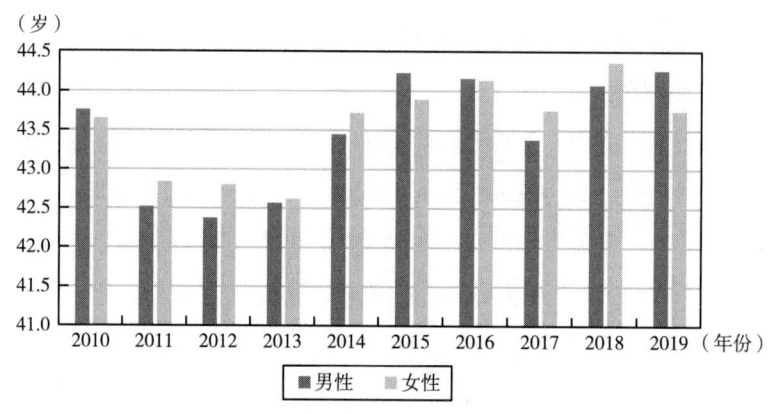

图 3-3 2010~2019 年性别对 CFO 平均年龄的影响

回到年龄的要素分析上来，图 3-3 除了解答了性别相关的问题以外，我们还应当看到一个趋势：CFO 的平均年龄基本以三年为一个小更迭周期。从图 3-4 中有一个更为直观的展示，每过 3 年左右 CFO 平均年龄就会有一个较大的波动，我们认为是管理层的更迭导致了这种周期性的波动。但这不妨碍我们看到 CFO 平均年龄跨上了一个新的台阶，十年间即使以周期的角度来看平均年龄也上升了近 3 岁，时代和经济的发展使得企业所处的市场更加波谲云诡，这也要求企业财务的掌舵者需要更加稳健和成熟以适应市场变化，让企业走得更加平稳。在数据观察和分析过程中，我们发现上市公司 CFO 连任的情况较为常见，甚至有些上市公司 CFO 的连任几乎横跨了我们的观察区间，上市公司的业务繁杂且受大量会计信息使用者的关注，再加上会计准则的持续修正也对企业会计信息相关性提出要求，频繁的更换 CFO 对企业来说显然不是一个恰当的选择，会带来诸多不可控的风险如财务风格的转换、投资者的信任危机以及股价的大幅波动，等等。连任带来的 CFO 绝对年龄的增长也会使得在平均年龄一定区间内呈现上升的态势。因此上市公司的 CFO 年龄趋势我们认为是微弱上升的，多方面原因使得真实情况比数据体现的趋势稍弱。

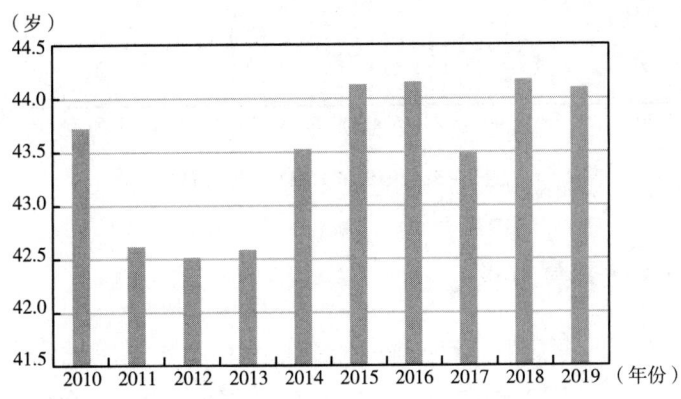

**图 3 – 4　2010～2019 年 CFO 年龄平均值变化趋势**

下面来看 2019 年的上市公司 CFO 年龄分布，从图 3 – 5 可以看出，在 2019 年的 4511 份样本中呈现比较明显的正态分布，出现频率最高的年龄区间为 44～49 岁，这也与预期相符，一般来说 38～51 岁年纪的 CFO 的经历已相对足够丰富，具备了足够的战略意识和管理能力，能够帮助企业把握行业机遇同时规避未来风险，而且这一区间年龄的 CFO 在可以预见的未来十年间能够为企业创造持续的价值，是企业的共同选择方向。年龄最小的为 27 岁，年龄最大的为 76 岁，年轻的 CFO 会更加积极进取，风险偏好更强，倾向于为企业带来变革性的战略方向从而大幅提升企业的绩效和行业表现，为自己的职业经理人生涯增加筹码；而年龄稍大的 CFO 一方面受制于相对传统的意识，另一方面也由于对风险的厌恶和职业生涯末端的谨慎态度，会表现得更加沉稳，倾向于稳中求胜甚至维持现状，此外年龄稍高的 CFO 其身体状况和精力对他们的想法也有所制约。对于企业远离正态分布的 CFO 选择，我们认为与企业的风险偏好以及 CFO 个人能力都有关联，家族企业的"血缘关系"也容易使得 CFO 的年龄波动加大。

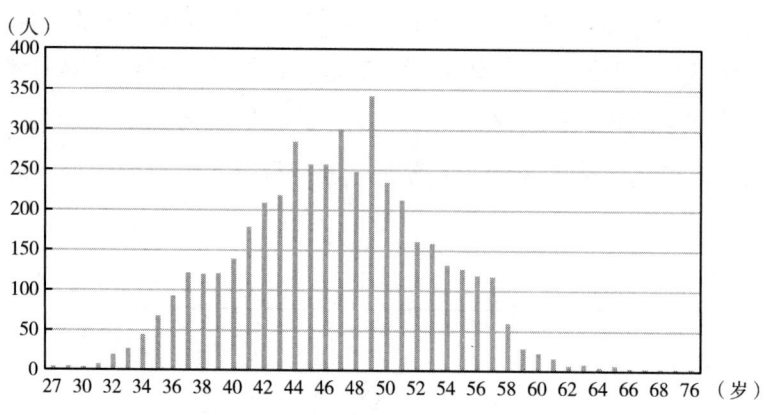

图 3-5 2019 年 CFO 年龄分布

## （三）CFO 教育背景

早在 1974 年，斯彭斯（Spence）就将信号传递理论应用于劳动力市场，认为受教育程度最大限度地向雇主传递了雇员的能力信息以及综合素质高低。这也与中国市场的人力现状相符，对于企业来说，招聘过程中无论是面对应届毕业生还是拥有一定工作经验的职业经理人，区别他们是否具备与岗位相匹配的能力是困难的，每一位应聘者都不会承认自己其实能力上还有所不足，不足以胜任这个岗位。对于企业来说，受教育程度是最直观成本也是最低的应聘人的背书，一方面能力和素质来源于综合素质教育，而拥有更高学历的候选人本身就是在教育阶段的佼佼者，他们通过自己思考、努力以及天资获得了比同辈人更高的受教育程度，这其中每一点特质对企业来说都是大有裨益的；另一方面更好的学历以及拥有更优质资源的高校本身也是一种资源，会赋予学子更开阔的视野、更高的教育水平以及更优质的社会关系资源，受教育程度更高的 CFO 往往拥有更好的战略意识、专业能力和校友资源。从图 3-6 也可以看出，2010～2014 年，上市公司 CFO 拥有本科及以上学历的占比小幅上升但一直稳定在 55% 左右，自 2015 年开始，本科及以上学历在 CFO 群体中的比例呈明显上升的趋势，究其原因，一方面在过去的几十年间我国的本科毕业生数连年上涨，因此在职场中本科生及以上的占比是逐年升高的，新任的 CFO 相比之前学历平均水平略有升高是正常现象，这也与 2010～2014 年的变化趋势相符，而 2015 年之后学历水平的快速上涨本书认为是"十三五"期间，新时代新经济的快速发展使得企业对高学历高素质人才的需求明显上升，在选任 CFO 的时候会对候选人的素质和能力提出更高的要求，以遴选能够带领企业平稳发展甚至走出困境的财务领导人。可以预见的是这种趋势未来会延续，企业会继续选择更高受教育程度的候选人来担任 CFO，这一点从过去十年间学历为本科及以上 CFO 的占比连年上升的趋势中可以略窥一二，对企业来说没有明显的动力来促使他们违背这种趋势而选任学历更低的候选人。值得一提的是 MBA/EMBA 学历在每年的 CFO 占比中保持了绝对的稳定，对于在职财务人员来说考取在职研究生或者 MBA/EMBA 也是提升受教育程度的选择之一。

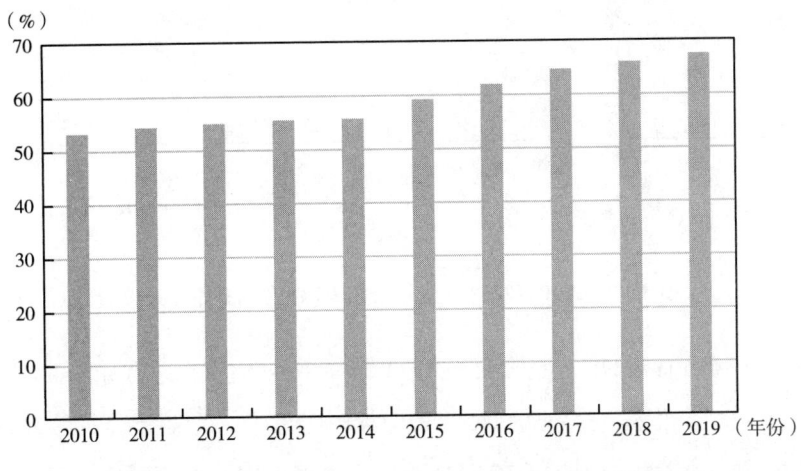

**图 3-6　2010~2019 年上市公司 CFO 本科及以上学历占比**

在十年间所获取的 33438 个样本中，有 84% 的 CFO 未披露他们的专业，而在已披露的 CFO 中，经过观察我们整理出了 2010~2019 年上市公司 CFO 专业分布。如图 3-7 所示，可以观察到的是会计学相关专业以及工商管理专业占据了行业中近六成的 CFO 分布，一方面财务方向确实会计专业和工商管理专业毕业生的主要就业方向，另一方面也说明，会计专业和工商管理专业的教育背景确实使得财务人员具备了 CFO 所应具备的基础素质。从专业分布中不难看出，当前时代背景下，对 CFO 的能力要求集中在财务、金融、管理知识的掌握以及对宏观经济和法律的把控上，此外对所处行业的了解和认知也占较大比重，这一点我们在后续财务背景的分析中会继续探讨。在专业分布 Top10 中商科专业占据了九成以上，比较背离我们预期的是工学专业和计算机专业分别排名第五和第十一位，这可能与我国目前制造业以及互联网行业的快速发展以及庞大规模有关。此外，税务专业、投资专业、国际经济与贸易专业在 CFO 群体中的占比较少。

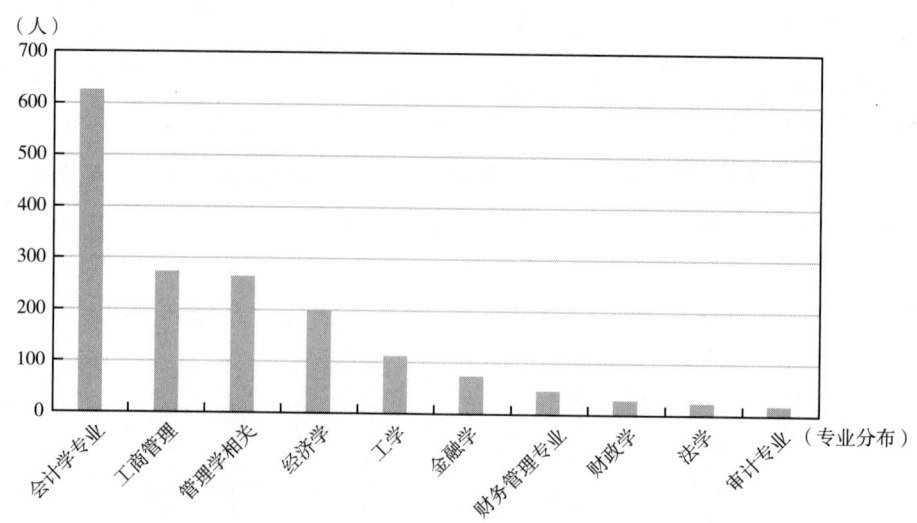

**图 3-7　2010~2019 年上市公司 CFO 专业分布 Top10**

从图 3-8 可以看出，我国目前 CFO 的高校分布仍然是以国内知名财经高校和综合类大学为主，排名居首位的为上海财经大学，受益于良好的教育资源和优越的地理位置，上财学子在 CFO 选任中表现突出，也侧面反映了企业对上海财经大学教育水平的认可。国内著名的财经高校如中南财经政法大学、中央财经大学、东北财经大学以及中国人民大学、清华大学、北京大学等均有较好的表现，学校的教育和资源优势帮助 CFO 候选人们在一众竞争者中脱颖而出。此外通过观察和汇总，还有一组比较有趣的数据是无论哪个地区的企业在选任 CFO 的过程中，条件相同的情况下，企业会更倾向于选择当地高校的毕业生。从图 3-9 可以看出，对当地高校毕业生更为偏好的是华北和东北地区，而西北地区聘任当地高校毕业生的比例最低，华中、华东、华南和西南地区则相对接近。究其原因我们认为和当地高校发展水平有关，比如西北地区 CFO 中占比较多的为西安交通大学，其他本地高校则占比较少，这可能与当地财经高校和综合类高校的发展相较于其他区域相对落后，上市公司会更倾向于选任来自其他区域高校的 CFO，东北区域东北财经大学独占鳌头，展现出了强大的地区统治力。而其他区域相对均衡一些，选任当地高校毕业CFO占比也与教育发展水平和高校数量有关，但总体而言都更加偏好当地高校的毕业生，相同条件下对外区域高校毕业生有更高的要求。

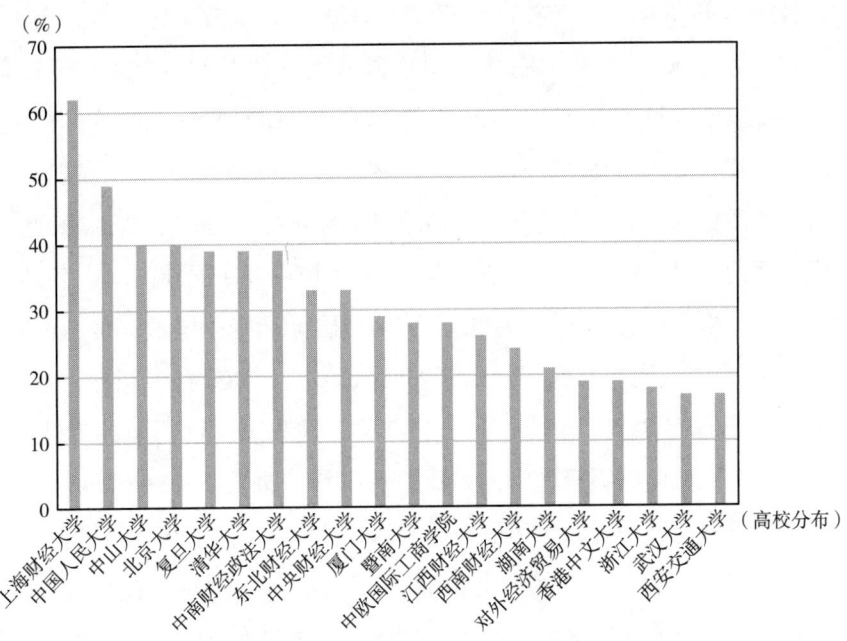

图3-8 2010~2019年上市公司CFO高校分布Top20

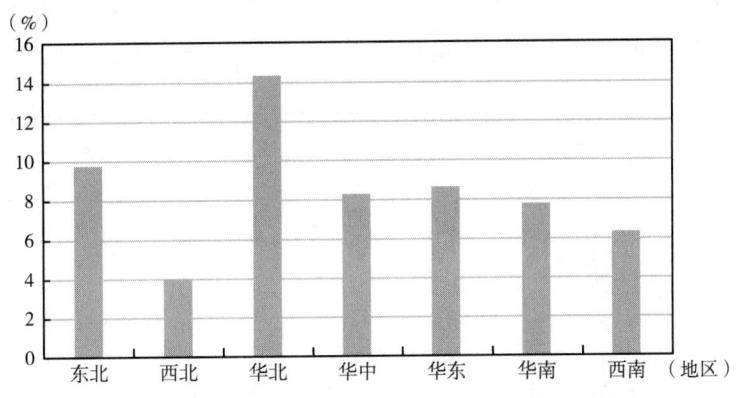

图3-9 2010~2019年不同地域聘用当地高校毕业CFO分布

## (四) CFO 职称

在统计中的 8278 个 CFO 样本中,有 4101 位上市公司的 CFO 至少拥有一个职称,占比达 49.5%,而剩余的 4177 个样本中除去未披露的样本,无职称的 CFO 样本约为 2000 人,也就是说在 CFO 群体中仅有 1/3 的个体未拥有职称,拥有两个及以上职称的有 974 位 CFO。总体而言,CFO 群体对职称的重视度是较高的,大部分 CFO 愿意花费时间去学习和备考以获取相关职称,这也与机构研究得出的多数财务人员会终身保持持续学习以突破面临的职业困境的统计研究结果相匹配。根据图 3-10 来看,各类会计师在 CFO 职称占比中名列前茅,自会计从业资格取消后,占比最高的职称为全国会计专业技术资格考试领导小组办公室(简称全国会计考办)负责的初级、中级、高级会计职称,经考试合格认定为会计师、中级会计师和高级会计师,是我国会计行业的专业技术职称,认可度较高。但高级会计师的占比略有下滑(如图 3-11 所示),相反的是注册会计师占比已呈现近十年的连续上涨,注册会计师(Certified Public Accountant,CPA)通常指通过注册会计师执业资格考试并取得注册会计师证书,在会计师事务所执业的人员,偏向审计行业,不过也有越来越多的财务人员考取,为自己的职业生涯添砖加瓦,根据图 3-12,注册会计师在 2012~2016 年期间占比增速明显加快,目前已几乎和高级会计师占比持平,注册会计师的考察科目具有较强的实用性和实践价值,有利于财务人员全面地把握企业的财务

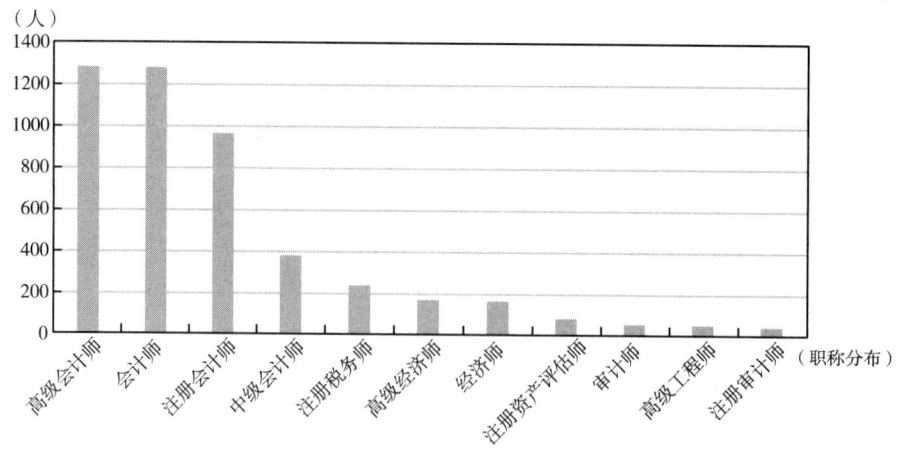

图 3-10 2010~2019 年上市公司 CFO 职称分布

状况和了解税务、审计、战略、经济法等相关内容,因此受到越来越多 CFO 候选人的追捧,与此同时值得深思的是高级会计职称的考核和评价标准,刘玉廷等学者早在 2000 年就发文探讨我国高级会计人才职业能力与评价机制中存在的问题和改进机制,但高级会计职称的考核机制变革甚少,本书认为高级会计师的评审机制是时候与时俱进,作出改变了。

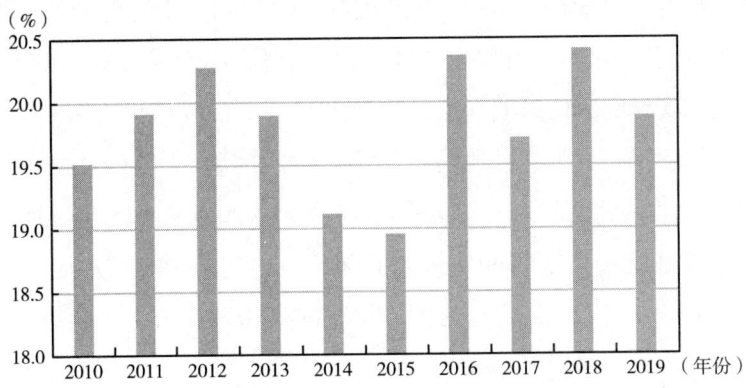

图 3-11　2010~2019 年上市公司 CFO 高级会计师占比

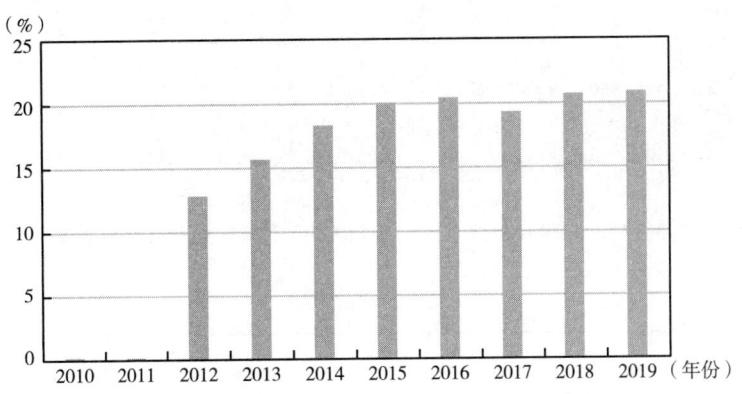

图 3-12　2010~2019 年上市公司 CFO 注册会计师占比

## (五) CFO 财务背景

从图 3-13 可以看出,拥有财务职业背景的 CFO 有逐步减少的趋势,2020 年,由于有部分上市公司尚未披露年度报告因此不能认为当前占比水平即为最终水平,但总体而言,拥有财务职业背景依然是 CFO 群体中的主要特征,占比常年高达 90% 以上。这也容易理解，企业很难相信一个从未从事过财务相关工作的 CFO 会比拥有财务基础的 CFO 表现更为出色，而且脱离财务实际的风险会给企业战略方向以及基础财务工作的开展都带来隐患。当然，无财务职业背景的 CFO 也会给企业带来一些裨益，如摆脱财务人常有的思维定势、使企业的财务战略更加契合业务方向等。业财融合是近些年来方兴未艾的概念，指的是将业务经营与财务管理相结合在相对有限的资源限制下，帮助企业实现更有效的资源配置从而提升企业的绩效。业财融合的概念在学界最早出现于 2012 年的会计之友和现代经济信息期刊上，并在 2013 年和 2014 年发展壮大，获得了众多学者的关注和研究，经过数据的分析和观察，复合背景 CFO 的占比统计结果在时间上与此有高度的吻合，如图 3－14 所示。2014～2015 年，拥有复合背景的 CFO 占比由之前稳定的 60% 骤增了 30%，达到了 90% 的占比，而且值得注意的是 2015 年之前 CFO 的复合背景更多的是管理岗位、金融投资岗位等，

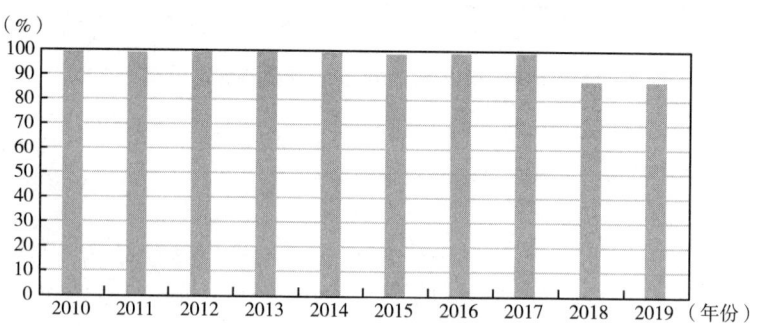

图 3－13　2010～2019 年上市公司 CFO 财务职业背景变化趋势

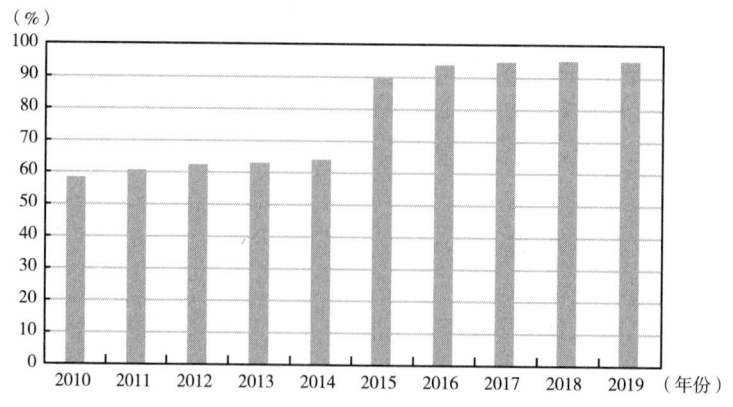

图 3－14　2010～2019 年复合背景 CFO 占比变化趋势

而 2015~2019 年，生产、研发、市场等复合背景的占比大幅度提高，业财融合的概念获得了企业的一致认同，并且在选任 CFO 的过程中更多地去考虑业务部门的中层管理人员，无论是从企业效益、资源配置还是战略方向，对于企业而言都是有益无害的。

## （六）CFO 薪酬

薪酬是职业经理人价值的最直观体现，CFO 的薪酬与企业的发展状况、盈利能力息息相关，当然我们在统计的过程中也发现部分 CFO 披露的薪酬为 0，出现这种状况主要原因是可能存在家族企业以及股权激励的因素。抛开这些因素，从图 3-15 可以看出，上市公司报告期薪酬是连年升高的，理论上讲温和通货膨胀的现象会使得 CFO 薪酬呈现稳定的增长，但平均报告期薪酬的涨幅远超于此，说明企业的盈利能力是在提高的，通过我们上文的所有分析不难得出 CFO 为企业创造的价值也在提高，不再仅仅是企业的"账房先生"，更多地参与到了价值创造的过程中去。我们也分析了现有 2020 年度的平均薪酬，如预期显示的是平均报告期薪酬没有延续前面的高增长，一方面是因为统计样本尚未披露完全，但另一方面也是我们认为更重要的，是新冠肺炎疫情的冲击极大地影响了众多行业企业的经营和利润创造，高层管理者们主动或被动地降低了薪酬。而从图 3-16 的峰值来看，企业愿意为优秀的 CFO 付出的薪酬在 2018

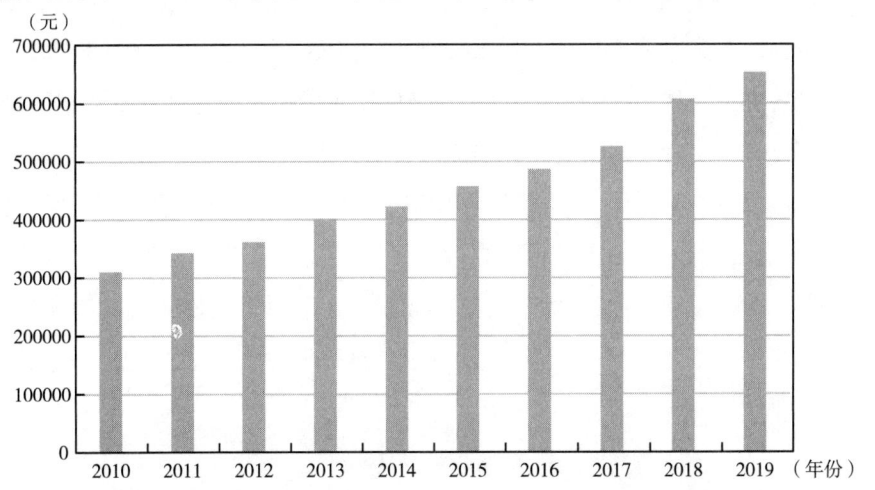

图 3-15　2010~2019 年上市公司 CFO 平均报告期薪酬

年达到了近1700万元的水平，之后虽然有所下落，但也存在众多报告期薪酬超1000万元的CFO薪酬披露，行业则主要集中于金融、保险、房地产等资本密集型行业，我们在后续行业交叉分析中会提到。

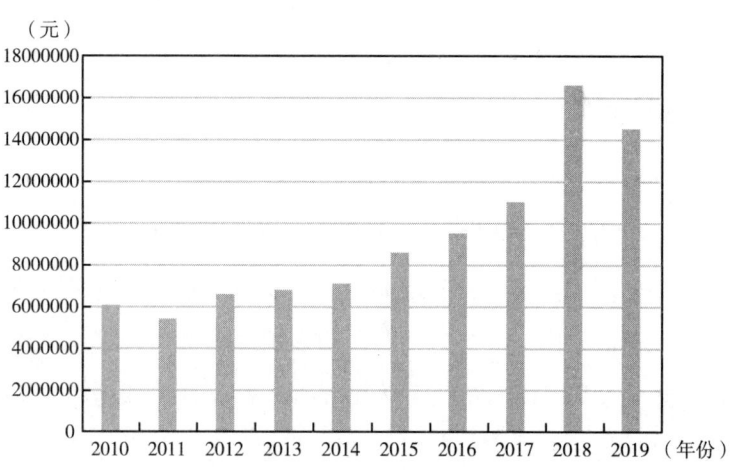

图3-16　2010~2019年上市公司CFO报告期薪酬峰值

### （七）CFO兼任CEO和进入董事会

董事会是股东大会这一企业最高权力机关的业务执行机关，对股东大会直接负责，对内管理公司事务，对外则代表公司的经营决策机构，是企业的核心机构，而董事会又直接负责公司的经营计划、预算方案、利润分配、亏损弥补、投融资方案等方案的制定，因此上市公司CFO进入董事会是CFO真正参与企业战略决策的重要标识。上市公司CFO进入董事会一方面能够提供改善企业财务状况的切实有效建议，帮助董事会更好地制定有关财务和经营方面的预案，另一方面在决策层面上能直接与CEO以及董事们沟通，提升经营管理效率，减少沟通成本，帮助企业更加高效流畅地成长。从图3-17来看，CFO进入董事会的比例依然稳定在25%左右，与本书上一版研究相比占比有所提升，但提升幅度并不尽如人意，CFO真正由信息披露者到战略决策参与者的路还很长。

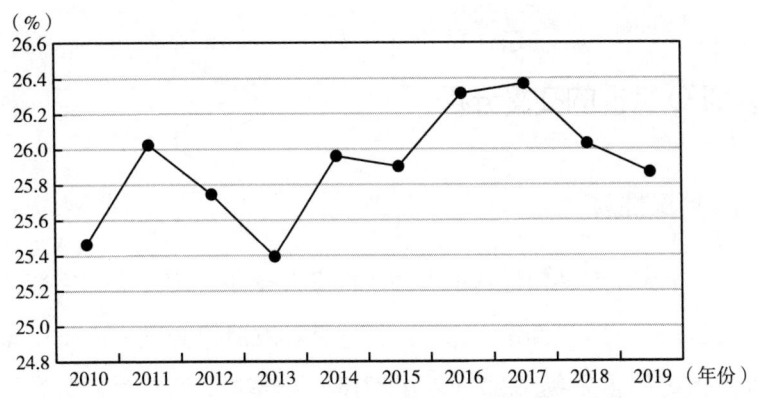

图 3-17　2010~2019 年上市公司 CFO 进入董事会情况分布

自 20 世纪 30 年代委托代理理论被提出，近百年的发展过程中 CEO 一直是经理人层面的权力核心，是企业的最高执行长官，也是行政事务的最高执行人，对董事会直接负责，而且往往 CEO 都是董事会的核心成员。相比之下 CFO 则是负责财务的最高执行人员，随着企业的发展，CTO、CHO、COO 等概念也愈发成熟，分别代表技术、运营、人力资源等方面的最高执行负责人，企业也逐渐出现其中相对更为重要的最高执行负责人兼任 CEO 的情况，这取决于企业规模、治理结构以及企业运营、行政、财务、人力等职能的相对重要性和董事会的需要。但 CFO 兼任 CEO 的情况从数据来看是逐年上升的，从 2010 年的 0.76% 上升到了 2020 年的 1.82%，绝对占比较小的原因，我们认为是因为上市公司的体量和规模较大，企业倾向于雇用更多的经理人来负责各类职能，兼任的情况可能会使得经理人在职能行使和分配上捉襟见肘（如图 3-18 所示）。

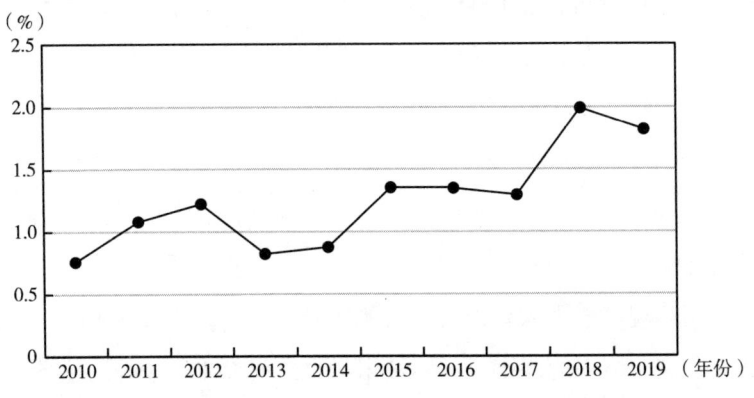

图 3-18　2010~2019 年上市公司 CFO 兼任 CEO 情况分布

## 二、CFO 特征的交叉分析

### （一）股权性质

我国证券市场是在转轨经济的背景下萌芽并逐步走向发展和完善的，上市公司大多由国有企业改制而来，市场经济的蓬勃发展使得民营企业和外资企业也成为证券市场的重要组成部分，在 8278 个样本中，股权性质分布结果如图 3-19 所示。可以看出民营企业已经取代国有企业成为证券市场中新的活力所在，但民营企业大多分布在零售、传媒、互联网等行业中，涉及国计民生的支柱产业如钢铁、航天、化工等行业依然以国有控股企业为主，国有企业在国民经济中依然起着主导作用。而大相径庭的股权性质也对 CFO 的特征产生了显著影响，从图 3-20 可以看出，民营企业的 CFO 平均年龄更小，"不拘一格降人才"的选任风格更易出现在民营企业和外资企业中，而国有企业承担了更大的社会责任和控制了更多的经济命脉，因此在 CFO 的选任上会更加谨慎和稳重，在 CFO 平均年龄上远超其他性质的上市公司，国有企业内部与其他企业相对不同的晋升机制与此也不无关系。在前面讨论较多的性别问题上，国企的表现和预期相似，相较于民营企业和外资企业对女性的开放和包容，国有企业 CFO 中，男性 CFO 占据了更多的席位，占比超过 70%，远高于 2∶1 的性别分布均值，本书认为国有企业中传统观念的影响更加深远，男性 CFO 聚集的"同质性"效应更为严重，边缘化使得女性 CFO 的占比大大减少（如图 3-21 所示）。从薪酬来看，国有企业与民营企业的 CFO 报告期薪酬接近，国有企业略高，民营企业最低，外资企业给予 CFO 的薪酬则远高于国有企业和民营企业（如图 3-22 所示），国有企业和民营企业对 CFO 的价值认可程度明显低于外资企业，更多的会将财务部门看作企业的辅导和服务部门，对企业的价值创造认可程度仍有待提高。值得一提的是，民营企业的薪酬未必有平均报告期薪酬结果显示的那么低，民营企业的规模差距大和报告期薪酬披露不充分以及薪酬激励方式多样化都可能是导致这一结果的原因。从职称来看，国有企业对高级会计职称的重视程度远远高于民营企业和外资企业，结果如图 3-23 所示。民营企业和外资企业的注册会计师数都远远超过高级会计师，主要原因是注册会计师的培养和考核更加契合民营企业和外资企业财务管理工作的实际情况，而且民营企业和外资企业对高级会计职称的要求也相对较低，而反观国有企业，由于国务院颁发的《总会计师条例》对总会计师的政治素质、会计师专业技术资格以及任职年限都作出了相对明确的规定，因此高级会计师职称在国企财务人员的优先级中会相对更高。股权性质迥异的企业在对复合背景人才的选拔上都紧跟业财融合的大势，即使是一向被贴上传统、稳健等标签的国有控股企业，复合背景 CFO 的占比也超过 80%，这进一步说明了财务人员逐渐参与到企业的价值创造过程中去，正如"三道红线"出台后的房地产行业一样，众多行业管理红利的重要性日渐显现，CFO 优秀的管理能力与企业的长期稳定发展息息相关。

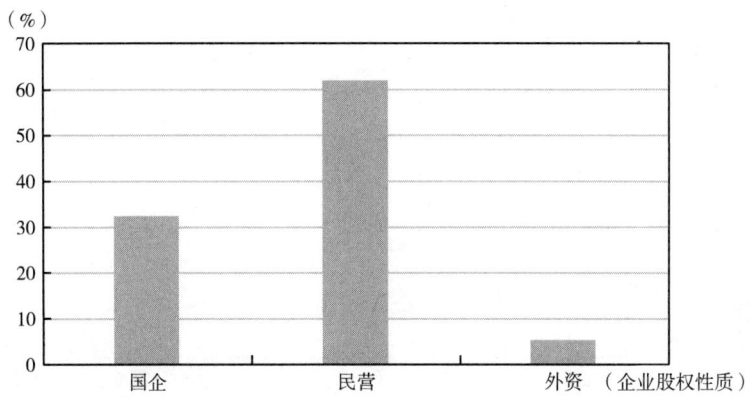

图 3-19　2010～2019 年上市公司股权性质分布

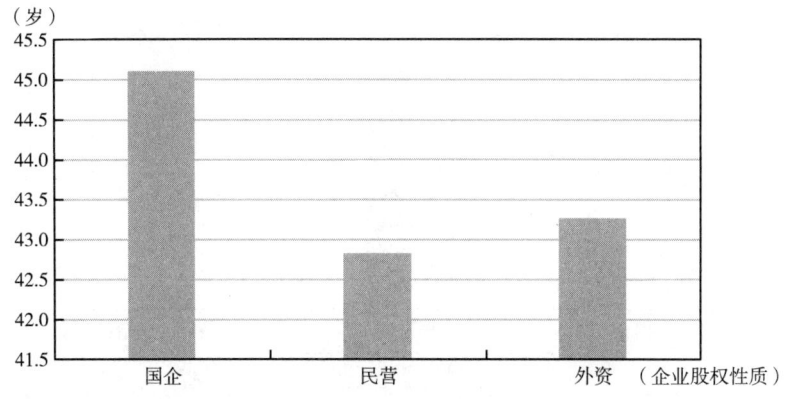

图 3-20　不同股权性质 CFO 平均年龄分布

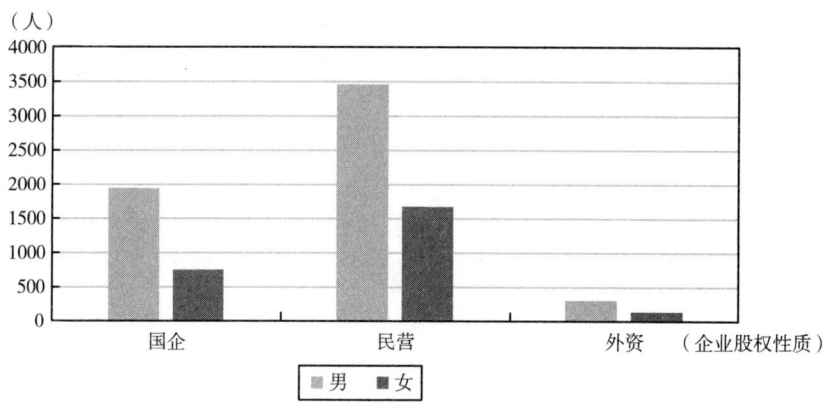

图3-21 不同股权性质CFO性别分布

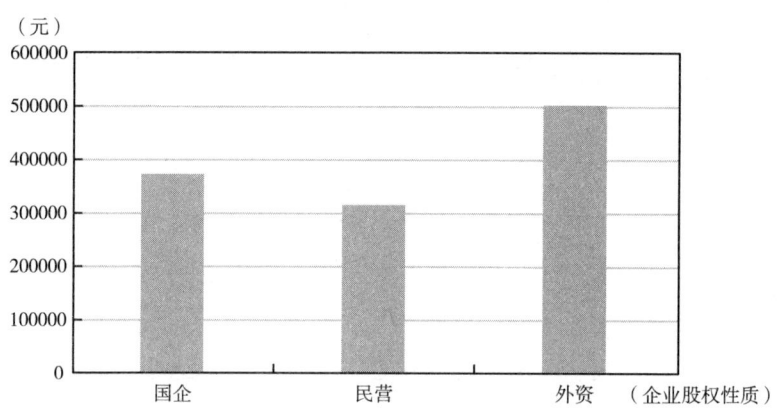

图3-22 不同股权性质CFO平均薪酬分布

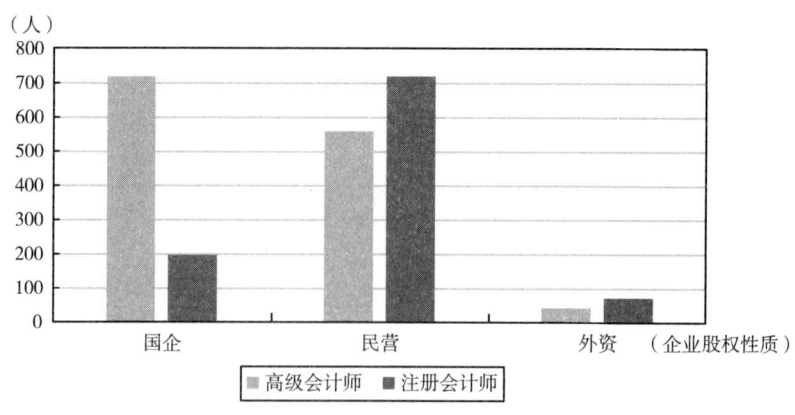

图3-23 不同股权性质CFO职称分布

## (二) 地区

区域经济理论的渊源可以追溯到 18 世纪的德国，杜能的《孤立国同农业和国民经济的关系》以及韦伯的《工业区位论》开创了古典区位理论的先河，发展至今已形成了以克鲁德曼的新经济地理理论为代表的完善区域经济理论体系。社会经济大发展的背景下，环境和资源的制约使得我国呈现较为明显的区域经济特征，劳动力的分配以及资源的互补互换造成了不同区域迥异的经济发展现状和产业结构。从上市公司经营地址来看，华东和华南地区的上市公司围绕上交所和深交所集聚，其中华东地区的上市公司总数占到了样本近 45% 的比例，东北和西北地区更多地提供了经济发展所需的资源和劳动力，上市公司以工业和制造业为主，上市公司较少，区域发展也落后于其他地区（如图 3-24 所示）。而上市公司的 CFO 们在个人特征上也呈现相关的特征，从薪酬来看，薪酬的高低与区域经济的发展呈显著正相关（如图 3-25 所示）。东北和西北地区的 CFO 平均薪酬远低于其他地域，领跑的是华北和华南地区，华东区域由于样本众多，规模较小的企业开具的薪资相对较低，使得华东地区的平均报告期薪酬有所被拖累，从年龄和性别角度来看，东北和西北地区 CFO 平均年龄较高，女性 CFO 占比也同样居于前列，华北、华南、西南地区给予了年轻的 CFO 们更多的机会，平均年龄明显较低，期望年轻的 CFO 们能锐意进取，带领企业在变革的新经济中突出重围，显现出较强的经营积极性。值得注意的是华北地

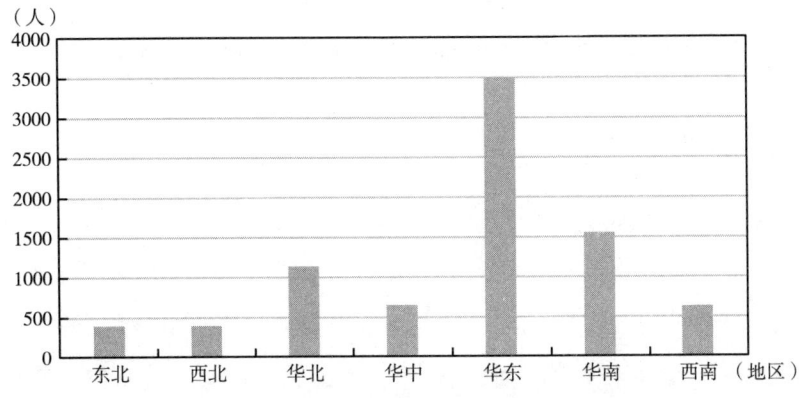

图 3-24　2010~2019 年不同地域上市公司样本分布

区 CFO 个人特征在本书所选取的年龄、薪酬、女性 CFO 比例、聘用当地高校 CFO 等多方面的维度上均表现突出，位于前列（见图 3-26）。

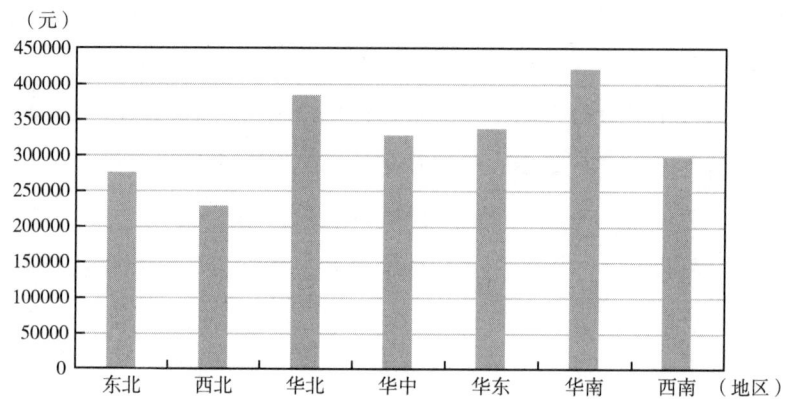

图 3-25 2010~2019 年上市公司 CFO 地域薪酬分布

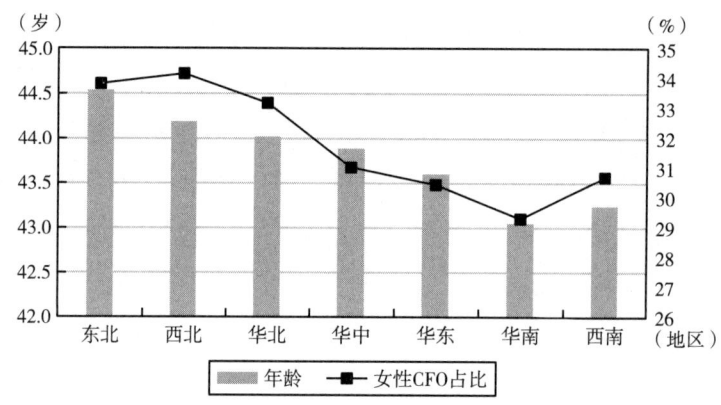

图 3-26 2010~2019 上市公司 CFO 年龄、性别地域分布

## （三）行业

从行业分布来看，按照中国证监会发布的《上市公司行业分类指引》（2012 年修订）为标准，样本中的上市公司共涉及 73 个行业，总体而言各行业分布较为均衡，电子通信制造业、互联网信息技术服务业和非银金融行业上市公司占比较多，这也与我国"十二五""十三五"期间的经济发展重心相匹配，尤其是金融相关行业在近十年高速发展获得了较大发展（如图 3-27 所示）。从图 3-28 和图 3-29 可以看出，行业的景气程度和发展空间对 CFO 候

选人才是比较重要的考虑因素，优秀的行业会吸引大量优秀人才进入，资本密集会加剧人才的密集，而人才的密集会极大程度地推动行业业绩增长，业绩的确定增长则反馈给行业从业人员更好的薪资待遇以及职业发展，正反馈由此形成，由此吸引更多的优质人才驻足，这一点从我国高校近十年来金融等相关专业逐年稳步上涨的招生录取分数线可见一斑，因此货币金融服务业、保险业、房地产业等资本密集型行业 CFO 的学历水平和行业薪资水平都远高于其他行业，货币金融服务业的学历更是接近了人均硕士研究生的水平，从 CFO 们的年龄和我国过去二十年高等教育的发展情况考虑，资本密集行业的 CFO 们从学历来讲属于我国最顶尖的一批财务人才，他们也因此收获了高于各行业平均薪酬 4～5 倍的回报。除资本密集型行业，学历在整体技术难度较高的行业也显现出了较大的重要性，由于行业的知识门槛较高，CFO 们的学历也相应呈现出了较高水平。从薪酬上来讲，近年来得益于电商的快速发展，邮政物流等相关行业发展同样迅速，占据了行业薪酬 Top10 的重要位置。

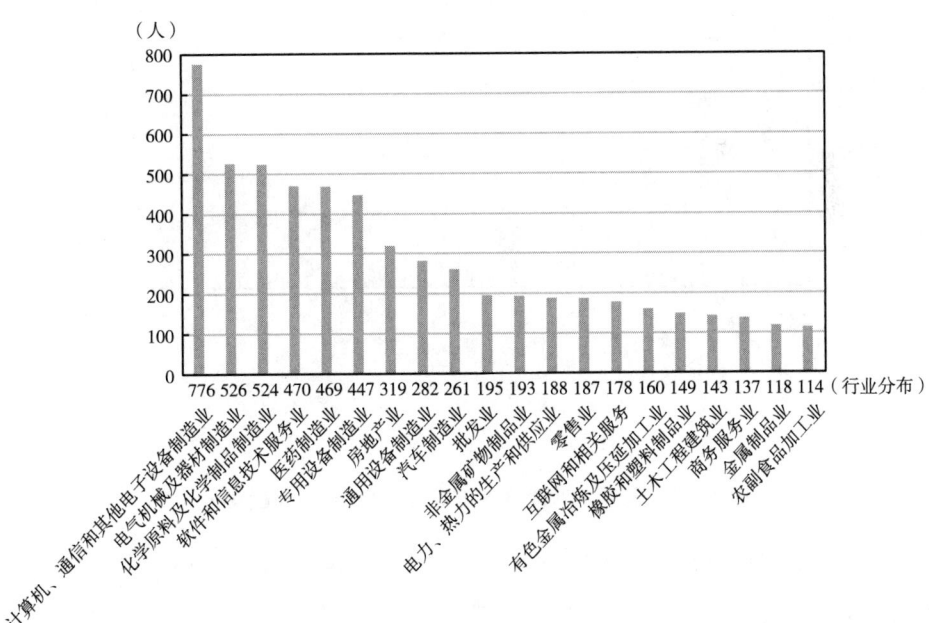

图 3-27　样本行业分布

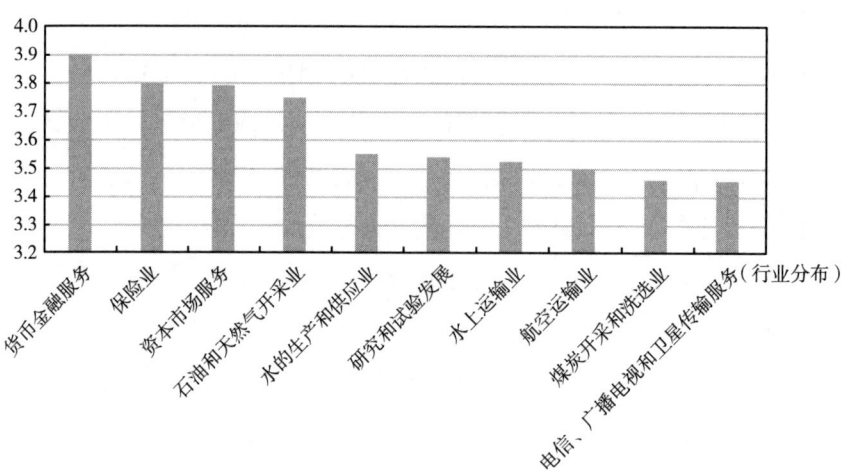

图3-28　2010~2019年上市公司CFO行业学历水平Top10

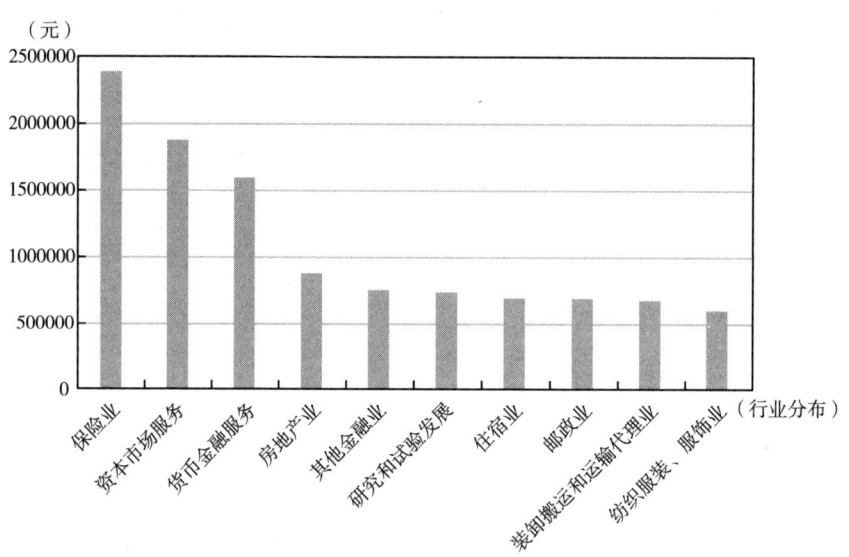

图3-29　2010~2019年上市公司CFO行业薪酬Top10

从行业的角度来看，不同行业对CFO性别和年龄的偏好也不相同，如图3-30、图3-31所示，文化服务业、互联网服务业、艺术和教育以及轻工制造等行业在性别和年龄上的限制更小，女性CFO所常见的温柔、稳健、细致等女性特质更被服务业和纺织、编织品等轻工制造业所欣赏和重视。不过从数据来看，女性CFO管理下的上市公司确实呈现出了更加稳健的财务特征，从资产负债率这

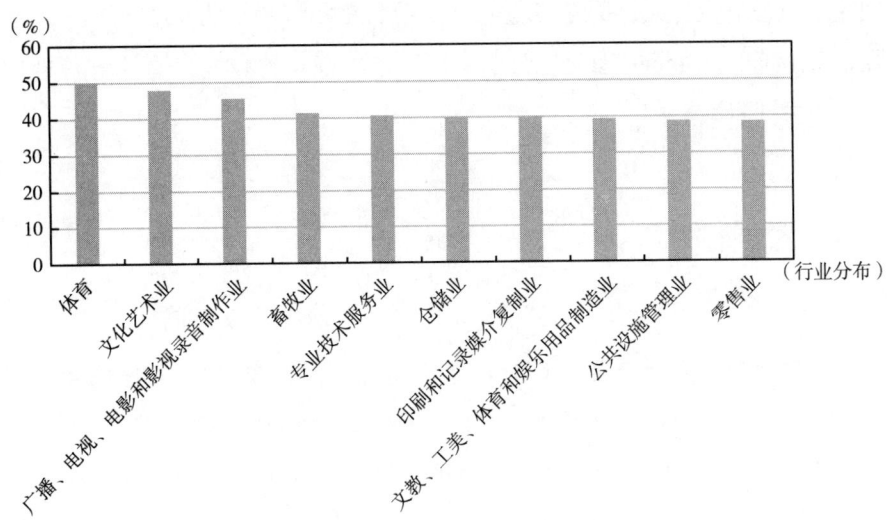

图 3-30 2010~2019 年上市公司行业女性 CFO 占比 Top10

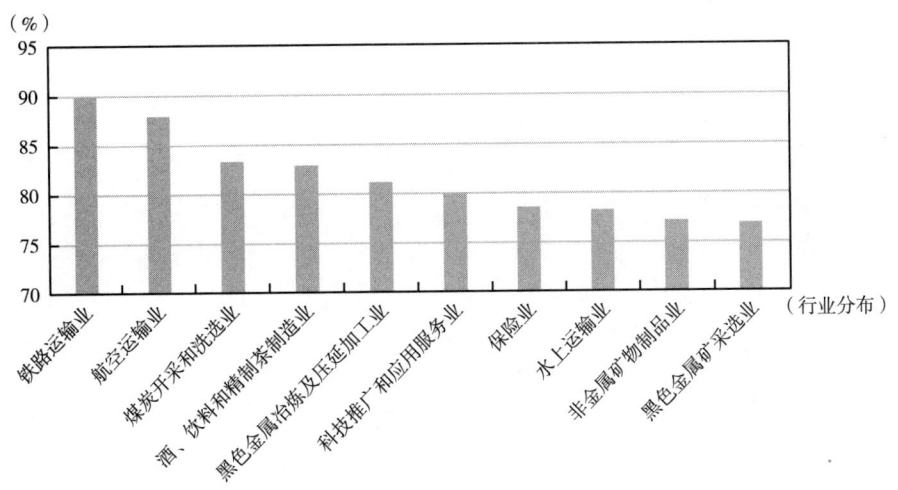

图 3-31 2010~2019 年上市公司行业男性 CFO 占比 Top10

一反映企业财务风格的基本指标出发，我们发现女性 CFO 管理的上市公司平均资产负债率为 41.66%，远低于男性 CFO 的 44.17%，但同样的，风险与收益是对等的，稳健的财务风格在降低风险的同时也降低了企业的盈利能力，从十年间的平均数据来看，男性 CFO 管理的上市公司平均净利润为 79208 万元，而女性 CFO 同期只有 46206 万元的平均净利润。从 2019 年的数据来看这一差距有所扩大，男女 CFO 管理的上市公司资产负债率的差距略有扩大的同时，净利润创造能力进一步扩大，男性表现突出，平均净利润增长为 93945 万元，而女性则略有下降，为 45646 万元，公司财务风格与企业盈利能力的平衡需要 CFO 们进一步去探索和把握。

## 三、本章小结

本章对近十年来上市公司 CFO 的个人特征进行了详细的描述性统计分析，进而挖掘了企业、行业、地区等因素对 CFO 个人特征的影响，着重分析了性别、年龄、学历、薪酬、财务背景等对于 CFO 较为重要的特征，不难看出，高学历、高薪酬、高价值创造正逐渐成为 CFO 们的标签，在把握当前 CFO 特征分布的基础上，进行了一定的因素分析，为后续 CFO 能力框架的构建作出了探索和铺垫。

# 第四章
# 我国 CFO 现状的调查问卷

## 一、问卷过程

课题组从 2019 年 8 月开始设计调查问卷，于 2019 年 12 月定稿。问卷调查的目的是分析当前我国会计人员应具备的各项能力要素，未来的转型趋势，以及转型所要求的知识技能与能力等。

研究小组从企业能力要求、企业环境和基本信息等几个方面设计问卷框架。然后结合访谈结果，对问卷内容进行了完善，在校内广泛地征求意见，对问卷进行了前后五次修改。最后一个程序是酸性测试，测试者认为问题明了、清晰、针对性强，所用时间适中（填写时间平均 10 分钟）。我们提供两种填写问卷的方式，电脑版和微信版，方便被调查者填写，也方便后续的问卷处理。采取两个途径发放问卷，一是公开网络途径，通过微信群加以推广；二是现场培训班发放问卷。共收到 1038 份问卷，去除了填写时间小于 3 分钟和大于 60 分钟的问卷，得到有效问卷 945 份。

对重要性排序问题，我们采用五级评分制，如果认为该因素不重要，赋值

1分；如果认为该因素较不重要，赋值3分；如果认为该因素一般重要，赋值5分；如果认为该因素较重要，赋值7分；如果认为该因素重要，赋值9分。对所有问题，我们先计算出各子问题的平均得分，同时也针对不同的子样本计算出各子问题在不同子样本中的平均得分，并对上述得分逐对进行了均值比较（见附录），此外还统计了选择"较重要""重要"的调查对象在全部有效样本中的比例。

我们采用华莱士和梅勒（Wallace and Mellor, 1988）的方法对样本的代表性加以检验。将回收的有效问卷分为两类，第一类是编号为奇数的问卷，第二类是编号为偶数的问卷。针对重要性排序问题，对各子问题在两个子样本中的重要性得分作了均值差异性检验。检验结果表明，反馈结果在这两类样本之间并不存在显著性差异。因此从统计角度来看，两类问卷的分析结果并没有显著差异。

需要指出的是，调查问卷结果反映的只是调查对象对这些问题的态度和看法，并不表明在实际运营过程中，他们就是完全按照这种模式操作的。

## 二、能力要求的描述统计

课题组共收回有效问卷945份，根据反馈数据，调查对象中，男性占比为52.10%；年龄在35岁及以上者占比49.40%，其中35（含）~40岁占比22.60%，40（含）~45岁占比14.60%，45（含）~50岁占比8.30%，50岁及以上者占比3.90%。参与调查对象均具有良好的教育背景，具有本科及以上学历者占比达到90.70%，其中具有研究生学历者占比25.80%。69.90%的调查人员具有5年及以上从事财务工作的经历，其中5~10年者20.50%，10~15年者19.50%，15~20年者14.20%，20年以上者15.70%。72.80%的调查人员所在企业规模在1000万元及以上，其中企业规模在1000万~1亿元的占比19.40%，1亿~10亿元的占比27.70%，10亿~100亿元的占比19.00%，100亿元以上的占比7.70%。调查对象所在企业性质主要集中于国有控股公司和非国有控股公司两类，其中国有控股公司占比30.50%，非国有控股公司占比

38.50%；经营区域在大城市的占比为34.50%。此外，调查对象在企业内担任基层会计人员、业务管理会计人员、部门管理会计人员以及企业管理会计人员所占比重分别为24.30%、17.50%、31.40%以及26.80%。

根据调查问卷显示，所有能力要素的重要性评价均超过90%（如图4-1所示），即整体而言各项能力要素都重要。同时，战略思维和职业道德是最重要的两项，分别有97.03%、96.82%的调查对象认为该项"较重要"或"重要"，这表明随着经济环境的变化，会计人员职能发生了显著变化，社会环境也对其职业道德提出更高要求。然后依次为知识、人际能力和工作经验，认为该项"较重要"或"重要"的样本占全部样本的比例分别为92.58%、90.77%以及90.03%。另外，通过差异比较可以看出，在企业规模上，战略思维和人际能力在大小企业规模上评分有明显差异。相较于小规模企业，大规模企业对会计人员所具有的战略思维能力、人际能力提出了更高的要求。

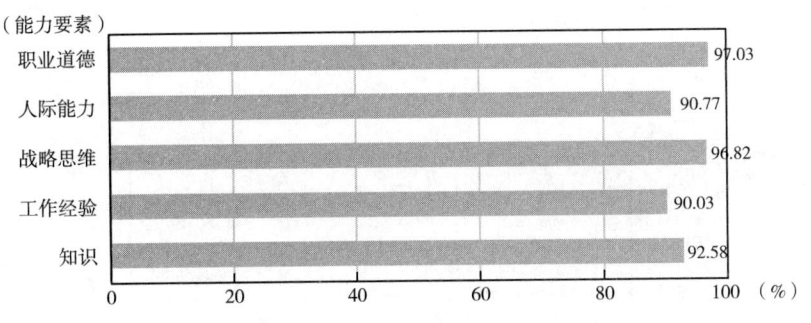

图4-1 各能力要素重要性

## （一）知识

会计人员从事的工作具有很强专业性，需要精深的专业知识做支撑。随着经济的发展，会计人员职能不断拓展，除了传统财务职能需掌握的专业知识外，还需要掌握战略管理、风险管理、财务报表分析、绩效管理等专业理论知识。此外，互联网、大数据等信息技术的快速发展为会计跨越式发展提供了机遇，使会计核算从以往的事后核算转变为与对应经济活动的同步集成，为会计对业务活动反映的实时性提供了支持，为财务数据与业务数据的融合提供基础。会计人员面对大量的数据和冗杂的信息，需要掌握数据分析处理知识，利用技能挖掘处理，实现"现存"数据到"有用"数据的转化，为企业发展提供实时决策。

根据调查问卷显示，针对知识能力，所有职业知识的重要性评价均超过50%（如图4-2所示），即整体而言各项知识都重要。这其中最重要的知识依次包括数据分析、财务分析、风险管理、战略管理、成本管理、绩效管理、预算管理、资本运营、公司治理、管理报告分析、运营管理、信息系统、客户管理以及投融资管理，认为该知识"较重要"或"重要"的样本占全部样本的比例分别为95.44%、93.96%、93.96%、93.32%、91.94%、90.46%、90.24%、89.71%、89.61%、88.97%、88.34%、87.38%、86.85%以及86.43%，全部超过85%，凸显了会计人员的决策职能，以及与公司内其他部门之间的沟通和协调职能。相对次要的知识包括资产管理、项目管理、经济相关法律、人力资源、会计准则、兼并收购等基本的财务部门业务知识。另外，通过差异比较可以看出，相较于小规模企业，大规模企业对会计人员所具有的兼并收购、投融资管理、数据分析等知识提出了更高的要求；而小规模企业会计人员更注重

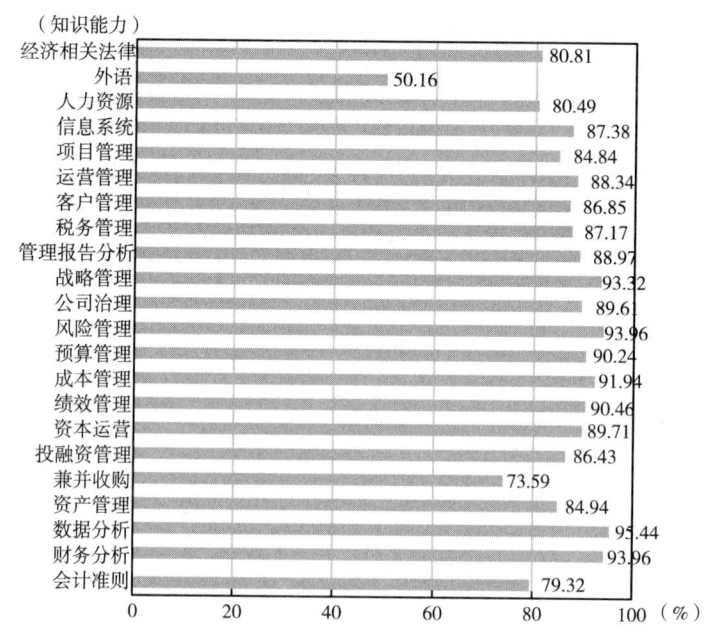

图4-2 知识的重要性

会计准则、资产管理、成本管理、预算管理、税务管理、运营管理等知识的提升。从事财务工作年限长的会计人员更注重数据分析、公司治理、战略管理、信息系统、人力资源管理等知识的提升,而年限短的人员则更注重外语、经济相关法律和成本管理等知识。

同时,综合对比各项职业知识对不同层次会计人员的重要性后可以发现(如图4-3所示),各项职业知识对基层会计人员的重要性整体高于对业务管理会计人员的重要性,对业务管理会计人员的重要性整体高于对部门管理会计人员的重要性,而对部门管理会计人员的重要性又整体高于对企业管理人员的重要性,总体呈现出人员层次越高,所需各项职业知识越少的特点。但通过对比也可发现,不同的职业知识在不同层次的会计人员身上还是体现了不同的重要性。例如,在对比部门管理会计人员和基层会计人员时,出现了因分工不同带来的双向变化,如兼并收购、信息系统、营运管理、税务管理、战略管理、数据分析、投融资管理、管理报告分析等对部门管理会计人员的重要性均超过对基层会计人员的重要性,而项目管理、预算管理、风险管理、经济相关法

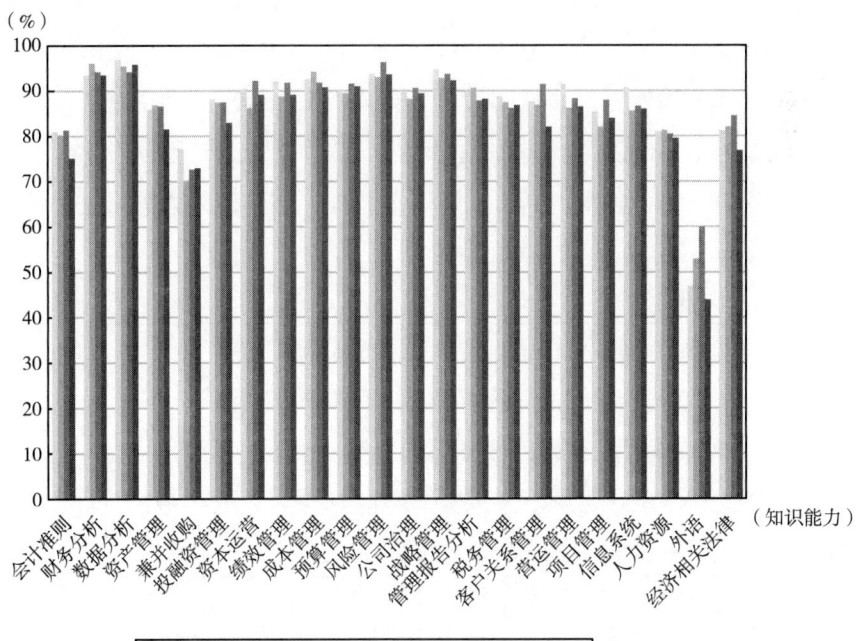

图4-3 各项职业知识对不同层次会计人员的重要性

律、外语等对部门管理会计人员的重要性则低于对基层会计人员的重要性，表明这两个层次会计人员的职能侧重点各不相同。总之，统计数据表明，职业知识的重要性会随人员层次的提升而不断降低，同时，不同层次人员受工作职能影响而形成了不同的职业知识侧重点。

此外，会计作为一门社会学科，必然会随着社会实践的发展而不断地发展和更新，因而客观上要求会计人员不断进行知识更新。随着市场经济不断发展和完善，企业业务、经营范围将不断向纵深发展，各种新的组织形态也层出不穷，新的经济业务大量涌现，会计处理、会计规则不断更新变化，会计服务的领域亦随之拓宽。尤其近年来，大数据、人工智能、云计算等新型互联网技术均取得了突破性进展，引发职能拓展、核算技术、服务模式、组织形式等一系列变化，这就要求会计人员确立知识更新的主动意识。根据调查结果显示，占全部样本比例86.32%的会计人员（如图4-4所示）认为，需要加强自身在知识能力要素的建设，且小规模企业会计人员的知识更新需求更加强烈。未来五年，会计人员认为最重要的知识依次为数据分析、财务分析、管理报告分析（如图4-5所示），认为该知识"较重要"或"重要"的样本占全部样本的比例分别为94.91%、92.58%、91.09%；未来五年，相对次要的知识包括风险管理、预算管理、绩效管理、战略管理、成本管理、信息系统以及资本运营。排在最后的是外语，比例为52.60%。另外，通过差异比较可以看出，大规模企业除在数据分析能力需求上高于小规模企业外，在其他能力需求上，都普遍低于小规模企业。

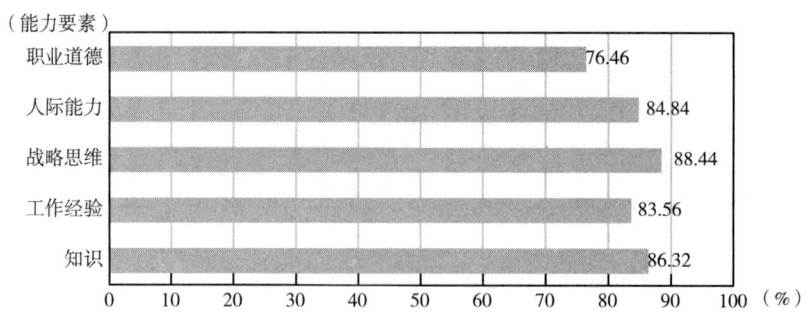

图4-4 加强各能力要素建设必要性

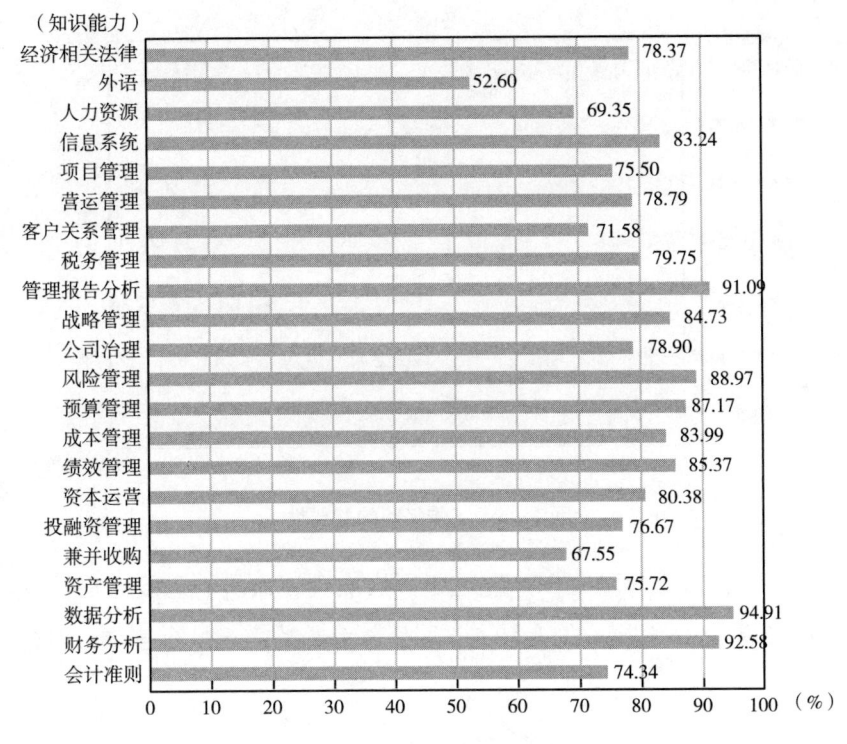

图 4-5 未来五年的知识需求

## （二）工作经验

会计人员的工作具有很强的专业性、技术性及实践性，要求会计人员不仅需要具备现代会计、金融、财务、审计等相关领域专业知识，更需要具有一定的实践工作经验，具备良好的职业判断能力，熟悉企业、集团以及行业的发展，了解行业监管法规。

根据调查问卷显示，针对工作经验能力，所有职业经验的重要性评价均超过80%（如图4-6所示），即整体而言各项经验都重要。这其中最重要的工作经验依次包括职业判断能力、企业熟悉程度以及行业熟悉程度，认为该知识"较重要"或"重要"的样本占全部样本的比例分别为94.38%、92.47%、92.26%，全部超过90%。相对次要的工作经验包括行业监管法规、技术发展、集团熟悉程度以及宏观经济熟悉程度。另外，通过差异比较可以看出，在企业规模、从事财务工作粘性、单位类别、经营地域、教育背景等各维度，对会计人员工作经验能力的评分差异性不大。

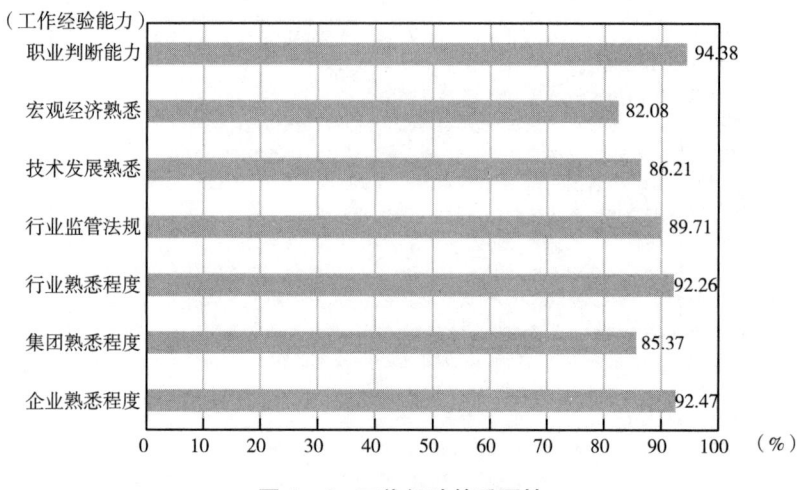

**图 4-6　工作经验的重要性**

同时，综合对比各项工作经验对不同层次会计人员的重要性后可以发现（如图4-7所示），各层次的会计人员对工作经验的需求虽有差异，但总体保持稳定。

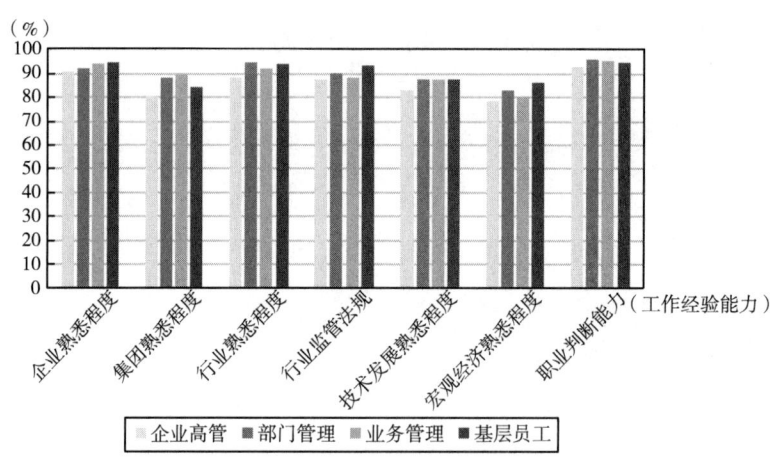

**图 4-7　工作经验对不同层次会计人员的重要性**

此外，调查结果还显示，占全部样本比例83.56%的会计人员（如图4-4所示）认为，需要加强自身在职业判断能力方面的建设，需要更加熟悉企业、集团以及行业的发展，了解新技术以及行业监管法规。通过差异比较可进一步发现，小规模企业会计人员在这方面的能力建设需求更加强烈。

### (三) 战略思维

随着会计职能的转变,会计人员越来越被要求在企业的运营中起着管理者的角色,参与企业的决策过程、资源管理过程以及业绩管理过程等,因此必须具备一定的问题解决能力、决断能力、领导能力、分析能力等战略思维能力。

根据调查问卷显示,针对战略思维能力,所有职业能力的重要性评价均超过90%(如图4-8所示),即整体而言各项思维能力都重要。这其中最重要的战略思维能力为问题解决能力,占比为97.24%,其次依次为决断能力、分析能力、领导能力、商业敏锐度以及创新能力,认为该知识"较重要"或"重要"的样本占全部样本的比例分别为95.12%、94.70%、94.17%、94.06%以及90.14%。通过差异比较可以看出,在企业规模上,各战略思维因素的差别相对不明显;在所属行业上,制造业的领导能力评分8.26大于非制造业的8.06;在从事财务工作年限上,任职年限长的领导能力评分8.24大于任职年限短的7.98。

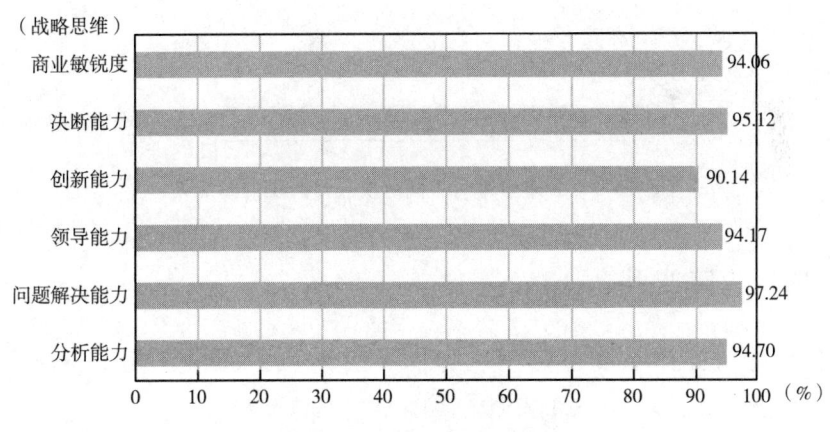

**图4-8 战略思维的重要性**

同时,综合对比各项战略思维能力对不同层次会计人员的重要性后可以发现(如图4-9所示),从基层会计人员到业务管理会计人员,再到部门管理会计人员,最后再到企业高管,各项战略思维能力对其的重要性呈现出逐层整体上升的趋势,但相对而言,从业务层会计人员到部门管理层会计人员的上升程度更大,而从基层会计人员到业务管理会计人员、从部门管理层会计人员再到企业高管的上升程度则已经缺乏较大空间，因此其重要性评价提高较少。此外，从业务层到部门管理层，战略思维重要性提升最多的几项技能包括分析能力、领导能力、决断能力以及商业敏锐度，变动相对较少的是创新能力，而问题解决能力的重要性评价变动幅度相对接近。

此外，调查结果还显示，占全部样本比例88.44%的会计人员（如图4-4所示）认为，需要加强自身的战略思维能力，这凸显了越来越多的会计人员认识到自身管理职能的转变，未来将会更多地参与公司战略制定，更多地为公司其他业务提供决策信息支持，也会有更多的时间与公司管理层人员同处共事。

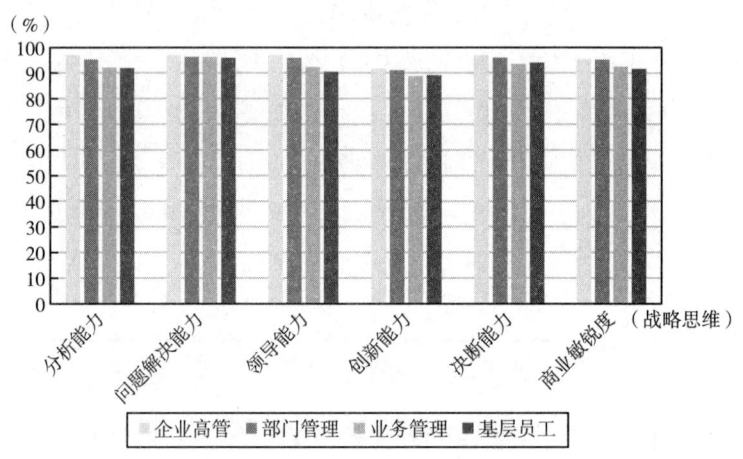

图4-9 战略思维对不同层次会计人员的重要性

## （四）人际能力

会计人员的工作，要求其与企业内外部每一个相关联的人打交道，尤其是在全球化背景下，多元文化环境下的沟通和交流日益频繁，会计人员若具备良好的沟通、学习、团队建设等人际能力，有助于其顺利开展部门内部、跨部门、跨区域、跨国的交流活动。

根据调查问卷显示，针对人际能力，所有能力的重要性评价均超过85%（如图4-10所示），即整体而言各项人际能力都重要。这其中最重要的人际能力为沟通能力，占比为97.56%，其次依次为学习能力、团队建设能力、谈判能力、影响力以及客户关系维护，认为该知识"较重要"或"重要"的样本占全部样本的比例分别为 95.33%、94.59%、91.83%、90.56% 以及 88.12%。通过差异比较可以看出,在企业规模上,大规模企业的团队建设能力评分高于小规模企业,而小规模企业的学习能力评分高于大规模企业;在年龄上,大年龄组各能力要素的评分普遍高于小年龄组;而在从事财务工作年限方面,任职年限长的在团队建设、影响力、沟通等能力方面的评分高于任职年限短的,而任职年限短的客户关系维护评分 7.68 高于任职年限长的 7.59。

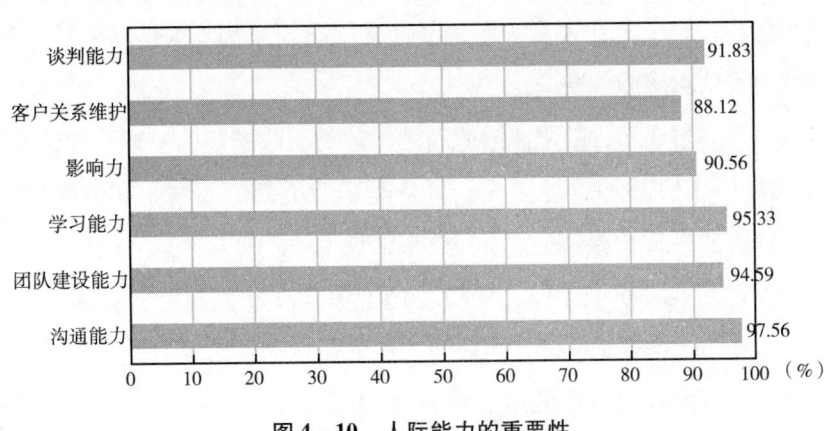

图 4-10 人际能力的重要性

同时,综合对比各项人际能力要素对不同层次会计人员的重要性后可以发现(如图 4-11 所示),各层次的会计人员对人际能力的需求虽有差异,但总体上保持稳定。

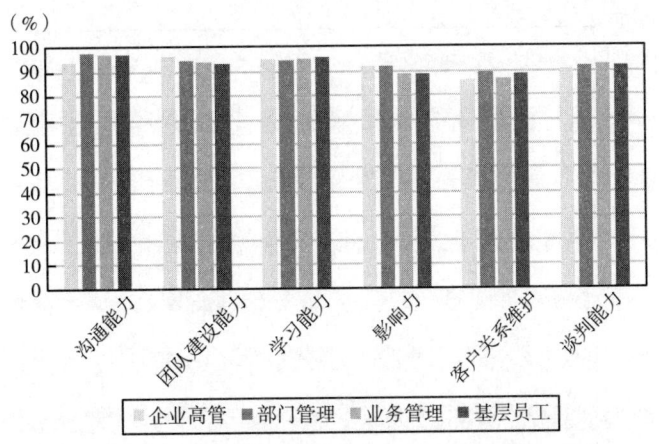

图 4-11 人际能力对不同层次会计人员的重要性

此外，调查结果显示，占全部样本比例84.84%的会计人员（如图4-4所示）认为，需要加强自身在沟通、学习、团队建设等方面的人际能力建设。

### （五）职业道德

会计职业道德可以调节会计职业内部、会计职业与其他职业之间、会计职业与社会之间的种种社会关系，规范经济秩序，促进社会生产的发展和人类文明素质的提高。对于会计人员来说，良好会计职业道德是保证其从社会利益、职业利益出发认真履职的基础。

根据调查问卷显示，就职业道德而言，各类职业道德的重要性评价均超过90%（如图4-12所示），足见人们对各类职业道德的重视。其中诚实守信、遵纪守法的重要性评价最高，分别为96.39%和96.08%，其次依次为信息保密、维护公司利益、积极工作、支持公司价值实现和满足监管要求。总体来看，遵纪、守法、合规是会计人员最为关注的职业道德因素。此外，根据差异比较分析来看，大规模企业的信息保密和积极工作的因素评分低于小规模企业；制造业行业在遵守法律、满足监管要求的因素评分高于非制造企业；大年龄组在遵守法律、维护公司利益、支持公司价值实现和积极工作的评分要高于小年龄组；任职年限长的在诚实守信、维护公司利益、支持公司价值实现的评分高于任职年限短的。

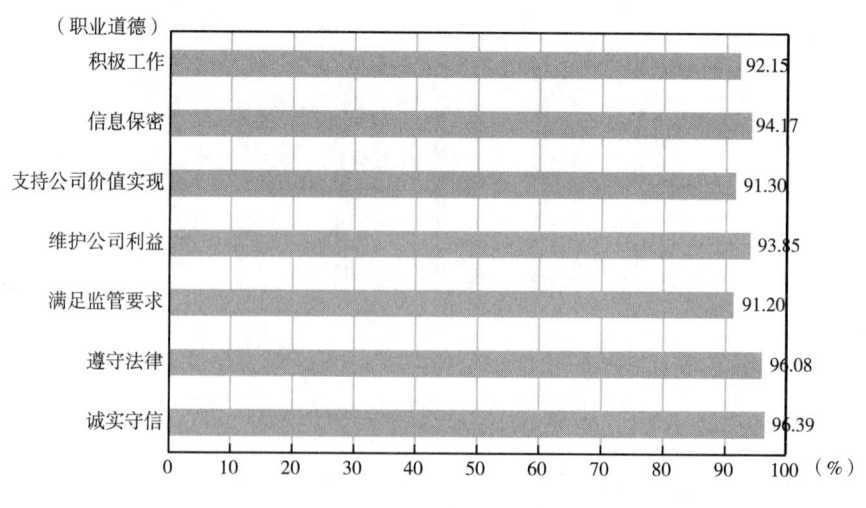

图4-12 职业道德的重要性

同时，在对各层次会计人员的调查结果进行对比分析时（如图4-13所示），可以发现与工作经验、人际能力类似的规律，即各项职业道德要素对不同层次会计人员的重要性虽有差异，但总体上保持稳定。

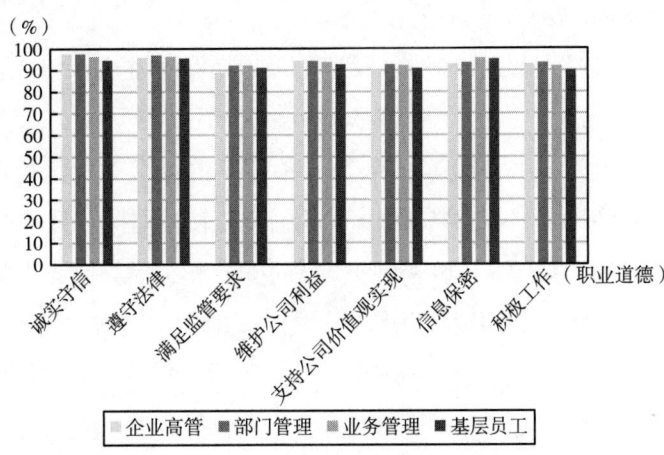

图4-13　职业道德对不同层次会计人员的重要性

调查结果显示，占全部样本比例76.46%的会计人员（如图4-4所示）认为，需要加强会计职业道德建设，且小规模企业会计人员的需求更强烈。此外，约有占全部样本比例99.36%的会计人员希望在未来能做到遵从法律法规要求，98.89%的会计人员希望能够识别并解决不道德行为，98.57%的会计人员希望履行职业道德行为。

## 三、公司财务工作现状的描述统计

### （一）会计人员职能

按照企业内部职能的划分，财务部门是企业运营过程中重要的支持部门，作为公司财务人员，必然要与企业内外部相关联的人打交道。

统计结果印证了会计人员在公司中的业务不再仅仅局限于财务部门内部，其对公司内部其他部门业务的参与程度在逐步加强。统计结果表明（如图4-14所示），分别有76.14%与76.88%的会计人员认为自己耗费在与集团财务部门、其他部门打交道的时间比较多。这从另外一个侧面也反映了我国企业内部运营中各个部门间协调成本相对较高的问题得到改善，作为决策信息提供部门的财务职能部门加强了与公司内部其他经营单位的沟通联系，因而其信息提供职能逐步得到充分发挥。

相比会计人员投入时间较多的"财务部门同事""企业高管人员""集团财务部门""其他部门"，会计人员在对外事务上花费时间较少，57.69%的调查对象花费较多时间与税务机关打交道，48.57%的调查对象花费较多时间与银行沟通相关业务事项，49.84%的调查对象花费较多时间与政府主管部门及其他监管机构沟通（如图4-14所示）。从时间分配上看，会计人员所承担的职能，内联多于外联，此种现状既是专业能力的体现，也是业务分割的结果。此外，根据差异比较分析来看，小规模企业在银行、税务、政府监管机构等方面的评分高于大规模企业，而大规模企业在企业高管人员、财务部门同事、集团财务部门等方面的评分要高于小规模企业；任职年限长的企业高管人员评分7.88高于任职年限短的7.11；大年龄组的企业高管人员评分7.85高于小年龄组的7.36。

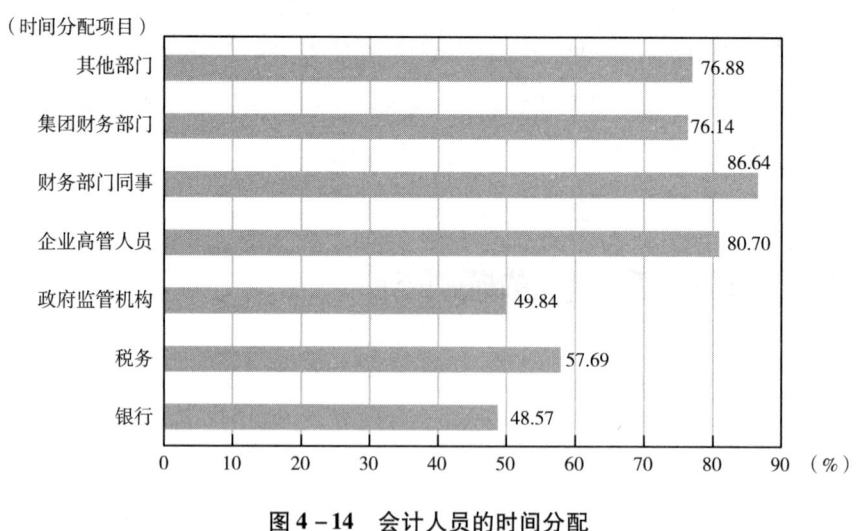

图4-14　会计人员的时间分配

此外，财务部门负责人在执行公司财务战略时，与财务部门的同事保持了密切沟通和接触。CFO作为财务部门同事与公司高层管理人员沟通的桥梁，对财务部门运作乃至整个公司的正常运作都发挥着至关重要的作用。这种桥梁作用无论对 CFO 的知识还是技能都提出非常高的要求。

调查问卷显示，90.91% 的 CFO 认为自己花费很多时间与公司 CEO 及其他高管人员打交道（如图 4-15 所示），这表明 CFO 花费很多的时间、精力与 CEO 及公司其他高级管理人员一起协同工作，企业的组织结构采用的是协同工作模式；84.19% 的 CFO 认为自己花费大量的时间与财务部门同事打交道。

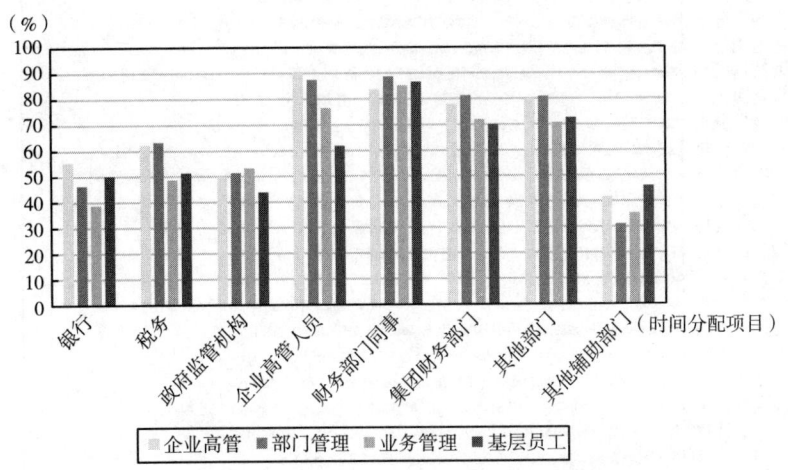

图 4-15　不同层次会计人员的时间分配

企业的信息化发展水平以及其对资源尤其是财务资源的协调整合能力，在企业的发展中将居于重要地位。全面预算管理、成本管理、内部控制等管理会计工具有利于实现财务与业务活动的双向互动，实现财务与业务间流程的互联、数据的共享。各管理会计工具在企业规划、决策、控制和评价等方面也发挥着越来越重要的作用。调查结果显示，所有管理会计工具的重要性评价均超过 50%（如图 4-16 所示），即整体而言各项管理会计工具都重要。这其中最重要的管理会计工具为内部控制、全面预算，占比分别为 95.23%、90.35%；其次依次为战略规划、关键业绩指标、项目管理、资本成本分析，认为该知识"较重要"或"重要"的样本占全部样本的比例分别为 86.00%、83.03%、82.61% 以及 81.44%，占比均超过 80%。在所有管理会计工具项中，目前会计人员运用程度相对较低的管理会计工具主要包括作业成本法、作业预算、弹性预算、零基预算、滚动预算、目标成本法、360 度绩效评价、经济增加值法、贴现金流法、约束资源优化、平衡计分卡，这也在一定程度上反映了企业内部财务与业务的融合程度还相对较低，尚未形成财务资源配置绩效与风险的全过程管控。此外，根据差异比较分析来看，大规模企业在大部分管理会计工具的使用上大于小规模企业。

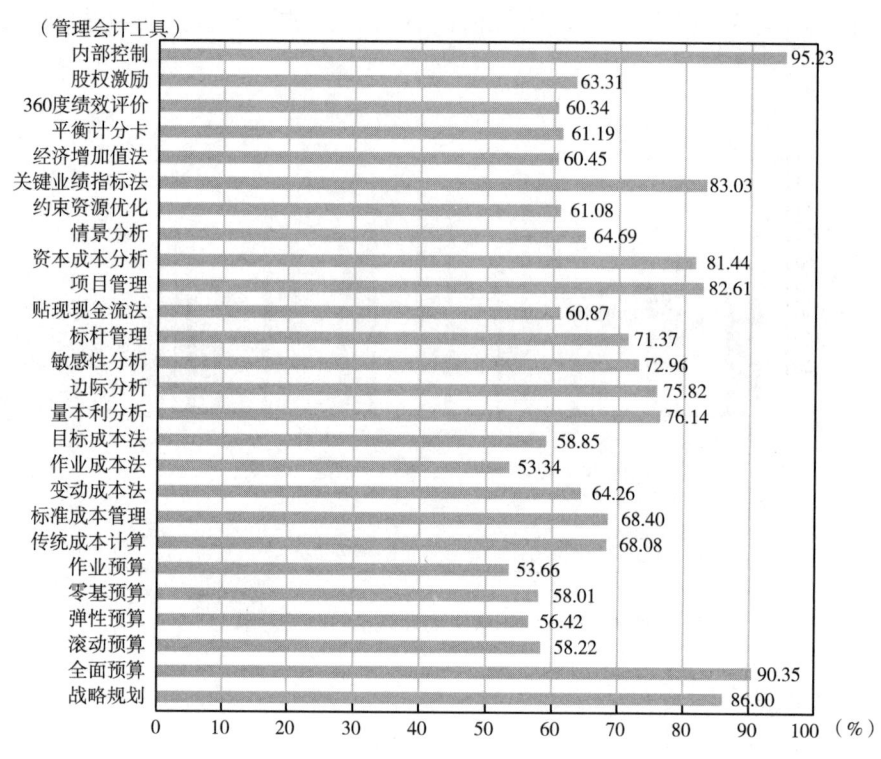

图4-16 管理会计工具使用情况

但调查问卷也印证了财务与业务将持续深度融合的趋势。根据调查结果，在将来的工作中，除"股权激励"外，所有管理会计工具的重要性均超过了80%（如图5-17所示）。这其中最重要的管理会计工具包括全面预算、内部控制、量本利分析、滚动预算、弹性预算、边际分析、战略规划、变动成本法、标准成本管理、敏感性分析、资本成本分析、传统成本计算、项目管理、关键业绩指标法、零基预算、标杆管理、目标成本法，认为该项"较重要"或"重要"的样本占全部样本的比例分别为 95.38%、95.06%、94.90%、93.47%、93.47%、93.31%、92.83%、92.83%、92.52%、92.52%、92.52%、92.04%、92.04%、91.72%、91.08%、90.29%、90.13%，均超过

90%。相较于现有使用情况,在未来工作中,作业成本法、作业预算、弹性预算、零基预算、滚动预算以及目标成本法等管理会计工具的使用得到大幅提升,其重要性评价的变动百分比依次为 34.72%、32.97%、37.06%、33.08%、35.25%、31.27%。

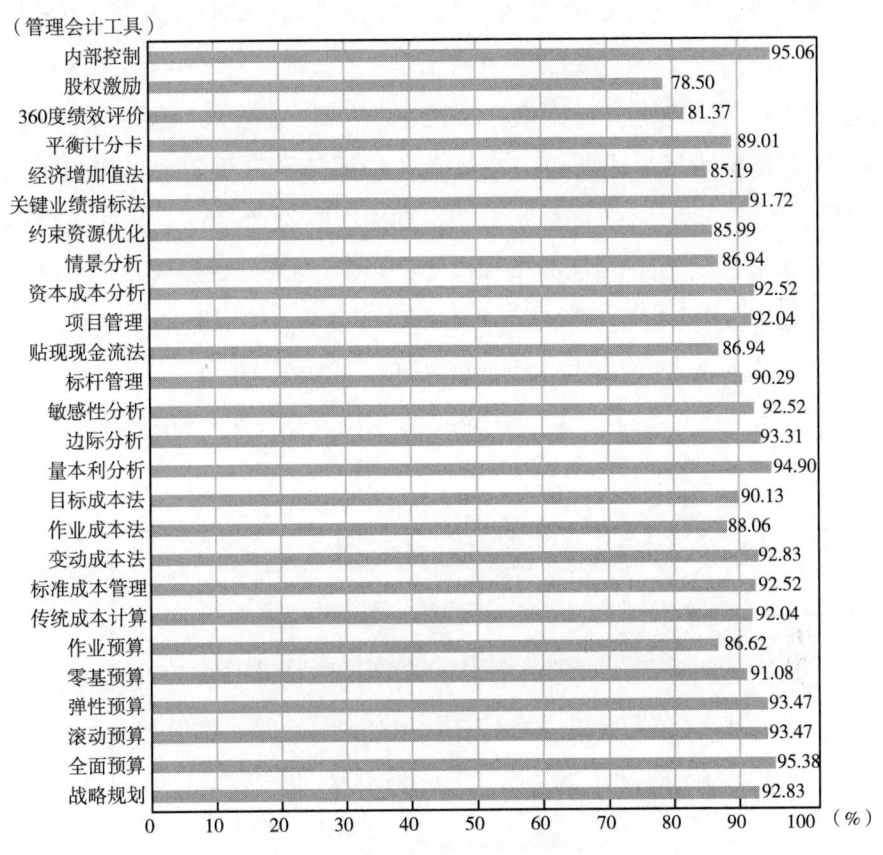

图 4-17 未来管理会计工具使用情况

## (二) 环境因素对会计人员职能的影响

会计人员履行职责的过程受企业经营环境的影响,具体而言体现在两个方面:一是企业外部经营环境的影响,二是企业内部经营环境的影响,外部经营环境对企业内部的财务职能产生直接影响,从而影响到企业内部的决策流程、业务处理流程等企业经营的方方面面,外部经营环境与内部经营环境一起对财务工作产生综合影响。

随着20世纪90年代互联网和移动电话的诞生和广泛应用、21世纪"大智云移"等信息通讯技术的爆发，基于新的信息通信技术的商业模式的发展为各种新的更加高效的财务与管理模式提供了广阔的空间和可能，同时也给企业会计系统带来了全方位的、根本性的革命。

调查结果显示，从外部经营环境的影响因素来看，信息技术发展、市场竞争加剧、客户需求变化、监管部门要求对企业的影响最大（如图4-18所示）。所有会计人员中，90.99%的调查对象认为"信息技术发展"会在较大程度上影响财务职能的发挥，而认可"市场竞争加剧"会产生较大影响的比例为87.91%，认可"客户需求变化"影响程度的比例为85.26%，认可"监管部门要求"影响程度的比例为80.59%。相比之下，调查对象认为"经济全球化""股东和债权人的要求"等因素对财务职能的影响程度相对要小。此外，根据差异比较来看，除信息技术发展要素外，小规模企业在经济全球化、市场竞争加剧、客户需求变化、股东和债权人要求以及监管部门要求等方面的评分均高度大规模企业。

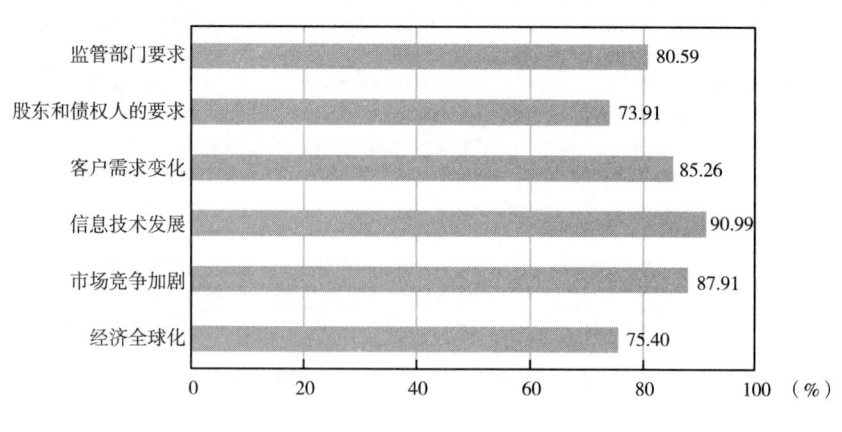

**图4-18 外部因素对财务职能的影响**

总之，会计人员已经意识到未来企业越来越激烈的竞争、速度越来越快的技术变革要求财务职能必须要适应这些环境变化，这就要求从企业发展战略的高度重新设计企业的财务职能，而且要积极采用新技术配合新型财务职能的实施。

调查显示，在所有影响会计人员发挥财务能力的内部因素中，管理层的重视程度、公司信息化水平、公司业财融合程度、业务部门配合以及财务职能转变等因素对企业的作用最大,均有不低于90%的调查对象认为该项"较重要"或"重要",是制约会计人员发挥作用的关键因素。其次,依次为公司决策机制、员工素质、公司商业模式以及公司文化。可见,企业内部的这些因素都在很大程度上影响了财务部门的工作效果(如图4-19所示)。根据差异化比较分析来看,小规模企业在公司文化、员工素质、公司决策机制、业务部门配合、财务职能转变以及公司商业模式等方面的重要性评价均高于大规模企业。

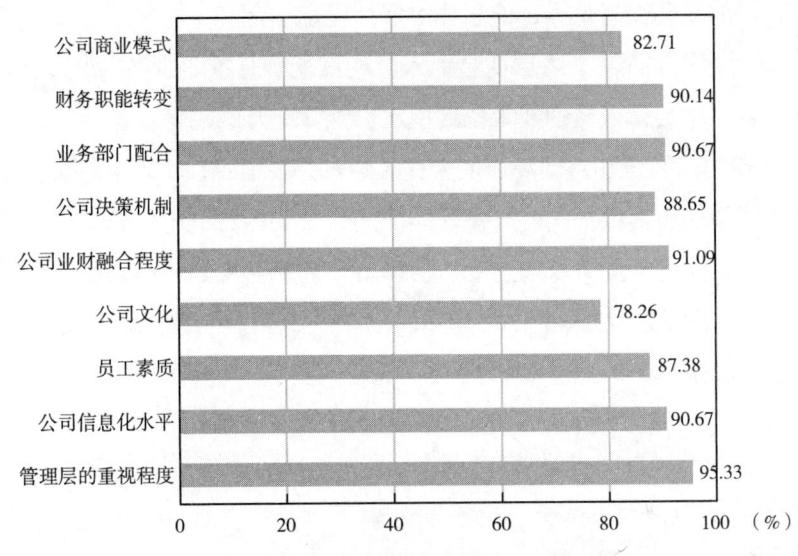

图 4-19　内部因素对财务职能的影响

## 四、本章小结

本节以对问卷资料的描述性统计为基础,总结当下我国不同层次会计人员对应具备的职业能力和所从事业务工作重要程度的评价如下:

1. 随着会计人员日常工作中会计核算职能的弱化,一些传统财务基本知识如资产管理、财务呈报等的重要性在下降,而与数据分析、财务分析、财务战略、融资战略、投资战略等职能相关的理论知识的重要性明显上升,而且这种转变趋势会在未来一段时间内持续。

2. 就职业知识而言,随着人员层次的提升,应具备的职业知识要求在不断减少。同时，不同层次会计人员应具备的职业知识侧重点不同，基层会计人员最注重风险管理、经济相关法律、外语以及基本的财务会计专业知识，业务管理会计人员更注重成本管理以及财务分析，部门管理会计人员更注重运营管理、数据分析以及信息系统建设，企业管理会计人员则更注重战略管理和公司治理知识的提升。

3. 就工作经验、人际交往以及职业道德而言，虽然各项能力要素对不同层次会计人员的重要性有差异，但总体上保持稳定。

4. 就战略思维而言，各层次会计人员均重视所有各项战略思维，且各项战略思维对各层次会计人员的要求呈现出逐层整体上升的趋势。

5. 随着内部环境和外部环境的变化，特别是在信息技术发展等因素的推进下，作为决策信息提供部门的财务职能部门与公司内部其他经营单位的沟通联系不断加强，财务与业务双向互动、持续融合的趋势不断强化。作为财务部门与公司高层管理人员沟通桥梁的CFO，已经认识到参与战略制定是其重要使命，并已经越来越多地配合CEO等公司高管人员完成公司重要战略决策。

# 第五章
# CFO 能力框架设计

## 一、设计原则

本书希望构建多层次的会计人员能力框架,包括 CFO 能力框架、财务部门负责人能力框架、财务业务负责人能力框架和基层会计人员能力框架。所涉及的 CFO 泛指公司层面财务与会计的最高行政负责人,在职务上可能是首席财务官、财务副总、总会计师或财务总监。重视 CFO 的功能而不拘泥于其称谓,即 CFO 主管公司的日常财务与会计事务,而且参与涉及财务的公司战略决策。同样,财务部门负责人是指在 CFO 领导下负责财务部门管理的人员,一般为财务部总经理或副总经理等,财务业务负责人是指在 CFO 和部门负责人领导下负责管理具体财务业务的人员,如预算经理、成本经理等,基层会计人员是指在从事具体操作的财务人员,这四类人员由于工作的职责和定位不同,其能力框架也必然存在差异。

在构建能力框架时,我们遵循了如下原则:

### (一)基于我国经营环境

我国公司内部和外部的经营环境与发达国家有很大的不同。与之相适应,我们需要深谙中国经营实际的会计人员。因此我们的能力框架系在经过详尽的调研后，基于我国经营环境而设计。但应该认识到，公司所处的经营环境虽有不同，尤其近年来信息化、国际化、大数据应用和经营节奏加快等趋势明显，这对会计人员提出了新的要求，我们关注到环境变化对会计人员的影响是全方位的，但服务于会计职能转型和企业管理需求。

## （二）基于一定的前瞻性

由于经营环境处于不断的变化之中，会计人员也不断地面临各种新挑战。本能力框架的设计在重视现状的同时还兼顾了未来的发展趋势，即保持了一定的前瞻性。我们相信，虽然目前我国仍然有一些会计人员更重视会计核算和信息披露等基本财务职能，未来公司的发展会要求会计人员更多地整合公司经营活动，并为公司战略提供更多的决策支持，从而更多地参与和主导公司战略的制定。

## （三）基于核心能力

会计人员面对着不同的环境、不同的企业和不同的业务，所需要的能力无疑是多种多样的，构造统一的、完整的能力框架几乎是不可能的。本章所构造的能力框架主要着眼于会计人员的核心能力，这些核心能力对会计人员的职业发展具有指导意义，但并不意味着有了这些能力就可以成为合格的会计人员。本章集中论述了核心能力，列示了部分相关胜任能力，但并没加以详尽论述。

AICPA从影响注册会计师的环境因素，找出最重要的五项议题，由此归纳出五种核心价值、在未来应提供的五种核心服务，以及应具备的五种核心能力。我们借鉴了AICPA突出核心能力的研究方法。

## （四）基于一定的通用性

由于会计人员所属公司的行业、经营方式、经营规模等不同，导致会计人员所需胜任能力的范围、层次有所不同，即会计人员所存在的环境决定了其能力要求。本能力框架不是针对某一特定行业或特定类型公司会计人员的能力框架，而是在大量调研（被调研的公司均有一定规模）的基础上，分析会计人员工作职责，从而形成的具有一定前瞻性的通用框架，该能力框架意在成为会计人员能力的一个基准（Benchmark）。例如，小规模公司的会计人员可能不需要有这么高的要求，但应考虑到，经营环境在不断变化，会计人员可以参照本框架，持续地提高其能力。又如，我们认为CFO对重大决策的参与更有利于公司经营目标的实现，而在许多公司，CFO并非董事会成员，从而未必参与公司的重大决策。我们不认为与本框架有差异的做法就是不良的实务，CFO应结合其具体的环境运用本框架。

## 二、设计方法

目前对职业会计师能力的研究主要有功能分析法（Function Analysis Approach/Performance Outcomes Approach）和能力要素法（Capabilities Approach）。

### （一）功能分析法

功能分析法着眼于会计师的工作结果，而这些结果可以通过分析会计师的角色和任务而得到。澳大利亚、新西兰、英国、加拿大等国的注册会计师能力框架以该方法为主。例如，FMAC对能力的研究始于管理会计职能的剖析，它将管理会计职能置于管理流程中考察，根据其在管理流程中的角色定位，将其分解为方向设定、变革和设计、业绩计量和控制、职能管理、环境管理五个胜任单元，进而将五个胜任单元继续分解为战略形成、项目评估、商业规划、预算等十三个胜任要素，再将十三个胜任要素细化为六十九个流程。结合每个经营流程，FMAC还针对十三个胜任要素建立了业绩标准，用以衡量胜任要素的执行结果。

FMAC对管理会计从业人员的研究逻辑可以用图5-1来表述。

FMAC为五个层次（从新手到专家级）的管理会计从业者建立了长达数十页的胜任标准和能力档案表，确实花费了大量的时间和人力。FMAC的研究体系庞大，对管理会计能力建设具有很高的指导意义。但由于体系太过复杂，涉及细节过多，可操作性值得考虑。

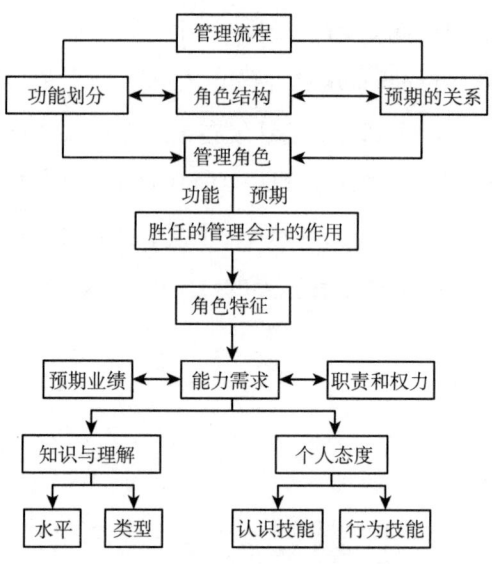

图 5-1　胜任能力框架逻辑

## （二）能力要素法

能力要素法着眼于会计师的投入，如知识、技能、职业价值等。美国注册会计师协会（AICPA）的胜任能力框架、IFAC 职业会计师的能力研究主要采用该方法。

IFAC 的第 9 号国际教育指南（IEG9）《职业会计师的准入教育、职业能力评估及经验要求》将胜任能力分解为知识、技能和职业态度三个要素（如图 5-2 所示）。

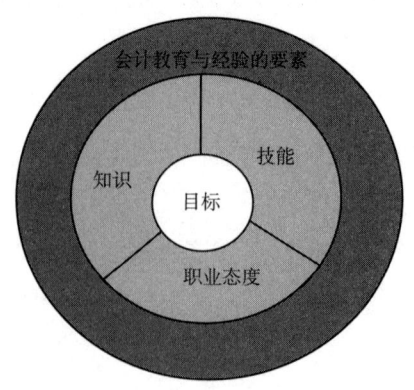

图 5-2　职业会计师资质教育与经验的目标与结构

IFAC 还设置了职业会计师能力/知识矩阵（如表 5-1 所示）。

表 5-1　　　　　　　　　职业会计师能力知识矩阵

| 知识/能力 | 适应能力 | 沟通能力 | 智力能力 | 人际能力 | 个人能力 |
|---|---|---|---|---|---|
| 一般会计知识 | | | | | |
| 特殊会计知识 | | | | | |
| 一般知识 | | | | | |
| 组织商业知识 | | | | | |

与功能分析法有所不同，能力要素法并没有根据职业会计师所需履行的功能而推出一系列的业绩评价标准及能力列表，而是从投入的角度，列出职业会计师所需具备的知识、技能和职业态度。

### （三）本框架的设计方法

正如 IFAC 所述，两种研究方法均可采用，应该视组织所处的环境而定。两种方法也可融合在一起，IFAC 在采用能力要素法的同时也结合了功能分析法，不仅考虑了职业会计师的能力投入，而且注重其工作结果。

IFAC 建议："基于胜任能力的方法（competence-based approach）的方法应该将会计课程设置与工作要求更紧密地联系起来。通过分析工作角色，职业团体可以向后推导这些角色所基于的知识和能力。这样，基于胜任能力的方法可以使教育和培训团体了解所需求的相关知识和能力。会计课程的设置可以通过定期检测工作要求不断更新，根据新要求决定该如何修订。这样，知识和能力就可持续地保持相关性。"[①]

本能力框架的设计采纳了 IFAC 所建议的方法，从会计人员的职责出发分析了会计人员所需具备的能力；然后从投入的角度，演绎支持这些胜任能力的能力要素，以及各细分要素。本书的研究思路如图 5-3 所示。

---

① IFAC, IEP2, Towards Competent Professional Accountants, 2003, 4.

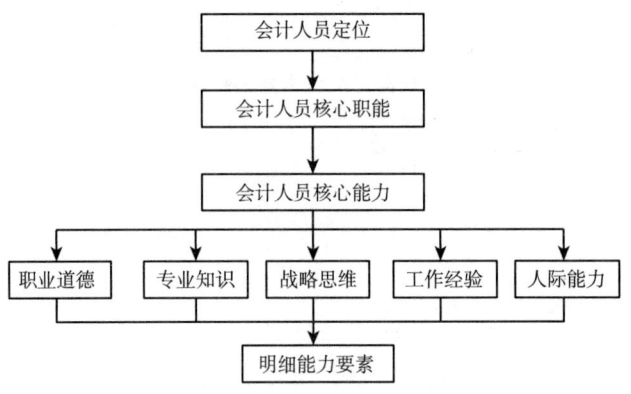

图 5-3 CFO 能力研究思路

## 三、会计人员能力框架设计

### (一) 会计人员定位

会计人员的职业特征。会计人员负责公司的日常财务与会计工作，CFO 负责公司层面的财务管理，参与涉及财务的公司战略和决策的制订。财务部门负责人负责部门层面的财务管理，对财务相关工作效率负责，对公司决策和战略提供财务信息和工具方面的支持；财务业务负责人负责具体业务层面的财务管理，对某项财务工作效率负责，如成本管理和预算管理等，对本项业务相关的决策和事项提供财务信息和工具方面的支持；基层财务人员是指从事财务工作的具体操作人员，为管理人员提供数据和技术等支持。

需要强调的是财务工作的职业特征：

第一，财务人员一方面需要对外披露的财务报表的编制负责，负责具体的会计处理、报表编制、信息披露等业务；另一方面需要参与与财务有关的公司经营活动和决策，随着经营的竞争加剧和信息化普及，会计人员在精细管理上的作用更加突出，通过会计人员提供的数据和方法企业其他部门可以采取更多的管理措施，通过精细管理提升竞争力和经营效率，会计人员在经营决策和战略决策上的作用也更加突出，企业必须科学决策来应对日益激烈的竞争，也必须对战略选择作出合理研判，这些都是财务人员对企业整体的贡献，不仅仅是独自进行财务工作，而是必须与其他部门合作共同提升企业管理水平和决策水平。同时，随着信息化的普及，使企业以低成本的方式获取信息成为可能，很方便地收集大量与经营活动相关的信息，针对这些数据的分析可以为企业经营的改善提供依据，那么谁来分析这些数据呢？并不必然是财务人员，但财务人员具有天然的优势。一方面是分析结果最终要与经营效率或者结果相联系，财务人员一直在进行经营效率和业绩分析；另一方面是财务人员与所有经营环节相联系，适合于从企业整体上进行分析，所以，财务人员在数据分析上大有可为。

第二，和公司的其他部门人员不同，财务和会计工作都是专业性和技术性比较强的工作，其他部门人员无法参与到这些工作中，但需要财务信息来协助他们开展工作，财务人员一方面需要对财务与会计工作负责，另一方面需要对其他部门和管理人员的工作提供信息方面的支持。

## （二）公司价值创造活动与财务职能

关于公司目标的理论主要有两种：股东价值最大化和利益相关者理论，不论采用哪种理论，公司的基本职能都是价值创造。CFO及其所领导的财务部门也需要参与到公司的价值创造过程，并发挥积极的价值沟通职能，可能是与股东进行沟通，也可能是与利益相关者进行沟通。虽然可以通过节约财务流程的费用、运用闲散资金进行有效投资等手段为公司创造价值，但CFO及财务部门最重要的工作是主导或配合业务部门进行价值创造活动。

要详细分解CFO和财务部门的职能，必须从其工作环境入手。这也是各职业团体研究职业会计师职能普遍采用的方法[①]。我们将从公司价值创造活动中研究CFO和财务部门的职能。首先从企业核心流程入手。

1. 企业核心流程。在吸取了波特、斯塔福德比尔和阿克夫（M. E. Porter, Stafford Beer, R. Ackoff）及KPMG的管理思想后，我们构造了如图5-4所示的企业模式框架。

---

[①] 例如，ACCA根据职业会计师在工作中的角色，将其职能分为财务管理与会计、资产管理、业务管理与规划和资源管理四大关键领域，每一领域由不同的关键职责构成；IFAC的FMAC根据管理会计师在管理流程中的角色定位，将其功能分解为方向设定、变革和设计、业绩计量和控制、职能管理、环境管理等五个胜任单元；德勤咨询（2003）CFO的职能定位为战略家和管家，根据其在管理中的角色继续可分解为政策推行者、风险管理师、记录和报告者、相关利益管理者、分析师和翻译（指以会计商业语言）、资本优化师和战略规划师。

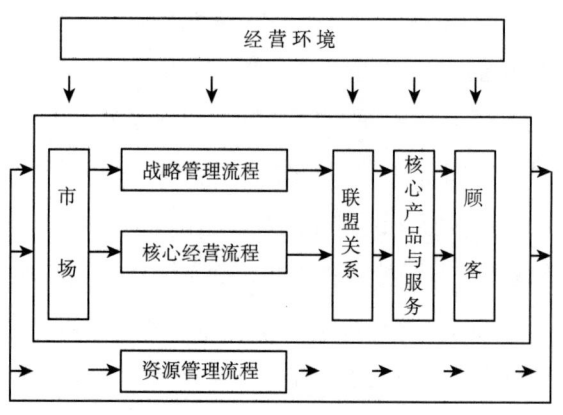

图 5-4 企业模式框架

如图 5-4 所示,企业模式包括经营环境、市场、战略管理流程、核心经营流程、资源管理流程、联盟关系、核心产品和服务、顾客八个构成要素,其中战略管理流程、核心经营流程、资源管理流程是企业内部的核心流程,我们主要把 CFO 和财务部门的职能放在这些核心流程中考察。

2. 战略管理。

(1) 战略管理的内涵。阿瑟·A. 汤普森和斯特里克兰(Arthur A. Thompson, Jr., A. J. Strickland Ⅲ, 2001)认为战略管理分为五项任务(如图 5-5 所示),我们将逐一分析其内涵。

图 5-5 战略管理的五项任务

①规划远景和定义使命。公司在定义其使命时,往往要考虑到远景的规划,即不仅明确地定义"我们是谁"及"我们是干什么的",而且表明"我们的发展方向。"如英特尔公司将其使命定义为:"我们的远景:进入全球以十亿计的联网计算机、百万计的服务器及兆亿计的电子商务领域。英特尔的核心使命是成为网络经济的基础供应商并致力于使网络更为便利。联网已占据计算机领域的中心位置。我们将致力扩展 PC 平台及网络的能量。"

②设定目标。设定目标的意义在于将远景和使命转化为特定的业绩目标。

一般存在两种并行的目标评价尺度：财务业绩（finacial performance）与战略业绩（strategic performance）。如 3M 公司的财务和战略目标为：平均实现年 10%（或更好）的每股净收益增长；股东权益报酬率达到 20%~25%；资本报酬率达到 27% 或更高；至少 30% 的收入来自最近四年开发的产品。

③战略制定。战略制定主要用以解决企业经营方式和竞争策略的基本问题。阿瑟·A. 汤普森和斯特里克兰（Arthur A. Thompson, Jr., A. J. Strickland Ⅲ, 2001）将公司的战略制定归纳为如图 5-6 所示的九个方面。

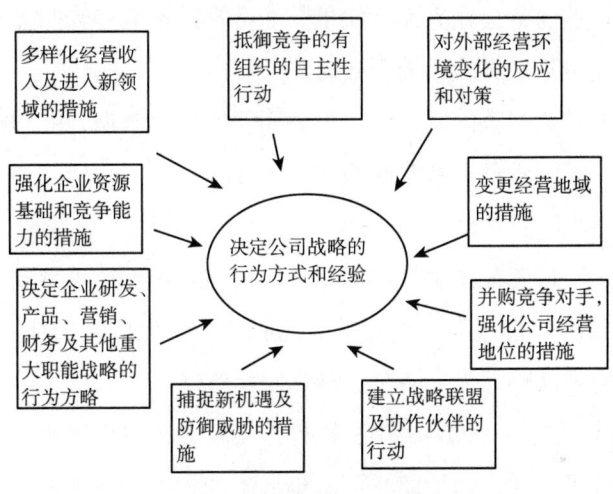

图 5-6　理解公司战略

（2）公司战略一般可分解为三个层次：公司层战略、业务层战略和职能层战略。我们根据阿瑟·A. 汤普森和斯特里所描述的战略的九个方面，界定了不同层次的不同战略内容。

- 公司层战略

公司层战略又称总体战略，包括：

a. 公司转型战略：针对外部经营环境变化所采取的反应和对策，包括多样化经营收入、进入新领域或转换经营领域等。

b. 业务重组战略：选择企业整体的业务组合和核心业务，强化企业资源基础和竞争能力。业务重组包括业务种类的重组及业务覆盖地域的重组。

c. 购并战略：采取多样化的并购方式，强化公司经营地位。

d. 风险管理战略：防范侵蚀企业竞争力的各种风险，并根据企业承担风险的能力和风险偏好捕捉新机遇。

　　e. 联盟战略：建立广泛的协作伙伴，或协作竞争伙伴（co-competition partner）。

　　f. 竞争战略：强化竞争优势，抵御竞争。

- 业务层战略

　　业务层战略又称为竞争战略，即由各业务中心根据公司战略层决定的业务组合和各业务的地位和发展方向，确定本业务的具体竞争方式和资源使用重点。对只有一项业务的公司来说，如果其业务在跨地区经营时差别不大，这些公司的战略管理就从业务战略管理开始。

　　从业务层的战略管理内容来说，与公司层的战略类似，即包括业务层的业务重组、并购、风险管理、战略联盟和竞争战略。

- 职能层战略

　　职能层战略是按照公司层战略或业务层战略对职能活动发展方向进行的策划和对职能活动进行管理的计划。重要的职能战略包括制造战略、营销战略、供应链战略、财务战略、人力资源战略和研发战略。

　　④实施和执行战略。战略实施和执行是将所选择战略付诸行动、在行动中增加竞争力的管理活动，包括建立可实施战略的组织、合理分配资源、制定战略支持政策和经营程序、实行一定的激励机制、建立相关的系统等一系列活动。战略的实施和执行贯穿于公司的经营流程中。

　　⑤业绩评估。管理层需要实时地评估组织的业绩和进展。管理层不仅要监测内部进展，还要关注外部环境的变化。进展不畅或外部环境的重大变化可能涉及对公司目标及战略的调整。同样，一些战略可能未达到预想效果，这时可能要修正预算，重新调整组织结构和人员，或调整报酬方案，以促进战略的实施。

　　3. CFO在战略管理中的职能。CFO作为公司层的管理者和财务工作的最高负责人，需要参与公司战略管理和重要决策，其他财务人员除了为公司战略管理和决策提供支持和信息之外，还需要参与公司经营管理和资源管理，从而提升经营效率创造公司价值。CFO需要参与战略管理和决策，CEO是公司战略管理的舵手，承担着战略决策制定、实施的最终责任。CFO与其他分管产品生产、营销、后勤等的副总一起，成为CEO的左右手。他们有时主导一项战略，但在多数情况下，公司层战略是CEO所领导的管理团队集体智慧的结晶。

①CFO在战略管理中的核心职能——业绩管理。从战略管理的五个任务不难看出，业绩管理贯穿于战略管理的始终。公司的战略目标必须以一套有形的财务指标来衡量。在以股东价值最大化为公司目标的公司，其标准是这些战略是否增加了股东价值，而在以利益相关者价值最大化的公司，则以是否最大限度地满足了利益相关者的福利为决策依据。因而，战略管理最首要的是建立与公司整体目标相联系的指标体系，以作为衡量资源分配方式、分配次序的标准，并据以评价公司战略的成败。

从图5-7可以更直观地看出业绩管理在公司战略管理中的作用。

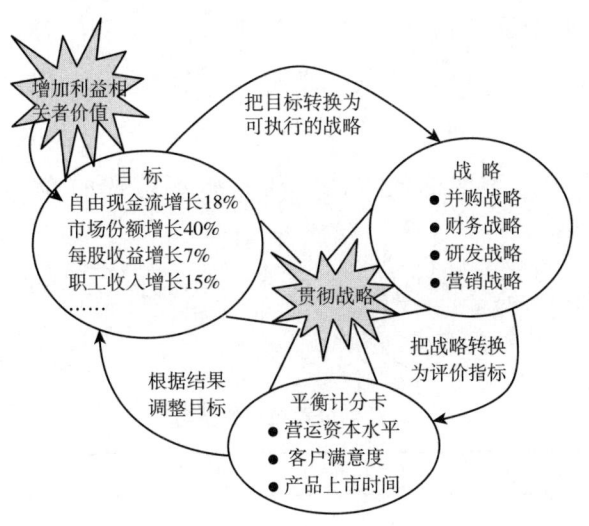

图5-7 业绩管理在战略管理中的作用

由于股东是最重要的利益相关者，股东最关注财务目标，而完成一定财务目标是满足其他利益相关者利益的先决条件，从而财务指标成为业绩指标体系中的核心指标。在与业绩指标（包括非财务指标）相联系的激励措施中，与财务相关的激励手段（现金、股票或股票期权）最为直接有效。不言而喻，CFO在业绩管理过程中起着举足轻重的作用。在许多公司，CFO直接主导了业绩管理，财务部门需要进行日常的绩效管理，并为CFO和高级管理人员进行业绩管理提供支持和数据资料。

②决策支持与决策参与。如前所述,公司大多数战略决策是以 CEO 为核心的诸多管理层成员集体智慧的结晶,虽然分管生产、销售、后勤、财务等的公司负责人可能主导与之相关的职能层战略。CFO 也不例外,他们主导了财务战略,对其他战略则起着决策支持的作用,这些决策支持对于战略的制定是至关重要的。决策支持主要包括三个方面:提供财务分析、提供分析性模型和工具、提供动态和实时的经营信息。

我们的调查显示,从问卷结果来看,无论着眼于当下还是未来五年,财务负责人参与公司经营决策的领域多属于能够发挥自身专业特长的财务领域,包括资产重组、兼并与收购、对内决策支持及财务流程再造四个方面,CFO 认为当前工作中"资产重组""兼并与收购""对内决策支持""财务流程再造"对 CFO 重要或很重要的比例,分别占样本总数的 78.03%、76.47%、86.91%、85.80%,同时 CFO 认为未来五年"资产重组""兼并与收购""对内决策支持""财务流程再造"对 CFO 的重要程度会进一步提升,认为此五项财务工作重要或很重要的比例,分别占样本总数的 88.87%、89.54%、93.14%、89.33%。

根据调查及分析,我们设置了表 5-2,显示 CFO 在各重大战略中的参与程度及其提供决策支持的方式。

表 5-2　　　　　　　　　CFO 对公司战略的参与

| 战略行为 | 战略参与 | |
|---|---|---|
|  | 参与程度 | 参与方式 |
| 公司转型 | **** | 转型成本、转型现金流分析 |
| 业务重组 | **** | 重组成本、重组现金流分析 |
| 购并战略 | **** | 公司估价、融资方式 |
| 风险管理战略 | **** | 风险计量、风险控制财务手段 |
| 竞争战略 | *** | 竞争对手财务指标及核算方式、公司成本优势及财务实力 |
| 联盟战略 | ** | 联盟模式、财务分析 |
| 财务战略 | 主导 | 投资、融资、股利分配政策 |
| 制造战略 | ** | 成本控制、产品组合(量本利分析)、设施选择(建厂还是 OEM、购买还是租赁) |

续表

| 战略行为 | 战略参与 | |
|---|---|---|
| | 参与程度 | 参与方式 |
| 营销战略 | *** | 产品定价、经销商价值链分析 |
| 供应链战略 | ** | 供应商价值链分析、采购价格、供应商信用、供应商管理成本 |
| 研发战略 | ** | 研发财务评估（如 VAR） |
| 人力资源战略 | * | 人力资源成本 |

注：* 的个数表示 CFO 在该战略中参与的程度。**** 表示很大程度参与，*** 表示较大程度参与，** 表示很小程度参与，* 表示只是轻度参与。

4. 核心经营流程。

（1）核心经营流程的构成。综合分析波特及阿瑟·A. 汤普森和斯特里克兰的企业价值链后，我们将企业的核心经营流程描述为如图 5-8 所示的价值链。

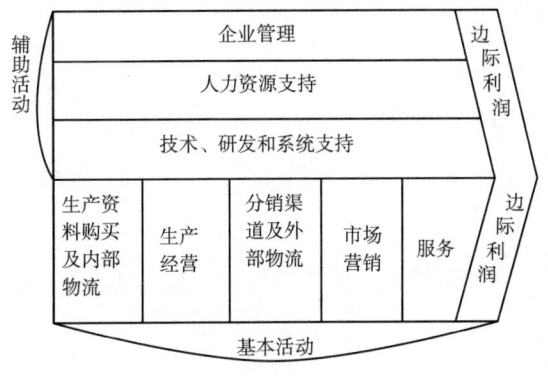

图 5-8 企业价值链

上述价值链是以制造业企业为模板的，制造业企业的价值链相对于其他类型的企业而言涉及面广，因而可作为通用的参照物。例如，贸易和服务型企业没有复杂的生产经营过程，也不涉及建厂活动。

企业核心经营流程是与企业价值创造活动相关的过程。从竞争角度，价值总收入来衡量，买方愿意为企业所提供的产品支付的价款即为总收入，企业创造价值的过程就是实现收入的过程。价值链的各个环节均发生相应的成本，总收入超过各个环节总成本的部分便是边际利润。企业产生了边际利润就被视为创造了价值增值。企业的核心经营流程包括基本活动和辅助活动。

①基本活动各环节的内容如下：

- 生产资料购买及内部物流：与从供应商采购燃料、能源、原料、构件、半成品、成品或服务，以及这些外购品的接收、贮存、分发、检验和存货管理等相关的活动。
- 生产经营：将投入转换成最终产品的活动（包括建厂、设备维护、生产、装配、包装、质量保证及环境保护等）。
- 分销渠道和外部物流：与将产品在物理上转移给购买者相关的活动（完工产品的存储、订单处理、订货的挑选和包装、运输、运输设施的养护、中间商和分销商网络的建立和维护）。
- 营销：与营销队伍建立、广告和促销、市场研究和规划以及中间商或分销商支持相关的活动。
- 服务：与为顾客提供维护相关的活动，如安装、零件配送、维修、技术支持、问询、投诉等。

②辅助活动各环节的内容如下：

- 技术、研发和系统支持：与产品 R&D、流程 R&D、流程改进、设备设计、计算机软件开发、通讯系统、电脑工艺设计、数据库能力以及计算机系统相关的活动。
- 人力资源支持：与职员招聘、职员培训及发展、报酬、劳工关系、职员知识技能及核心能力开发相关的活动。
- 企业管理：与财务与会计、法律与法规、安全与保障、管理信息系统、战略联盟形成、战略伙伴合作，以及其他管理层的事务相关的活动。

（2）财务部门在核心经营流程中的职能。财务与会计属于公司管理活动，即为价值创造的基本活动提供辅助支持。而 CFO 作为公司财务与会计部门的最高负责人，其使命是领导财务与会计部门为业务部门提供更好的支持作用，这些职能的具体执行由财务部门承担。为保障核心经营流程的正常运营，财务与会计部门的核心职能包括：

- 会计核算：这是会计部门的基本功能。会计核算的精确与及时不仅涉及公司对外信息的披露，而且直接关乎公司管理决策。
- 会计控制：主要包括内部控制、预算管理及成本控制三个方面。从财务的角度，内部控制的主要目的是保障公司的财务政策得以实施、促进经营的效率、保证会计记录的精确可靠以及保护资产的完整性，这几个方面与公司经营流程的控制都是相关的。预算管理的目标根据公司财务目标确定公司资源在各个经营环节的分配，从而使公司核心经营流程各个价值链的成本能得到控制。成本控制是竞争战略的核心内容，尤其是对于以成本优势制胜的公司。

● 财务服务：财务与会计部门作为公司的后勤支持部门，其重要功能之一就是为业务部门提供精良的服务，并保证公司核心经营流程的有效运转。财务服务的内容比较广泛，包括资金供应、资金调度、纳税（退税）、统计、收付商业账款、客户信用评估等等。

上述三个方面是相互联系的，会计核算是控制和财务服务的基础。例如，成本控制必须依赖于成本核算，预算必须以会计历史数据为依据，收款、客户信用评估要根据应收应付款的记录，纳税要参照会计营业额及收益数据，退税要根据会计记录及相关单证，融资要分析公司的资产结构、资本结构及盈利状况。而会计控制与财务服务也是相关联的，如资金的调度直接关系成本及预算控制目标。

5. 资源管理流程。

（1）资源管理流程简介。企业的资源可分为人力资源、财产（如现金和非现金资产）资源、信息资源和社会资源。公司每类资源均有专门的部门管理，如人力资源一般由人事部门负责，非现金资产可能由公司的行政部门管理，而信息资源的物理支持则可能由信息部门管理。

公司的资源管理需要各个部门的协调，如信息部门负责信息的流通，而信息的内容多由各职能部门提供，财务部门提供财务信息，销售部门提供销售信息，生产部门提供生产信息。CFO及其所领导的财务与会计部门对公司的资源管理起着重要作用，这不仅仅因为财务部门管理着公司的现金流动，而且因为财务部门提供的是货币信息，以通用的商业语言传递通用的决策信息。调查显示，CFO越来越多地参与公司研发战略、销售战略及信息系统管理过程中，并贯穿于公司运营的整个流程中，充分发挥财务专业知识和技能对业务的支撑作用，在逐步渗透于业务流程的过程中，凸显财务职能的重要作用和转变趋势。

（2）财务部门在资源管理中的职能。财务部门参与公司资源的管理可分为五个方面：财务信息管理、现金（包括银行存款）管理、非现金财产管理、人力资源管理和关系维护。

- 财务信息管理：会计部门的两大传统功能即为对公司外部信息使用者提供通用的决策信息和对内部管理者提供灵活的决策信息。许多国家的法律规定，公司的财务部门需对向外部提供的财务报告负责，如果公司提供虚假报告，财务部门将承担法律责任。除了财务呈报外，财务部门还需向内部管理者及经营部门提供实时的经营信息和预测信息。具体地说，财务部门在信息管理方面的职能包括财务呈报、管理信息提供和财务预测。

- 现金管理：现金是公司的血液，现金管理不善要么导致公司陷入财务危机，要么产生大量的财务费用，或浪费现金资源。现金管理的目标包括：确保企业预期经营规模的资金需求，保持公司的偿债能力，控制现金的信用风险、外汇风险及利率风险，利用闲置资金进行投资。

- 非现金资产管理：公司存在各种形式的非现金资产，依照控制的原理，会计部门负责这些资产的记录，其管理职责属于其他部门。如公司的固定资产一般由行政部门管理，存货由仓管部门管理，无形资产由研发部门管理，长期投资由投资部门负责。许多观点认为，财务部门在公司起着资源调配的作用，并直接对资产的运用效率负责。我们认为，财务部门对非现金资产的管理主要是起核算和监督作用，履行经管责任（custodianship）。

- 人力资源管理：人力资源的管理职责属于公司人事部门。财务部门对人力资源管理的参与主要是人力资源成本的核算和控制，包括工资、奖金、福利、退休金、股票或期权等与人工直接相关的成本，以及培训、招聘、道德风险等派生的成本。

- 关系维护：我们的财务部门访谈表明，财务部门花大量的时间与银行、税务部门及监管机构打交道，而问卷调查也说明与这些部门的关系维护不容忽视（分别有60%、58%及51%的样本认为与银行、税务和主管及监管部门打交道很重要）。公司的外部关系是公司的一项社会资源，将为公司提供一个较好的经营环境。维护股东、银行及监管部门的关系是财务部门的分内工作。保持良好的沟通将会取得更多的外部支持。

### (三) CFO 和财务人员的职能层次

1. CFO 和财务人员职能的总结。CFO 和财务人员的职能贯穿着公司价值创造活动的全过程,上至公司战略,下至核心经营流程及资源管理。CFO 和财务人员的职能总结如表 5–3 所示。

表 5–3　　　　　　　　CFO 和财务人员的职能总结

| 公司活动 | 财务职能 | 职能描述 |
| --- | --- | --- |
| 战略管理 | 决策支持 | 决策支持主要包括三个方面:提供财务分析、提供分析性模型和工具、提供动态和实时的经营信息 |
| | 业绩管理 | 公司的战略目标必须以一套财务指标来衡量,这套财务指标应该是以业绩为核心的,所以,业绩管理是贯穿于公司的全部活动和决策之中 |
| | 财务战略 | CFO 主导着公司的财务决策,具体包括投资、融资、股利分配政策等的决策 |
| 经营管理 | 财务服务供应 | 财务服务的内容比较广泛,包括资金供应、资金调度、纳税、统计、收付商业账款、客户信用评估等 |
| | 会计核算与控制 | 会计核算是会计部门的基本功能。会计控制主要包括内部控制、预算管理及成本控制三个方面 |
| 资源管理 | 财务信息提供 | 财务人员在信息管理方面的职能包括财务呈报、管理信息提供和财务预测 |
| | 相关关系维护 | 财务人员需要维护企业与股东、银行及监管部门的关系,保持良好的沟通将会取得更多的外部支持 |
| | 经管责任和资产管理 | 财务人员对资产的管理主要是起核算和监督作用,也是为了履行经管责任 (Custodianship) |

2. 基本职能与高级职能。从其所处的不同环节将 CFO 和财务人员职能分为基本职能与高级职能;从与 CFO 和财务人员本职工作的相关度考虑,我们将 CFO 和财务人员职能分为核心职能和相关职能,互相交叉可以分为四类。

与公司战略层次相关的财务职能为高级财务职能,与核心经营流程及资源管理流程中相关的职能为基本财务职能。从第四部分的分析可看出,CFO 的高级职能包括业绩管理、决策支持及决策参与。CFO 对不同战略的参与程度不一样,如 CFO 主导了财务战略,很大程度上参与了公司转型、并购等战略,而对研发、人力资源战略的参与极为有限。

会计人员的基本职能与会计核算、控制、财务服务、财务信息管理、资产管理等有关，还有限度地参与了人力资源成本的控制、供应商选择、销售定价等活动。会计人员中认为"销售战略""供应链管理""公司文化建设""人力资源管理"对自身工作重要或很重要的比例相对较低。会计人员认为，未来五年，"销售战略""供应链管理""公司文化建设""人力资源管理"在自身工作中的重要性将显著改善，但与财务相关职能对财务负责人的重要性相比，此类经营活动对财务负责人的重要性还明显处于下风地位。

但由于信息技术的迅猛发展，会计核算这一传统上非常重要的财务职能即使在当下经营环境中，得到会计人员的认可程度很低，认为这一职能重要或很重要的调查对象仅占全部调查对象的比例为56.33%，而未来五年，认为会计核算依然重要或很重要的会计人员比例低至42.67%，经典财务职能的转变趋势表现得异常明显。CFO和会计人员的转型势在必行，强化会计人员的高级财务职能和管理职能已成为未来趋势，这为我们的会计人员能力框架设计提供了一个指导思想：即在关注基本财务职能的同时，高度重视高级财务职能。

3. 核心职能与相关职能。CFO和会计人员的基本职能与高级职能均可包括核心职能和相关职能。根据在不同层面的作用，概括出会计人员的八种核心职能：

• 战略管理流程：在这个层面，CFO的核心职能是决策支持（为公司战略决策提供财务分析、提供分析性模型和工具及提供动态和实时的经营信息）、业绩管理（为公司的战略目标确定评价体系及其相关的激励措施）与财务战略（为公司实现其战略目标提供最优的财务手段）。

• 核心经营流程：会计人员在该流程的核心职能是财务服务供应（财务作为后勤部门为业务部门提供融资、资金调度、税务、收付商业账款、客户信用评估等服务）、会计核算与控制（主要是内部控制、预算管理、成本控制以及交易和事项的会计处理）。

• 资源管理流程：会计人员广泛地参与了公司人、财、物及信息资源的管理，但作为会计人员的本职工作，主要是财务信息提供（为外部及内部信息使用者提供财务信息）、相关关系维护（包括股东、信贷人、注册会计师、税务等部门的关系维护）和资产管理（会计人员需履行财产的经管责任，以保证公司财产的完整性，同时又要促进资产的有效运营。资产管理包括流动资产、固定资产、长期投资、无形资产等的管理,核心是现金管理)。

除核心职能外,CFO 和会计人员还广泛地参与了其他活动。如在战略层次,许多公司依赖于 CFO 推广公司战略,制定种种规划计划,参与种种谈判;在核心经营及资源管理层次,会计人员可能负责非财务人员的财务培训、公司统计、不良资产处置、清欠、供应商选择、供货渠道选择、产品组合、产品定价、销售信用、产品保险方式、信息的资本支出等等。这些相关职能与核心职能一起,构成了 CFO 和会计人员的职能图,如表 5-4 所示。

表 5-4   CFO 和会计人员职能分层

| 职能分层 | 核心职能 | 相关职能 |
| --- | --- | --- |
| 基本财务职能 | 财务服务供应、会计核算与控制、财务信息提供、相关关系维护、经管责任与资产管理 | 员工管理、公司统计、供应链、信誉维护、不良资产处置、财务知识培训等 |
| 高级财务职能 | 决策支持、业绩管理、财务战略 | 战略推广、远景规划、商务谈判、购并流程控制等 |

## (四) CFO 和会计人员的能力

1. 能力定义。对于能力有不同的表达方法,如技能、本领、才能、潜质、能量、能力等;英语中同样如此,如 capacity、ability、skill、capability、competence、competency 等。本书无意在上述不同表述中寻找细微的差异,而更重于其实质内容。主要涉及两个概念:能力(capability)和胜任能力(competence)。

(1) 能力。牛津英语词典将能力定义为:①能做某事的素质。②尚未发挥的天资或潜质,能以致用。

IFAC 将能力定义为:为了证明胜任所需具备的职业知识、技能和职业价值观(IFAC,2003)。

IFAC 下属 FMAC 将能力定义为:在其他环境下,成功完成类似工作的潜质,包括相同或不同技能及相关知识的恰当运用(对应其对"胜任能力"的定义)。

从上述定义可见，能力具有两个特点：①能力更注重投入，而非结果，即是以个人所具备的素质为出发点，而不是以工作环境为出发点。②能力具有潜质的含义，即在恰当运用的情况下，可发挥出来以胜任环境要求。

IFAC 对于能力的定义更符合 CFO 的职业特征。对于 CFO，其能力是指通过教育、经验、交流或培训等手段所获得的职业知识、技能和职业价值观。

（2）胜任能力。牛津英语词典将胜任能力定义为称职的能力。各职业团体在研究能力框架时，也对胜任能力进行了定义：

AICPA：胜任能力是以一种能干、高效和恰当的方式履行高质量职责的能力。核心胜任能力是为用户提供价值和成果的技能、知识和技术的独特组合。

CGA：胜任能力是指知识、技能、才能和行为，它们能使人们有效地履行职业职责。

FMAC 将胜任能力定义为：所谓胜任，是指能通过恰当运用所需技能，在既定环境下，成功完成某种工作。胜任能力是完成某种工作一整套能力的组合。

IFAC 将胜任能力定义为：在真实的工作环境中，按特定标准承担某一工作角色的能力。

从各职业团体对胜任能力的界定，可以认为胜任能力具有两个特征：①胜任能力更注重结果，即能否按既定标准履行职能。②胜任能力考虑了工作环境的因素，即一个人的胜任能力不仅取决于是否具备一定素质，而且取决于是否能适应环境，恰当运用其潜在能力。

我们认为 IFAC 对胜任能力的定义同样适用于本框架，即胜任能力是指在真实工作环境中，以恰当的职业价值观，合理运用知识及技能，按特定标准履行工作职能的能力。会计人员的胜任能力是指会计人员在公司中承担财务方面相应角色所应具备的能力，这种能力贯穿于该实体的战略、核心经营和资源管理流程。

2. 核心胜任能力。从对 CEO 的访谈可以看出，CEO 希望 CFO 具有良好的财务基础、沟通协调能力、组织领导能力、问题解决能力、创新能力、熟悉生产经营、信息处理能力和与国际接轨的能力，即未来 CFO 更注重公司战略和管理，其能力也从过去的财务视角转向经营视角①。

由于问卷调查受制于被调查者对问卷的忍耐力和接受度，问卷设置要求直观而没有歧义，这往往损失了严密性，也难以直接得出抽象结论。访谈则因被访谈者的背景不同而使结论较为扩散，普遍存在的问题是能力与技能交叉。因而，访谈与问卷调查的结果可以对我们的能力体系提供有意义的启示，并有助于对能力体系的解释和验证，但不能直接据以归纳出 CFO 和会计人员的能力。

借鉴 AICPA 的经验，我们将 CFO 和会计人员的能力分为核心胜任能力和相关胜任能力。核心胜任能力直接影响到 CFO 和会计人员是否能胜任其分内职能，而相关胜任能力则非 CFO 和会计人员所特有的必备能力，它是一般管理人员所需具备的基础、或特殊工作环境所需的能力、或为履行职责起锦上添花作用的能力。有些相关胜任能力是每个胜任工作的人必须具备的，而与其履行职能无关，如自我提高能力；有些相关胜任能力对 CFO 有时是必要的，但并不经常如此，如项目管理能力；有些相关胜任能力可能对一些负有特殊使命的 CFO 很关键，但不具备普遍性，如资源开发能力、外部交易能力等。但总体而言，相关胜任能力是核心胜任能力的必要补充。

从 CFO 和会计人员的核心职能出发，我们抽象出与之相关的核心胜任能力，如表 5-5 所示。

表 5-5　　　　　　　　　　CFO 核心胜任能力

| 核心胜任能力 | 内容 |
| --- | --- |
| 决策能力 | 进行财务决策及参与其他战略决策的能力 |
| 战略规划能力 | 规划公司财务目标、财务战略及财务功能远景的能力 |
| 分析能力 | 建立和运用模型，进行财务分析，提供决策支持的能力 |
| 领导能力 | 领导团队实施财务战略，实现财务功能远景，建立高效会计核算系统和财务流程的能力 |

---

① 同样，普华永道（1999）将 CFO 能力分为基本能力（foundation competencies）和操作能力（leverage competence），基本能力包括职业会计/制度遵循、技术专长、财务流程管理、经营流程管理、外部交易、人际关系；操作能力包括战略能力、价值基础管理、经营合作、管理变革、领导能力。普华永道的分类有一定借鉴意义，但存在三个弱点，一是能力与职能没有区分，如财务流程管理、经营流程管理、价值基础管理实际上是职能而非能力；二是基本能力与操作能力缺乏界限，如业绩评价作为基本能力包括在经营流程管理中，而平衡计分卡包括在操作能力的价值基础管理中；三是核心胜任能力与相关胜任能力缺乏界限，如创新能力（包括在"战略能力"中）、企业范围内的 IT 规划、并购整合能力等，这些能力并不影响 CFO 正常履行其分内职责。

续表

| 核心胜任能力 | 内容 |
| --- | --- |
| 协作能力 | 维护相关关系的能力,以及与其他高层管理人员、业务部门形成业务伙伴关系的能力 |
| 控制能力 | 以内部控制制度控制交易流程的能力,以及运用预算管理、成本管理、风险管理等手段,控制既定业绩目标的能力 |
| 资源管理能力 | 管理财务信息资源的能力,以及保全公司资产并使之高效运转的能力 |

CFO 的决策能力是指 CFO 根据公司目标和经济规律,针对公司重大的战略问题进行选择和优化的能力,主要包括进行财务决策的能力和参与并为公司其他战略提供信息支持的能力。

CFO 的战略规划能力是指 CFO 应该从公司的全局和长远出发来观察、思考和处理问题的能力,主要包括制定公司的财务目标、财务战略以及规划财务远景的能力。

会计人员的分析能力是指为了实现公司的目标会计人员应该通过各种途径为决策、控制、考核等提供财务信息支持的能力,主要包括进行财务分析的能力和为各种决策提供支持的能力。

会计人员的领导能力是指会计人员要建立财务人员的工作团队,并且组织整个团队高效地完成各项工作,主要包括通过招聘和筛选建立一个财务团队,组织这个团队建立高效会计核算系统和财务流程的能力。

会计人员的协作能力是指会计人员通过信息传递影响其他人,并且协调各种关系使工作和任务顺利完成,主要包括交流沟通能力、维护相关关系的能力,以及与其他高层管理人员、业务部门形成业务伙伴关系的能力。

会计人员的控制能力是指为了保障企业运作的安全和高效使用,会计人员应该采取必要管理措施的能力,主要包括以内部控制制度控制交易流程的能力,以及运用预算管理、成本管理、风险管理等。

会计人员的资源管理能力是指为了保障企业资产的安全和高效使用,会计人员应该采取必要管理措施的能力,主要包括信息资源的管理、现金管理和资产管理等。

3. 职能所要求的能力。上述 CFO 和会计人员的核心胜任能力是为完成其职能所必需的，职能和能力有必然的联系，能力是实现职能的保证，实现职能是能力的目标，核心能力和核心职能之间的关系如表5-6所示。

表5-6　　　　　CFO和会计人员的职能与能力的关系

| 公司活动 | 职能 | 主要所需要的核心能力 |
| --- | --- | --- |
| 战略管理 | 决策支持 | 决策能力、战略规划能力、协作能力和分析能力 |
| | 业绩管理 | 战略规划能力、控制能力和协作能力 |
| | 财务战略 | 战略规划能力和领导能力 |
| 经营管理 | 财务服务供应 | 控制能力和协作能力 |
| | 会计核算与控制 | 资源管理能力和控制能力 |
| 资源管理 | 财务信息提供 | 资源管理能力 |
| | 相关关系维护 | 协作能力 |
| | 经管责任和资产管理 | 资源管理能力 |

## （五）核心胜任能力要素

我们研究核心胜任能力的目的，是为了研究履行工作职能所需具备的能力要素。即CFO和会计人员要胜任其财务工作相应的角色，必须具备恰当的知识、工作经验、人际技能、系统思维和职业道德。本书特别强调了核心知识对CFO和会计人员的重要意义，同时也兼顾了工作经验、人际技能、系统思维和职业道德的影响。

1. 知识。对于CFO和会计人员，我们从职能的角度，研究更有针对性的知识框架[①]。一个完美的CFO和会计人员最好是具备所有与其职能相关的知识，但我们知道，这样的人员是不存在的。按与职能的相关度，将CFO所需具备的知识分为财务知识、经营知识和素养知识，财务知识、经营知识是其核心知识，素养知识是相关知识。财务知识是财务管理和会计方面的知识，与会计人员从事工作联系十分紧密的知识，经营知识是企业管理和经济学方面的知识，随着财务人员的转型，这些知识是一名称职会计人员所必备的，但并不是说这些知识就已经足够了。出于工作的特殊性，不同企业的CFO可能需要更多

---

① IFAC从投入的角度，设定了会计师所需具备的知识框架，将会计师所需具备的知识分为三个方面：组织知识和经营知识、IT知识、会计与理财及其相关知识。

的不同知识，核心知识只是最低的必备知识要求，而不是足够的充分知识要求。素养知识是相关知识，相关知识是指与财务人员从事工作有关但关系不如核心知识密切的知识，这些知识对财务人员的工作很有益。各公司的财务人员面临的情况不同，他们会需要不同的知识，这些知识未必是他们的共同需求，即对某些财务人员可能重要的相关知识，对另一些财务人员可能不重要。相关知识包括经济法、国际商务、行为学、外语等。

本框架所界定的核心知识虽然与院校知识框架有所不同，但在核心内容上并无大的差异，只是与财务人员所履行的核心职能更接近而已。

2. 工作经验。财务工作是一门专业性很强的工作，也是一门实践性很强的工作，除了要学习专业知识之外，还需要在工作中不断学习，工作经验也很重要，通过实践可以加深对所学的知识的理解，也可以在实践中提升自身的思维能力和人际能力，所以，工作经验对会计人员的提升是全方位的。我们把工作经验分为七方面：熟悉企业、熟悉集团、熟悉行业、监管法规、宏观经济、技术发展、职业判断。从内部来看，会计人员要更加熟悉自己的企业和集团公司，从外部来看，会计人员要更加熟悉所在的行业、技术发展、法规和宏观经济，从而达到提升自己的职业判断能力的目的。

3. 人际技能。财务工作是与人打交道的工作，需要非常频繁的沟通，对内部需要与同事、其他部门、上级下级进行过沟通，对外部需要与股东、银行、税务部门、审计师等进行沟通，对人际能力的需求比较高。我们把人际技能分为六方面：沟通能力、学习能力、客户管理、团队建设、影响力、谈判能力。沟通能力、客户管理和谈判能力有利于财务人员与内外部的沟通，提升工作效率和效果，团队建设和影响力有利于财务人员建立团队，加强团队合作提升工作效率，学习能力可以帮助会计人员提升应对新情况、新规定、新环境的能力，不断提升自身能力。

4. 系统思维。会计工作具有综合性和系统性的特点，一方面是任何管理和决策最终要体现在经营成果和经营效率上，这就要用到会计信息，这一信息是一系列经营活动的结果，不仅是一项管理措施的结果，需要综合分析才能得到真实的结果；另一方面是财务人员与所有经营环节相联系，这是任何其他部门都没有的特点，更加需要系统的思维方式来解决问题。我们把系统思维分为六方面：分析问题能力、解决问题能力、领导能力、决断能力、创新能力、商业敏锐度。

5. 职业道德。财务人员能否胜任，不仅取决于其所具备的知识和技能，还取决于是否愿意承担责任，是否愿意接受挑战，是否愿意为公司及公司赖以生存的环境作出贡献。IFAC 认为，职业价值观是使职业会计师作为一名职业人士的态度，它包括与职业行为相关的行为原则。IFAC 认为职业会计师最重要的职业价值观在于其职业道德。同样，我们认为会计人员的核心价值观主要是职业道德。我们把职业道德分为五方面：诚实守信、遵守法律、满足监管要求、维护公司利益及支持公司价值观实现、信息保密及积极工作。

与职业知识一样，学院教育对于 CFO 职业道德的取得是必不可少的。成体系的职业道德教育应涵盖职业道德的内涵（如诚信、义务、客观、公众预期、社会责任等）、职业道德和法律、不道德行为对个人及社会公众的影响、商业伦理、职业与职业道德、面临道德选择的对策等内容。

由于公司环境在不断变化，公司结构、经营活动、财务规范等处于不断的变迁中，社会对 CFO 职业道德不断提出新的要求，CFO 在其职业生涯中也不断面对新的道德观的挑战。在这种环境下，CFO 需要不断通过经验积累及后续教育，以应对新的道德冲突。

## 四、能力结构分析

### （一）层次分析法简介

层次分析法（Analytical Hierarchy Process，AHP）是美国匹兹堡大学教授撒泰（A. L. Saaty）于 20 世纪 70 年代提出的一种系统分析方法。它综合定性与定量分析，模拟人的决策思维过程，对多因素复杂系统，特别是难以定量描述的社会系统进行分析。它具有思路清晰、方法简便、适用面广、系统性强等特点，便于普及推广，可成为人们工作和生活中思考问题、解决问题的一种方法。层次分析法将人们的思维过程和主观判断数学化，不仅简化了系统分析与计算工作，而且有助于决策者保持其思维过程和决策原则的一致性，对于那些难以全部量化处理的复杂的公共管理问题，能得到比较满意的决策结果。因此，它在能源政策分析、产业结构研究、科技成果评价、发展战略规划、人才考核评价以及发展目标分析等许多方面得到广泛的应用。将层次分析法引入决策，是决策科学化的一大进步。它最适宜于解决那些难以完全用定量方法进行分析的公共决策问题，是分析多目标、多准则的复杂公共管理问题的有力工具。

为了说明层次分析法的基本原理，首先分析下面这个简单的例子：

假定已知每只西瓜的重量分别为 $W_1, W_2, \cdots, W_n$。可以很容易的知道这些西瓜的总重量和每只西瓜在总重量中所占的比重。可以把这些西瓜两两比较（相除），很容易得到表示 $n$ 只西瓜相对重量关系的比较矩阵（即判断矩阵）：

$$A = (a_{ij})_{n \times n} = \begin{bmatrix} \dfrac{W_1}{W_1} & \dfrac{W_1}{W_2} & \cdots & \dfrac{W_1}{W_n} \\ \dfrac{W_2}{W_1} & \dfrac{W_2}{W_2} & \cdots & \dfrac{W_2}{W_n} \\ \vdots & \vdots & & \vdots \\ \dfrac{W_n}{W_1} & \dfrac{W_n}{W_2} & \cdots & \dfrac{W_n}{W_n} \end{bmatrix}$$

显然 $a_{ii} = 1$，$a_{ij} = 1/a_{ij}$，$a_{ij} = a_{ik}/a_{jk}$，$i, j, k = 1, 2, \cdots, n$

且 $AW = \begin{bmatrix} \dfrac{W_1}{W_1} & \dfrac{W_1}{W_2} & \cdots & \dfrac{W_1}{W_n} \\ \dfrac{W_2}{W_1} & \dfrac{W_2}{W_2} & \cdots & \dfrac{W_2}{W_n} \\ \vdots & \vdots & & \vdots \\ \dfrac{W_n}{W_1} & \dfrac{W_n}{W_2} & \cdots & \dfrac{W_n}{W_n} \end{bmatrix} \begin{bmatrix} W_1 \\ W_2 \\ \vdots \\ W_n \end{bmatrix} = \begin{bmatrix} nW_1 \\ nW_2 \\ \vdots \\ nW_3 \end{bmatrix} = nW$

即 $n$ 是 $A$ 的一个特征根，每只西瓜的重量对应于特征根 $n$ 的特征向量的各个分量。

我们面临一个相反的问题，如果事先只知道西瓜的总重量而不知道每只西瓜的重量，如能设法得到判断矩阵，同样可以得出每只西瓜的重量。应用层次分析法，判断矩阵的一致性是十分重要的。所谓判断矩阵的一致性，即判断矩阵是否满足如下关系：

$$a_{ij} = \frac{a_{ik}}{a_{jk}}, \ i, \ j, \ k = 1, \ 2, \ \cdots, \ n$$

上式完全成立，称判断矩阵具有完全一致性。此时矩阵的最大特征根 $\lambda_{max} = n$，其余特征根均为零。当判断矩阵具有满意的一致性时，稍大于矩阵阶数 $n$，其余特征根接近于 0，这时，基于层次分析法得出的结论才基本合理。在判断矩阵完全一致的条件下，可以通过解特征值来解决问题。

$$AW = \lambda_{max} W$$

求出正规化特征向量（即假设西瓜总重量为 1），从而得到 $n$ 只西瓜的相对重量，从而可以得到每只西瓜的重量。

## （二）模型构建

可以采用层次分析法构建 CFO 能力框架体系，基本思路如下：首先，把 CFO 能力框架体系分层次系列化，将指标按照不同方面分解为不同的要素，形成一个递阶的、有序的层次结构模型。其次，让相关专家根据模型中的指标判断重要程度，可以采用 9 分制的打分，也可以采用两两比较的判断，获得相关判断数据；然后，对模型中每一层次因素的相对重要性，依据专家判断给予定量表示，形成判断矩阵，然后检验判断矩阵的一致性。最后，利用数学方法确定每一层次全部因素的相对权重值。

可以采用层次分析法构建 CFO 能力框架体系，包括知识、工作经验、沟通技能、系统思维和职业道德。基本思路如下：首先，把 CFO 能力框架体系分层次系列化，将知识、工作经验、沟通技能、系统思维和职业道德五方面按照不同方面分解为不同的要素，形成一个递阶的、有序的层次结构模型。其次，根据问卷结果判断重要程度，采用 9 分制的打分，获得相关判断数据；然后，对模型中每一层次因素的相对重要性，依据问卷判断并且结合专家的意见给予定量表示，形成判断矩阵，然后检验判断矩阵的一致性。最后，利用数学方法确定每一层次全部因素的相对权重值。

对 CFO 能力要素进行分析构建 CFO 能力框架结构模型，根据 CFO 能力框架分为三个层次，从五方面来评价 CFO 能力体系：知识、工作经验、沟通技能、系统思维和职业道德。在知识层面，分为三方面：财务知识包括会计准则、并购重组、成本管理、管理报告、财务分析、资产管理、投融资管理、绩效管理、预算管理；经营知识包括客户管理、资本运营、税收筹划、风险管理、战略管理、公司治理、运营管理、项目管理；素养知识包括数据分析、信息系统、人力资源、外语、法律，合计在一起是 22 门课程。在工作经验层面，分为七方面：熟悉集团、熟悉行业、监管法规、职业判断、宏观经济、技术发展、熟悉企业。在系统思维层面，分为六方面：分析问题能力、解决问题能力、领导能力、决断能力、创新能力、商业敏锐度。在人际技能层面，分为六方面：沟通能力、学习能力、客户管理、团队建设、影响力、谈判能力；在职业道德层面，分为五方面：诚实守信、遵守法规、满足监管要求、维护公司利益、支持公司价值观实现、信息保密、积极工作。关于职业道德，通过问卷，我们发现所有人都高度重视职业道德，职业道德应该是管理会计人员发挥作用的重要因素，但从能力框架的角度来看不应该是主体内容，同时道德的重要程度也是无法度量的，属于一票否决的性质，因此，我们采用把职业道德作为能力框架的基础，以上述四类能力为主体构成能力框架的做法（见图 5－9）。

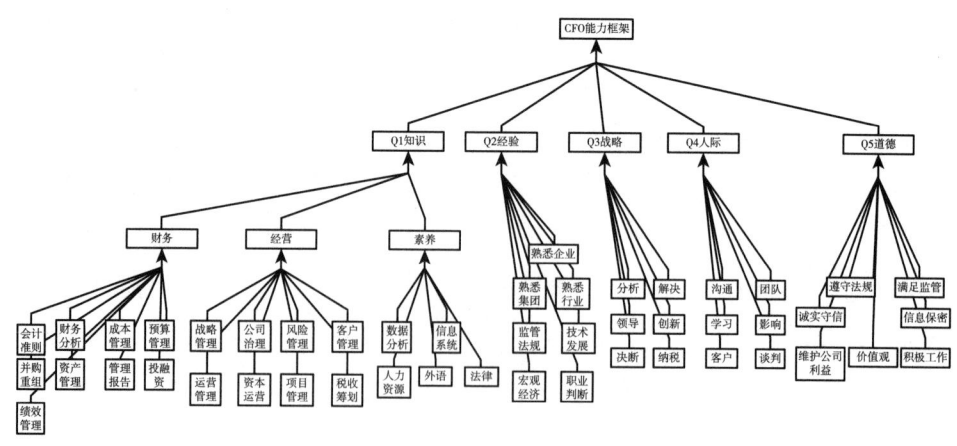

图 5－9　CFO 能力框架结构模型

我们希望构造分层次的能力框架，分为四个层次：CFO（公司层管理人员）、财务部门管理人员、业务层管理人员、一般员工，不同层面的人员都属于财务领域的工作，对能力要求有共性的一方面，同时他们的工作内容和所需要的能力都有所差异，也存在差异的一方面，因此，分为四个层次构建能力框架。

## 五、企业管理者（CFO）的能力框架

我们针对 CFO 所需要的能力构建能力框架，根据上述结构模型，对能力要素重要性进行评价，根据问卷得到的数据并结合专家的意见，收集相关打分资料进行定量化，通过标准化计算指标体系。

构造判断矩阵，并检验其一致性。由于上述得分为平均值，并没有完全按照上述得分相除来构造判断矩阵，根据上述打分结果来判断指标之间的相对重要性，从而构造了判断矩阵。为了检验矩阵的一致性，计算一致性指标 CI：

$$CI = \frac{\lambda_{max} - n}{n - 1}$$

为了检验判断矩阵是否具有满意的一致性，需要将 $CI$ 与平均随机一致性指标 $RI$ 进行比较。对于 1~9 阶矩阵，$RI$ 分别如表 5-7 所示。

表 5-7　　　　　　　　矩阵的一致性指标

| 阶数 | 1 | 2 | 3 | 4 | 5 | 6 | 7 | 8 | 9 |
|---|---|---|---|---|---|---|---|---|---|
| $RI$ | 0.00 | 0.00 | 0.58 | 0.90 | 1.12 | 1.24 | 1.32 | 1.41 | 1.45 |

当阶数大于 2 时，判断矩阵的一致性指标 $CI$，与同阶平均随机一致性的指标 $RI$ 之比称为判断矩阵的随机一致性比例，为 $CR$。当 $CR = CI/RI < 0.01$ 时，判断矩阵具有满意的一致性，否则就需对判断矩阵进行调整。

### （一）能力要素的判断矩阵

除职业道德之外，CFO 的能力框架包含四个要素：知识、工作经验、系统

思维和人际技能。针对相互之间重要性评价的判断矩阵如下：

1. 战略模块的判断矩阵。战略模块知识体系包括战略管理、公司治理、财务战略三部分，针对相互之间重要性评价的判断矩阵如表5-8所示。

表5-8　　　　　　　　　　　战略模块的判断矩阵

| CFO能力框架 | Q1 知识 | Q2 经验 | Q3 思维 | Q4 人际 |
| --- | --- | --- | --- | --- |
| Q1 知识 | 1 | 2 | 0.5 | 1 |
| Q2 经验 | 0.5 | 1 | 0.3333 | 0.5 |
| Q3 战略 | 2 | 3 | 1 | 4 |
| Q4 人际 | 1 | 2 | 0.25 | 1 |

注：$CR=0.0363$，判断矩阵具有满意的一致性。

2. 知识模块的判断矩阵。知识体系包括财务知识、经营知识和素养知识三部分，针对相互之间重要性评价的判断矩阵如表5-9所示。

表5-9　　　　　　　　　　　知识模块的判断矩阵

| 知识 | 财务 | 经营 | 素养 |
| --- | --- | --- | --- |
| 财务 | 1 | 2 | 5 |
| 经营 | 0.5 | 1 | 4 |
| 素养 | 0.2 | 0.25 | 1 |

注：$CR=0.0237$，判断矩阵具有满意的一致性。

在财务知识层面，包括会计准则、并购重组、成本管理、管理报告、财务分析、资产管理、投融资管理、绩效管理、预算管理九项，针对相互之间重要性评价的判断矩阵如表5-10所示：

表5-10　　　　　　　　　　　财务知识模块的判断矩阵

| 财务 | 会计准则 | 并购重组 | 成本管理 | 管理报告 | 财务分析 | 资产管理 | 投融资 | 绩效管理 | 预算管理 |
| --- | --- | --- | --- | --- | --- | --- | --- | --- | --- |
| 会计准则 | 1 | 3 | 0.1429 | 0.2 | 0.125 | 0.5 | 0.3333 | 0.1667 | 0.1429 |
| 并购重组 | 0.3333 | 1 | 0.125 | 0.1667 | 0.1111 | 0.25 | 0.2 | 0.125 | 0.125 |
| 成本管理 | 7 | 8 | 1 | 3 | 0.5 | 6 | 5 | 2 | 1 |
| 管理报告 | 5 | 6 | 0.3333 | 1 | 0.2 | 4 | 3 | 0.5 | 0.3333 |
| 财务分析 | 8 | 9 | 2 | 5 | 1 | 8 | 6 | 4 | 3 |
| 资产管理 | 2 | 4 | 0.1667 | 0.25 | 0.125 | 1 | 0.5 | 0.2 | 0.1667 |

续表

| 财务 | 会计准则 | 并购重组 | 成本管理 | 管理报告 | 财务分析 | 资产管理 | 投融资 | 绩效管理 | 预算管理 |
|---|---|---|---|---|---|---|---|---|---|
| 投融资 | 3 | 5 | 0.2 | 0.3333 | 0.1667 | 2 | 1 | 0.3333 | 0.2 |
| 绩效管理 | 6 | 8 | 0.5 | 2 | 0.25 | 5 | 3 | 1 | 0.3333 |
| 预算管理 | 7 | 8 | 1 | 3 | 0.3333 | 6 | 5 | 3 | 1 |

注：$CR=0.0513$，判断矩阵具有满意的一致性。

在经营知识层面，包括客户管理、资本运营、税收筹划、风险管理、战略管理、公司治理、运营管理、项目管理八项，针对相互之间重要性评价的判断矩阵如表 5-11 所示。

表 5-11　　　　　　　　经营知识模块的判断矩阵

| 经营 | 客户管理 | 资本运营 | 税收筹划 | 风险管理 | 战略管理 | 公司治理 | 运营管理 | 项目管理 |
|---|---|---|---|---|---|---|---|---|
| 客户管理 | 1 | 0.25 | 0.25 | 0.125 | 0.1429 | 0.2 | 0.3333 | 1 |
| 资本运营 | 4 | 1 | 2 | 0.25 | 0.25 | 1 | 3 | 5 |
| 税收筹划 | 4 | 0.5 | 1 | 0.2 | 0.25 | 0.5 | 2 | 4 |
| 风险管理 | 8 | 4 | 5 | 1 | 2 | 4 | 6 | 8 |
| 战略管理 | 7 | 4 | 4 | 0.5 | 1 | 3 | 5 | 7 |
| 公司治理 | 5 | 1 | 2 | 0.25 | 0.3333 | 1 | 3 | 5 |
| 运营管理 | 3 | 0.3333 | 0.5 | 0.1667 | 0.2 | 0.3333 | 1 | 3 |
| 项目管理 | 1 | 0.2 | 0.25 | 0.125 | 0.1429 | 0.2 | 0.3333 | 1 |

注：$CR=0.0331$，判断矩阵具有满意的一致性。

在素养知识层面，包括数据分析、信息系统、人力资源、外语、法律五项，针对相互之间重要性评价的判断矩阵如表 5-12 所示。

表 5-12　　　　　　　　素养知识模块的判断矩阵

| 素养 | 数据分析 | 信息系统 | 人力资源 | 外语 | 法律 |
|---|---|---|---|---|---|
| 数据分析 | 1 | 4 | 7 | 9 | 7 |
| 信息系统 | 0.25 | 1 | 3 | 8 | 3 |
| 人力资源 | 0.1429 | 0.3333 | 1 | 6 | 1 |
| 外语 | 0.1111 | 0.125 | 0.1667 | 1 | 0.1667 |
| 法律 | 0.1429 | 0.3333 | 1 | 6 | 1 |

注：$CR=0.0798$，判断矩阵具有满意的一致性。

3. 工作经验模块的判断矩阵。工作经验模块，包括七方面：熟悉集团、熟悉行业、监管法规、职业判断、宏观经济、技术发展、熟悉企业，针对相互之间重要性评价的判断矩阵如表 5-13 所示。

表 5-13　　　　　　　　　　工作经验模块的判断矩阵

| Q2 经验 | 熟悉集团 | 熟悉行业 | 监管法规 | 职业判断 | 宏观经济 | 技术发展 | 熟悉企业 |
| --- | --- | --- | --- | --- | --- | --- | --- |
| 熟悉集团 | 1 | 0.25 | 0.3333 | 0.1429 | 3 | 1 | 0.2 |
| 熟悉行业 | 4 | 1 | 3 | 0.3333 | 6 | 4 | 2 |
| 监管法规 | 3 | 0.3333 | 1 | 0.2 | 5 | 2 | 0.25 |
| 职业判断 | 7 | 3 | 5 | 1 | 9 | 7 | 3 |
| 宏观经济 | 0.3333 | 0.1667 | 0.2 | 0.1111 | 1 | 0.3333 | 0.1429 |
| 技术发展 | 1 | 0.25 | 0.5 | 0.1429 | 3 | 1 | 0.2 |
| 熟悉企业 | 5 | 0.5 | 4 | 0.3333 | 7 | 5 | 1 |

注：$CR = 0.0454$，判断矩阵具有满意的一致性。

4. 系统思维模块的判断矩阵。在系统思维模块，分为六方面：分析问题能力、解决问题能力、领导能力、决断能力、创新能力、商业敏锐度。针对相互之间重要性评价的判断矩阵如表 5-14 所示。

表 5-14　　　　　　　　　　系统思维模块的判断矩阵

| Q3 思维 | 分析 | 解决 | 领导 | 决断 | 创新 | 敏锐 |
| --- | --- | --- | --- | --- | --- | --- |
| 分析 | 1 | 0.25 | 0.5 | 0.5 | 3 | 1 |
| 解决 | 4 | 1 | 3 | 3 | 6 | 4 |
| 领导 | 2 | 0.3333 | 1 | 1 | 4 | 2 |
| 决断 | 2 | 0.3333 | 1 | 1 | 4 | 2 |
| 创新 | 0.3333 | 0.1667 | 0.25 | 0.25 | 1 | 0.3333 |
| 敏锐 | 1 | 0.25 | 0.5 | 0.5 | 3 | 1 |

注：$CR = 0.0145$，判断矩阵具有满意的一致性。

5. 人际技能模块的判断矩阵。在人际技能模块，分为六方面：沟通能力、学习能力、客户管理、团队建设、影响力、谈判能力；针对相互之间重要性评价的判断矩阵如表 5-15 所示。

表 5–15　　　　　　　　　　人际技能模块的判断矩阵

| Q4 人际 | 沟通 | 学习 | 客户 | 团队 | 影响 | 谈判 |
|---|---|---|---|---|---|---|
| 沟通 | 1 | 3 | 8 | 3 | 5 | 5 |
| 学习 | 0.3333 | 1 | 7 | 1 | 3 | 3 |
| 客户 | 0.125 | 0.1429 | 1 | 0.1429 | 0.25 | 0.25 |
| 团队 | 0.3333 | 1 | 7 | 1 | 4 | 4 |
| 影响 | 0.2 | 0.3333 | 4 | 0.25 | 1 | 1 |
| 谈判 | 0.2 | 0.3333 | 4 | 0.25 | 1 | 1 |

注：$CR = 0.0359$，判断矩阵具有满意的一致性。

6. 分析结果。上述判断矩阵都具有满意的一致性，采用最大特征值进行层次分析法的计算可以得到合理的结果。通过 YAAHP 软件计算，可以得出 CFO 能力框架体系的结构，计算出各指标的相对权重，具体权重如表 5–16 所示。

表 5–16　　　　　　　　　　企业管理级的计算结果

| 维度 | 各维度权重 | 明细项目 | 各项目权重（%） |
|---|---|---|---|
| Q1 知识 | 0.2165 | 会计准则 | 0.32 |
| | | 并购重组 | 0.20 |
| | | 成本管理 | 2.21 |
| | | 管理报告 | 1.07 |
| | | 财务分析 | 3.76 |
| | | 资产管理 | 0.43 |
| | | 投融资 | 0.62 |
| | | 绩效管理 | 1.42 |
| | | 预算管理 | 2.25 |
| | | 客户管理 | 0.19 |
| | | 资本运营 | 0.80 |
| | | 税收筹划 | 0.57 |
| | | 风险管理 | 2.43 |
| | | 战略管理 | 1.80 |
| | | 公司治理 | 0.85 |
| | | 运营管理 | 0.39 |
| | | 项目管理 | 0.19 |
| | | 数据分析 | 1.17 |

续表

| 维度 | 各维度权重 | 明细项目 | 各项目权重（%） |
|---|---|---|---|
| Q1 知识 | 0.2165 | 信息系统 | 0.46 |
| | | 人力资源 | 0.22 |
| | | 外语 | 0.06 |
| | | 法律 | 0.22 |
| Q2 工作经验 | 0.1183 | Q21 熟悉集团 | 0.58 |
| | | Q22 熟悉行业 | 2.36 |
| | | Q23 监管法规 | 1.09 |
| | | Q24 职业判断 | 4.60 |
| | | Q25 宏观经济 | 0.30 |
| | | Q26 技术发展 | 0.60 |
| | | Q27 熟悉企业 | 2.29 |
| Q3 战略思维 | 0.4787 | Q31 分析问题能力 | 4.82 |
| | | Q32 解决问题能力 | 19.54 |
| | | Q33 领导能力 | 8.30 |
| | | Q34 决断能力 | 8.30 |
| | | Q35 创新能力 | 2.10 |
| | | Q36 商业敏锐度 | 4.82 |
| Q4 人际能力 | 0.1865 | Q41 沟通能力 | 7.66 |
| | | Q42 学习能力 | 3.57 |
| | | Q43 客户管理 | 0.54 |
| | | Q44 团队建设 | 4.01 |
| | | Q45 影响力 | 1.44 |
| | | Q46 谈判能力 | 1.44 |

构建 CFO（企业管理者）的能力框架（如图 5-10 所示）。

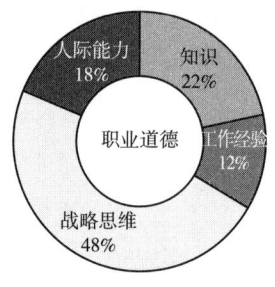

图 5-10 CFO（企业高管者）的能力框架

## 六、部门管理者的分析结果

财务部门管理者的能力框架分析过程与 CFO 能力框架一样,不再重复。财务部门管理者的能力框架分析结果如表 5-17 所示。

表 5-17 账务部门管理者的能力框架分析结果

| 维度 | 各维度权重 | 明细项目 | 各项目权重(%) |
| --- | --- | --- | --- |
| Q1 知识 | 0.2242 | 会计准则 | 0.40 |
| | | 并购重组 | 0.25 |
| | | 成本管理 | 1.88 |
| | | 管理报告 | 1.68 |
| | | 财务分析 | 5.03 |
| | | 资产管理 | 0.67 |
| | | 投融资 | 1.13 |
| | | 绩效管理 | 1.64 |
| | | 预算管理 | 1.37 |
| | | 客户管理 | 0.27 |
| | | 资本运营 | 0.73 |
| | | 税收筹划 | 0.67 |
| | | 风险管理 | 1.85 |
| | | 战略管理 | 1.79 |
| | | 公司治理 | 0.67 |
| | | 运营管理 | 0.39 |
| | | 项目管理 | 0.19 |
| | | 数据分析 | 0.93 |
| | | 信息系统 | 0.43 |
| | | 人力资源 | 0.20 |
| | | 外语 | 0.06 |
| | | 法律 | 0.20 |

续表

| 维度 | 各维度权重 | 明细项目 | 各项目权重（%） |
|---|---|---|---|
| Q2 工作经验 | 0.1082 | Q21 熟悉集团 | 1.00 |
| | | Q22 熟悉行业 | 2.59 |
| | | Q23 监管法规 | 1.04 |
| | | Q24 职业判断 | 3.09 |
| | | Q25 宏观经济 | 0.32 |
| | | Q26 技术发展 | 0.47 |
| | | Q27 熟悉企业 | 2.32 |
| Q3 战略思维 | 0.4505 | Q31 分析问题能力 | 5.96 |
| | | Q32 解决问题能力 | 19.38 |
| | | Q33 领导能力 | 5.96 |
| | | Q34 决断能力 | 5.61 |
| | | Q35 创新能力 | 1.91 |
| | | Q36 商业敏锐度 | 6.23 |
| Q4 人际能力 | 0.1972 | Q41 沟通能力 | 8.71 |
| | | Q42 学习能力 | 3.27 |
| | | Q43 客户管理 | 0.85 |
| | | Q44 团队建设 | 3.45 |
| | | Q45 影响力 | 1.43 |
| | | Q46 谈判能力 | 2.01 |

构建部门管理者的能力框架（如图 5-11 所示）。

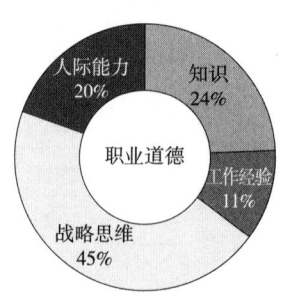

图 5-11 部门管理者的能力框架

## 七、业务管理者的分析结果

财务业务管理者的能力框架分析过程与 CFO 能力框架一样,不再重复。财务业务管理者的能力框架分析结果如表 5-18 所示。

表 5-18  财务业务管理者的能力框架分析结果

| 维度 | 各维度权重 | 明细项目 | 各项目权重(%) |
| --- | --- | --- | --- |
| Q1 知识 | 0.3111 | 会计准则 | 0.77 |
| | | 并购重组 | 0.34 |
| | | 成本管理 | 3.80 |
| | | 管理报告 | 2.25 |
| | | 财务分析 | 7.04 |
| | | 资产管理 | 1.46 |
| | | 投融资 | 1.48 |
| | | 绩效管理 | 1.64 |
| | | 预算管理 | 2.54 |
| | | 客户管理 | 0.43 |
| | | 资本运营 | 0.76 |
| | | 税收筹划 | 0.43 |
| | | 风险管理 | 2.36 |
| | | 战略管理 | 1.83 |
| | | 公司治理 | 0.62 |
| | | 运营管理 | 0.29 |
| | | 项目管理 | 0.16 |
| | | 数据分析 | 1.41 |
| | | 信息系统 | 0.68 |
| | | 人力资源 | 0.30 |
| | | 外语 | 0.10 |
| | | 法律 | 0.42 |

续表

| 维度 | 各维度权重 | 明细项目 | 各项目权重（%） |
| --- | --- | --- | --- |
| Q2 工作经验 | 0.1001 | Q21 熟悉集团 | 0.65 |
| | | Q22 熟悉行业 | 2.08 |
| | | Q23 监管法规 | 1.23 |
| | | Q24 职业判断 | 2.85 |
| | | Q25 宏观经济 | 0.30 |
| | | Q26 技术发展 | 0.46 |
| | | Q27 熟悉企业 | 2.44 |
| Q3 战略思维 | 0.4064 | Q31 分析问题能力 | 4.55 |
| | | Q32 解决问题能力 | 17.11 |
| | | Q33 领导能力 | 4.55 |
| | | Q34 决断能力 | 6.63 |
| | | Q35 创新能力 | 1.85 |
| | | Q36 商业敏锐度 | 5.95 |
| Q4 人际能力 | 0.1737 | Q41 沟通能力 | 7.18 |
| | | Q42 学习能力 | 3.22 |
| | | Q43 客户管理 | 0.65 |
| | | Q44 团队建设 | 3.49 |
| | | Q45 影响力 | 1.00 |
| | | Q46 谈判能力 | 1.82 |

构建业务管理者的能力框架（如图 5-12 所示）。

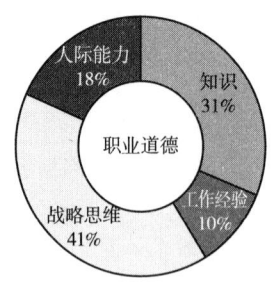

图 5-12 业务管理者的能力框架

## 八、基层员工的分析结果

财务员工的能力框架分析过程与 CFO 能力框架一样，不再重复。财务人员的能力框架分析结果如表 5-19 所示。

表 5-19　　　　　　　　财务人员的能力框架分析结果

| 维度 | 各维度权重 | 明细项目 | 各项目权重（%） |
|---|---|---|---|
| Q1 知识 | 0.3273 | 会计准则 | 0.85 |
| | | 并购重组 | 0.35 |
| | | 成本管理 | 4.35 |
| | | 管理报告 | 1.76 |
| | | 财务分析 | 6.32 |
| | | 资产管理 | 1.06 |
| | | 投融资 | 1.58 |
| | | 绩效管理 | 2.57 |
| | | 预算管理 | 2.92 |
| | | 客户管理 | 0.69 |
| | | 资本运营 | 1.25 |
| | | 税收筹划 | 0.35 |
| | | 风险管理 | 2.72 |
| | | 战略管理 | 1.32 |
| | | 公司治理 | 0.56 |
| | | 运营管理 | 0.37 |
| | | 项目管理 | 0.31 |
| | | 数据分析 | 1.62 |
| | | 信息系统 | 0.66 |
| | | 人力资源 | 0.38 |
| | | 外语 | 0.11 |
| | | 法律 | 0.63 |

续表

| 维度 | 各维度权重 | 明细项目 | 各项目权重（%） |
| --- | --- | --- | --- |
| Q2 工作经验 | 0.1232 | Q21 熟悉集团 | 0.53 |
| | | Q22 熟悉行业 | 3.26 |
| | | Q23 监管法规 | 2.09 |
| | | Q24 职业判断 | 3.26 |
| | | Q25 宏观经济 | 0.46 |
| | | Q26 技术发展 | 0.63 |
| | | Q27 熟悉企业 | 2.09 |
| Q3 战略思维 | 0.3758 | Q31 分析问题能力 | 6.35 |
| | | Q32 解决问题能力 | 13.48 |
| | | Q33 领导能力 | 2.66 |
| | | Q34 决断能力 | 5.74 |
| | | Q35 创新能力 | 1.76 |
| | | Q36 商业敏锐度 | 7.58 |
| Q4 人际能力 | 0.1737 | Q41 沟通能力 | 7.69 |
| | | Q42 学习能力 | 2.87 |
| | | Q43 客户管理 | 1.02 |
| | | Q44 团队建设 | 2.98 |
| | | Q45 影响力 | 1.02 |
| | | Q46 谈判能力 | 1.78 |

构建财务人员（基层员工）的能力框架（如图 5-13 所示）。

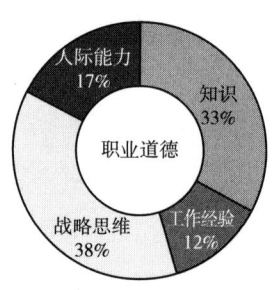

图 5-13 财务人员（基层员工）的能力框架

## 九、汇总的结果

综合上述四个层级的分析结果，形成四个层次的、全面的会计人员能力框架（如表5-20所示），随着会计人员的成长，会计职业对会计人员的能力要求有统一性的一面，因为会计工作有共同的任务和特点，不论哪个层次的会计人员都需要以会计工作为基础为企业服务；同时，不同层次的会计人员对能力的需求也有所差异，不同层次会计人员的工作内容和任务存在很大区别，CFO需要更多地参与战略制订和决策，基层会计人员更多的工作是会计核算和基本数据分析，对能力的要求有较大差异。

表5-20　　　　　　　　　能力框架的汇总结果

|  | 企业高管 | 部门管理 | 业务管理 | 基层员工 |
| --- | --- | --- | --- | --- |
| 知识 | 0.2165 | 0.2442 | 0.3111 | 0.3273 |
| 工作经验 | 0.1183 | 0.1082 | 0.1001 | 0.1232 |
| 系统思维 | 0.4787 | 0.4505 | 0.4064 | 0.3758 |
| 人际能力 | 0.1865 | 0.1972 | 0.1824 | 0.1737 |
| 职业道德 | 0.2 | 0.2 | 0.2 | 0.2 |

由分层次的统计结果构建了四层次的会计人员能力框架（如图5-14所示），对于所有会计人员系统思维和知识都是最重要的，系统思维反映了会计行业的特点，与价值链的各个环境和企业的所有方面进行协调，需要系统思维来进行统筹和规划，才能更好地发挥会计在企业管理中的作用，这是其他部门不具备的优势和特点，对知识的需求反映了企业管理和经济环境都在不断发展和变化，知识更新速度很快，要想做好会计工作，不断学习新知识是必不可少的。同时，不同层次的会计人员对能力的需求也有差异，总体上层次越高越需要更多的系统思维和更少的知识，人际能力和工作经验比较稳定，分别为18%和11%。对于CFO来说，系统思维的要求达到47%，知识为21%；财务部门管理者，系统思维的要求为45%，知识为24%；财务业务管理者，系统思维的要求为40%，知识为31%；基层财务工作者，系统思维的要求为37%，知识

为32%。可见，系统思维一直是最重要的，但层次越高越需要更多的系统思维，更少的知识，随着层级的提升，越需要更多的系统思维和更少的知识。

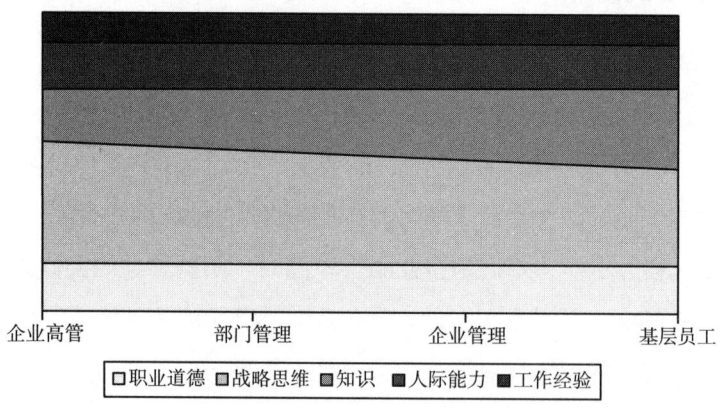

图5-14 多层次的能力框架

如表5-21所示，在知识方面，财务知识是最重要的，达到56.79%~66.51%，经营知识占22.13%~29.23%，素养知识约占10%，层次越高需要更多的经营知识，更少的财务知识，随着层级的提升，需要更多的经营知识和更少的财务知识。

表5-21　　　　　　　　　　多层级的知识结构　　　　　　　　　　单位:%

|  | 企业高管 | 部门管理 | 业务管理 | 基层员工 |
| --- | --- | --- | --- | --- |
| 财务知识 | 56.79 | 62.70 | 68.53 | 66.51 |
| 经营知识 | 33.39 | 29.23 | 22.13 | 23.11 |
| 素养知识 | 9.82 | 8.07 | 9.34 | 10.38 |

构建多层次的知识结构（如图5-15所示）。

在知识中，财务知识中排在前三位的是财务分析、成本管理和预算管理，这三项都是企业常用的财务管理工具，对提升企业管理水平和经营效率有重要作用，而会计准则的重要程度并不高，这也符合财务人员在逐步转型的趋势，财务人员越来越多地参与企业的财务管理、经营管理和投资决策，要求的知识也与之相符。经营知识中排在前两位的是风险管理和战略管理，这两项也是企业常用的管理工具，战略管理作为一项知识符合系统思维能力受重视的趋势，对战略的重视是会计职业的要求和趋势。素质知识中排在第一位的是数据分析，数据分析的重要性体现在企业信息化的过程中，数据的获得更加容易，也有更多的数据可以利用，为了提升企业竞争力和精细管理水平，要充分利用这些数据，财务人员是分析这些数据的理想选择，因为他们对成本和绩效最熟悉和敏感（如表5-22所示）。

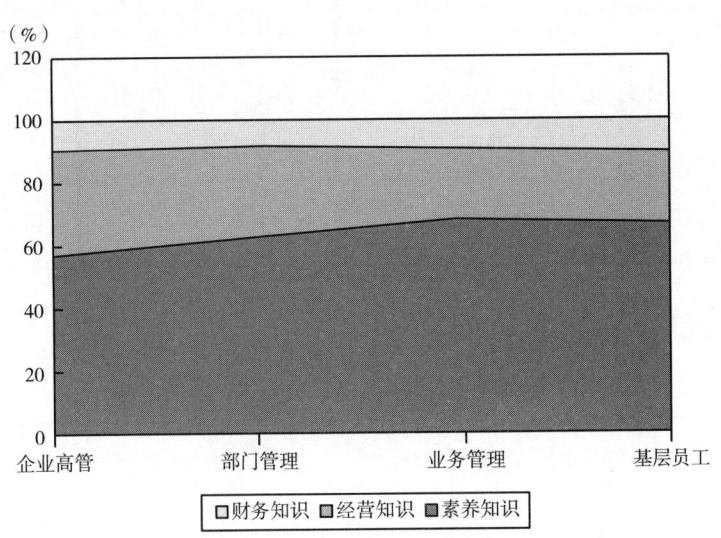

图5-15 多层次的知识结构

表5-22　　　　　　　　　　多层次的具体知识　　　　　　　　　　单位:%

|  | 企业高管 | 部门管理 | 业务管理 | 基层员工 |
| --- | --- | --- | --- | --- |
| 会计准则 | 0.32 | 0.40 | 0.77 | 0.85 |
| 并购重组 | 0.20 | 0.25 | 0.34 | 0.35 |
| 成本管理 | 2.21 | 1.88 | 3.80 | 4.35 |
| 管理报告 | 1.07 | 1.68 | 2.25 | 1.76 |
| 财务分析 | 3.76 | 5.03 | 7.04 | 6.32 |
| 资产管理 | 0.43 | 0.67 | 1.46 | 1.06 |
| 投融资 | 0.62 | 1.13 | 1.48 | 1.58 |
| 绩效管理 | 1.42 | 1.64 | 1.64 | 2.57 |
| 预算管理 | 2.25 | 1.37 | 2.54 | 2.92 |
| 客户管理 | 0.19 | 0.27 | 0.43 | 0.69 |
| 资本运营 | 0.80 | 0.73 | 0.76 | 1.25 |
| 税收筹划 | 0.57 | 0.67 | 0.43 | 0.35 |
| 风险管理 | 2.43 | 1.85 | 2.36 | 2.72 |

续表

|  | 企业高管 | 部门管理 | 业务管理 | 基层员工 |
|---|---|---|---|---|
| 战略管理 | 1.80 | 1.79 | 1.83 | 1.32 |
| 公司治理 | 0.85 | 0.67 | 0.62 | 0.56 |
| 运营管理 | 0.39 | 0.39 | 0.29 | 0.37 |
| 项目管理 | 0.19 | 0.19 | 0.16 | 0.31 |
| 数据分析 | 1.17 | 0.93 | 1.41 | 1.62 |
| 信息系统 | 0.46 | 0.43 | 0.68 | 0.66 |
| 人力资源 | 0.22 | 0.20 | 0.30 | 0.38 |
| 外语 | 0.06 | 0.06 | 0.10 | 0.11 |
| 法律 | 0.22 | 0.20 | 0.42 | 0.63 |

构建多层次的课程结构（如图 5-16 所示）。

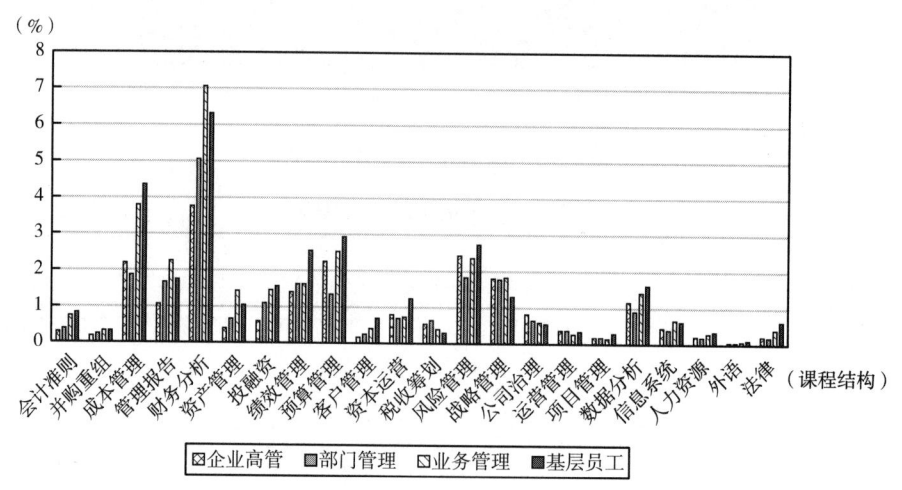

图 5-16 多层次的课程结构

在其他三项能力，工作经验中，最重要的是职业判断能力，可见会计职业是非常重视应用的行业，不仅要了解各种规章制度还要知道怎样应用。系统思维中，前五项是解决问题、决断能力、分析问题、领导能力和商业敏锐度，最重要的是解决问题的能力，当然解决问题是其他能力的综合体现，是能力综合应用的结果。在人际能力中，最重要的是沟通能力，会计人员需要与企业内的各部门进行过沟通，也要与企业外的各类机构进行过沟通，所以，会计人员的沟通能力是必不可少的（如表 5-23 所示）。

表 5-23　　　　　　　　　多层次的能力结构　　　　　　　　单位：%

| | 企业高管 | 部门管理 | 业务管理 | 基层员工 |
|---|---|---|---|---|
| Q21 熟悉集团 | 0.58 | 1.00 | 0.65 | 0.53 |
| Q22 熟悉行业 | 2.36 | 2.59 | 2.08 | 3.26 |
| Q23 监管法规 | 1.09 | 1.04 | 1.23 | 2.09 |
| Q24 职业判断 | 4.60 | 3.09 | 2.85 | 3.26 |
| Q25 宏观经济 | 0.30 | 0.32 | 0.30 | 0.46 |
| Q26 技术发展 | 0.60 | 0.47 | 0.46 | 0.63 |
| Q27 熟悉企业 | 2.29 | 2.32 | 2.44 | 2.09 |
| Q31 分析问题能力 | 4.82 | 5.96 | 4.55 | 6.35 |
| Q32 解决问题能力 | 19.54 | 19.38 | 17.11 | 13.48 |
| Q33 领导能力 | 8.30 | 5.96 | 4.55 | 2.66 |
| Q34 决断能力 | 8.30 | 5.61 | 6.63 | 5.74 |
| Q35 创新能力 | 2.10 | 1.91 | 1.85 | 1.76 |
| Q36 商业敏锐度 | 4.82 | 6.23 | 5.95 | 7.58 |
| Q41 沟通能力 | 7.66 | 8.71 | 7.18 | 7.69 |
| Q42 学习能力 | 3.57 | 3.27 | 3.22 | 2.87 |
| Q43 客户管理 | 0.54 | 0.85 | 0.65 | 1.02 |
| Q44 团队建设 | 4.01 | 3.45 | 3.49 | 2.98 |
| Q45 影响力 | 1.44 | 1.43 | 1.00 | 1.02 |
| Q46 谈判能力 | 1.44 | 2.01 | 1.82 | 1.78 |

构建多层次的能力结构（如图 5-17 所示）。

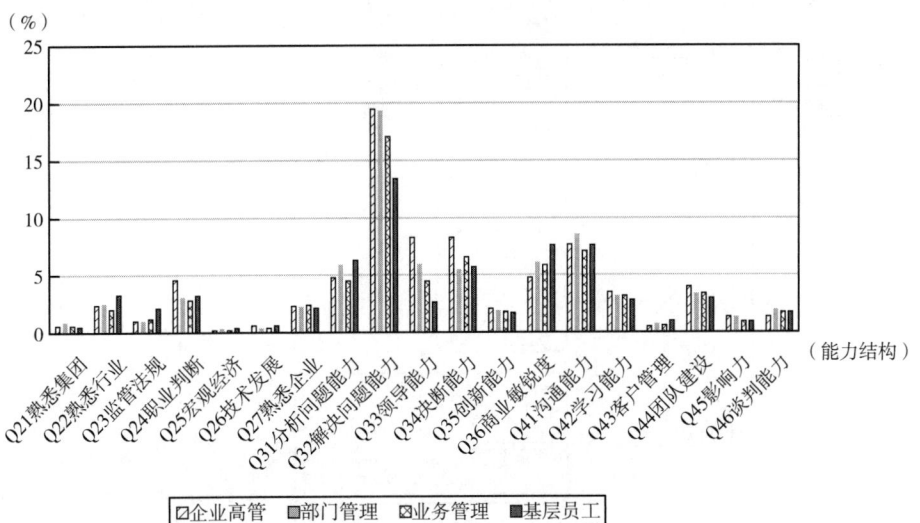

图 5-17　多层次的能力结构

## 十、本章小结

1. 把财务人员分为四个层次：CFO（公司层管理人员）、财务部门管理人员、业务层管理人员、一般员工，以此来构建四个层次的会计人员能力框架。

2. 财务人员职能主要是战略管理、经营管理和资源管理，不同层次会计人员的侧重点不同。

3. 会计人员的能力构成分为五要素：知识、工作经验、人际技能、系统思维和职业道德。

4. 构建会计人员的能力框架（如图 5-18 所示）。

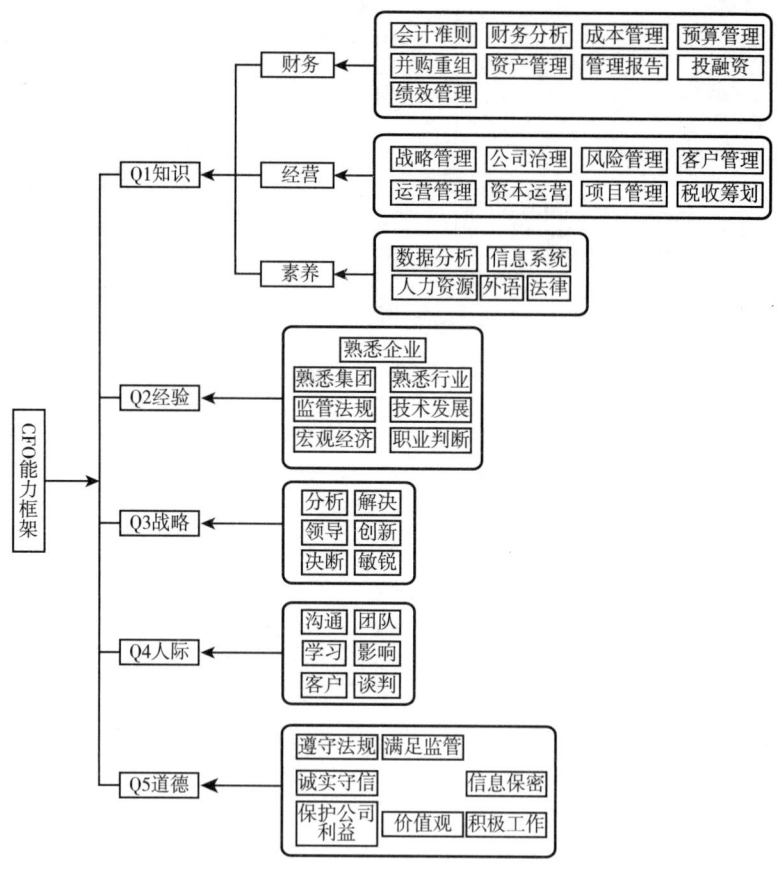

图 5-18

同时，我们构建了分层次的会计人员能力框架（见图5-19）。

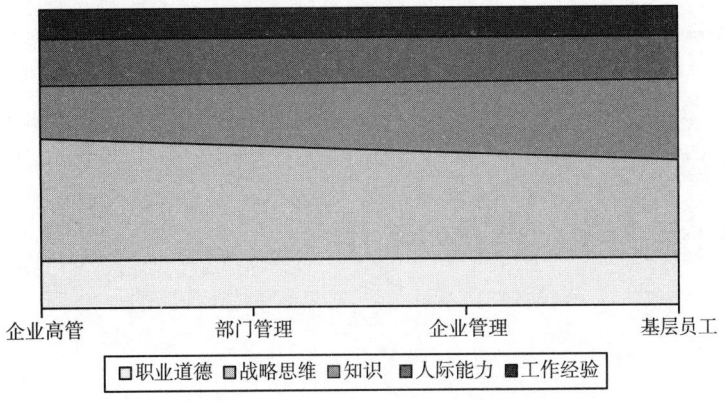

**图5-19　多层次的财务能力框架**

5. 对于所有会计人员系统思维和知识都是最重要的，同时，不同层次的会计人员对能力的需求也有所差异，总体上层次越高越需要更多的系统思维和更少的知识，人际能力和工作经验比较稳定。

# 第六章
## CFO 能力框架的应用

数字经济与智能时代正在影响着传统的行业和职业，我们应该充分了解变革带来的影响，并且提前做好知识和技能的准备。财务团队一直以来聚焦组织的价值守护、财务报告及合规等职能继续在财务职能中扮演关键角色。同时，研究发现财务职能正越来越多地向战略导向转变，从低附加值的日常工作向高附加值的战略活动转变，财务职能已逐渐涵盖创造价值、提供专业洞察、预测未来，成为企业的战略伙伴。

在总结"财务人员能力框架"（见图 6-1）的基础上，体现了当前飞速变化的商业环境中所需的综合能力，有助于财会专业人员应对未来的挑战。能力框架一方面反映了财务职能的角色演化，另一方面反映了技术对全球商业环境的影响，以客观诚信和道德操守为基础，确保从业人员具备职场成功所必需的五个维度的知识、技能和职业价值观。

同时，设计"能力框架"考虑到能力类别和能力层级，分为五个类别（知识领域、战略思维、人际能力、工作经验以及职业道德和价值观）和四个层级，覆盖企业或单位财会人员从初级、中级、高级到专家级的不同群体，本章根据各个知识或技能具体类别，详细描述了四个层级财会人员对应的能力分级要求和熟练程度，具有前瞻性和通用性。

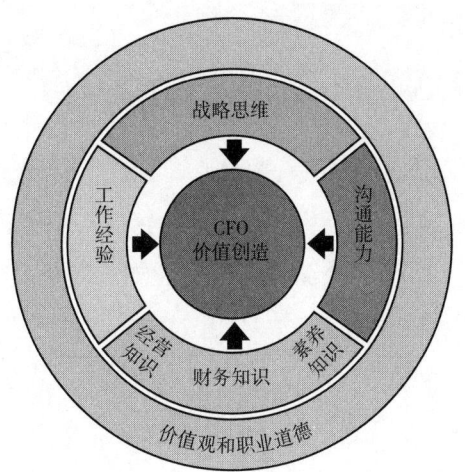

图 6-1 财务人员能力框架

## 一、能力类别

1. 知识领域。研究确定的各个不同但相互依存的对财务专业人员至关重要的知识和技能。

财会知识使财会专业人员能够收集、存储、处理和分析信息用来与各利益相关方分享,这些技能包括根据专业会计标准编制和传播外部和内部报告。

经营知识使财务专业人员能够利用其商业知识及其运营的生态系统将数据转化为专业洞察,帮助企业评估其战略定位,业务模式与战略的一致性,评估企业绩效和机会。

素养知识包括数字技能和其他相关技能。财会专业人员要与时俱进跟上技术进步的步伐,并能够在数字世界中管理和指导财务职能。除了作为独立的知识技能,数字技能也渗透到其他知识领域。

2. 战略思维。评估关键的商业因素,制定战略和运营计划并执行驱动价值增长。

3. 人际技能。影响组织其他人员的决策、行动和行为,也会影响其他利益相关者。合作和共事的能力是一项关键技能。

4. 工作经验。通过实际工作领域或其他专业活动发展起来的一种专业胜任能力。

5. 职业道德与价值观。包括道德原则和行为准则，这些原则通常与职业行为相关，并且被认定为财会职业行为的重要的特征和基础。

能力所属的类别，如"成本管理"在专业知识领域所处的分类。

由于知识领域涉及较多内容，故对知识领域进行了进一步细分，"财会知识""经营知识""素养知识"是职业"知识领域"的子类。

## 二、能力分级

每项能力对应四种熟练级别。一般而言，能力熟练级别与组织结构的管理级别相关联。

- 初级（基层员工）——针对业务操作人员，该级别需要对业务结构、运营和财务绩效有基本的了解；该级别要求通过自己而不是他人的行为取得成果。

- 中级（主管/经理）——针对业务管理者层级，如预算经理等，该级别需对总体业务运营和衡量标准具备中等程度的了解，并有责任监督战略的实施；该级别需要有限或非正式地对同事负责，工作需考虑更广泛的方法或者相应的后果。

- 高级（中层管理人员）——针对部门管理者层级，如财务部经理，该级别需要深入了解组织的环境、战略定位和方向，同时具备强大的分析能力，能够提供战略决策的建议；该级别需要正式对同事及其行动负责，其决策也将产生更广泛的影响。

- 专家级（首席财务官、总会计师等）——针对企业管理者层级，如CFO等，该级别需要专家级知识，从而制定战略愿景，为组织的总体方向和成功提供独特见解；该级别需要对业务领域正式或全面负责，其行动和决策会影响高层战略。

## 三、能力框架的应用

个人职业发展的新坐标。财会专业人士可以根据能力框架,提升自身专业能力、通用管理素养,培养和发展人际能力,加强对业务的支持与了解,同时深入了解新兴技术在财会管理领域的应用,为个人职业发展路径提供参考。

财务人才培养的新途径。各类企业或高校可以根据实际业务需求,分阶段分层次地开展人才选择、人才评估和人才培养发展,建设财会专业人才梯队。

CFO 领导力的新标杆。财会高管(现在的和未来的 CFO)可以做好充分准备在未来主动拥抱新科技,洞察商业变化趋势,识别风险,更好地承担企业管控家、经营者、战略家以及推动者的角色职责,为组织发展和价值提升作出更大的贡献。

专业胜任能力见表 6-1。

表 6-1　　　　　　　　　专业胜任能力一览

| 类别 | 能力维度 | 知识或技能 |
| --- | --- | --- |
| Ⅰ 职业知识 | 1.1 财务知识:<br>按照相关标准及制度,衡量、评价并报告组织业绩 | 成本管理(见表 6-2) |
| | | 财务报告分析(见表 6-3) |
| | | 投资管理(见表 6-4) |
| | | 预算管理(见表 6-5) |
| | | 绩效管理(见表 6-6) |
| | | 管理会计报告(见表 6-7) |
| | 1.2 经营知识:<br>使财务人员能够利用其商业知识及运营生态,保持业务模式和组织战略一致 | 风险管理(见表 6-8) |
| | | 战略管理(见表 6-9) |
| | | 运营管理(见表 6-10) |
| | | 项目管理(见表 6-11) |
| | | 内部控制(见表 6-12) |

续表

| 类别 | 能力维度 | 知识或技能 |
| --- | --- | --- |
| Ⅰ 职业知识 | 1.3 素养知识：运用管理知识和分析数据等技能帮助组织达成目标 | 会计信息系统（见表6-13） |
| | | 数据分析（见表6-14） |
| | | 外语等 |
| Ⅱ 战略思维 | 定义、制定与监管组织战略的实施 | 领导能力（见表6-15） |
| | | 创新/变革能力（见表6-16） |
| | | 学习能力（见表6-17） |
| | | 问题分析和解决能力（见表6-18） |
| | | 决策能力（见表6-19） |
| | | 商业敏锐度（见表6-20） |
| Ⅲ 人际能力 | 与其他部门合作，鼓励团队实现组织目标 | 沟通能力（见表6-21） |
| | | 团队建设（见表6-22） |
| | | 谈判能力（见表6-23） |
| | | 影响力（见表6-24） |
| Ⅳ 工作经验 | 运用工作相关知识和技能提升专业职业判断的能力 | 行业知识（见表6-25） |
| | | 市场和监管环境（见表6-26） |
| | | 职业判断力（见表6-27） |
| Ⅴ 职业道德与价值观 | 展现可持续性商业模式中所必须的职业价值观、道德行为以及守法合规 | 职业道德行为（见表6-28） |
| | | 识别、评估和应对不道德行为（见表6-29） |
| | | 合法合规（见表6-30） |

## 成本管理

**表6-2**

**成本管理：**
确定成本要素，进行成本建模，支持组织决策制定

| 初级 | 中级 | 高级 | 专家 |
|---|---|---|---|
| 理解成本基本概念 | 运用产能规划、产能利用和成本计算工具及技术 | 执行成本会计流程（例如标准的、作业成本法、有效产出成本法） | 运用复杂的成本管理技巧（例如作业成本法、约束理论、资源消耗会计） |
| 运用产能规划和存货管理工具 | 分析供应链成本，支持合理的采购决策 | 在既定的商务环境中提出合适的成本方法建议 | 利用管理成本知识、模型和分析方法，建议实施降低成本的战略及策略，作为长期战略的一部分 |
| | 追踪成本，分析和提高客户收益率 | 分析与业务计划相适应的最佳水平的闲置产能 | 在整个组织的价值链中部署因果、决导向的管理成本模型和战略成本管理 |
| | 通过追踪价值链上的成本分析产品盈利性 | 利用基于作业的管理，精益和敏捷原则，以及其他的价值链改进方法以优化运营 | 协调支持决策的管理成本计算与外部财务报告的成本会计计算，并解释差异 |
| | 综合产品生命周期成本预测产品盈利性 | 基于比较成本的分析，决定最优采购方 | |
| | 使用各种成本计算方法计算成本（如标准成本法、作业成本法等） | | |
| | 进行基本的产品和服务成本核算，包括特殊订单的增量分析 | | |

## 财务报告分析

**财务分析：**
分析公司的财务报表，评估业绩表现

**表6-3**

| 初级 | 中级 | 高级 | 专家 |
|---|---|---|---|
| 理解基本财务报表之间的相互关系 | 分析财务报表和财务数据，引导决策制定 | 为既定的财务方案例设计财务比率和其他业绩表现系统 | 分析复杂的财务交易中财务比率的影响（例如，兼并与收购（M&A）、退出等） |
| 计算财务比率 | 解读财务比率的含义 | 分析国外业务财务结果产生的影响，包括外汇买卖 | 分析竞争对手、顾客和供应商的财务报告，解读趋势，为计划和预测进程提供建议 |
|  | 分析财务报表上报告标准或会计方法变化带来的影响 | 分析以下因素对组织财务结果的潜在影响：宏观经济、社会、政治和环境因素 |  |
|  | 分析贷款合约、报告合规情况 | 在组织内协调及整合财务报表比率的比较 |  |
|  | 使用通用财务报表比较两个实体或一个实体与行业平均值 | 实行及解读业务单元和公司同趋势分析 |  |
|  | 通过比较不同时间段的绩效来进行趋势分析 |  |  |

表 6-4

**投资管理：**
运用定量和定性技巧，分析长期投资策略，并提出建议

| 初级 | 中级 | 高级 | 专家 |
|---|---|---|---|
| 熟悉基本的投资决策条款和技巧，以及在决策制定中的应用（例如净现值、内部收益率） | 运用基本定量工具，分析资本投资项目（例如净现值、内部收益率） | 运用敏感性分析，评估决策场景 | 基于定量和定性因素，寻找潜在新的商业机会（例如新产品、新的服务项目和新市场） |
|  | 明确影响投资决策的非定量因素（例如社会、安全、道德） | 分析兼并、收购和退出机会的定量和定性数据 | 对复杂交易进行并购分析，并向高级管理层和董事会提出建议 |
|  | 评估资本预算决策的相关现金流，并估算未来的资本收益 | 确定资本成本门槛比率，加权平均资本成本 |  |
|  | 编制资本支出计划，确定资本需求 | 识别并计算未来机遇和选择（实物期权） |  |

## 预算管理

表6-5

**预算管理：规划财务和运营资源，制定符合组织战略目标的财务计划**

| 初级 | 中级 | 高级 | 专家 |
|---|---|---|---|
| 了解预测和预算过程的基础知识，包括目的和用途 | 识别并分析不同资源与综合财务或运营预测需要求之间的关系 | 在不确定环境中，运用敏感性分析预测 | 使用先进的统计技术，在不确定期间进行长期分析 |
| 使用预测的基本工具和技术，例如移动平均和外推法 | 合成和解读来自多个来源的数据 | 运用统计学方法，如回归、指数平滑法，和置信水平 | 结合来自多个内部和外部专家资源以及复杂建模技术的信息，领导并协同预测工作 |
| 规划短期销售额、现金流量、库存需求或其他财务数据，以支持计划和范围内的运营 | 预测资本需求，以支持增长计划和优化 | 分析和综合外部数据，识别不同模式并预测客户行为 | 将复杂的预测和预算传达给其他人 |
| 分析历史收入和费用以确定季度模式并预测高预算准确性 | 理解、展示预算项之间的联系，并进行适当的计划（如果销售额增加，佣金也应增加） | 通过使用数据分析和数据挖掘技术探索大型数据集，通过发现关键相关趋势来提高预测准确性 | 使用先进的软件工具，设计并领导复杂组织中多个业务部门的预算和财务规划流程 |
| 作为预算流程的一部分，分析固定和变动的运营和财务关系 | 对部门的设想进行验证 | 基于给定的业务情况，提出适当的预算方法建议（例如弹性、连续、滚动、零基） | |
| | 制定主要预算来支持中小型组织或大型组织的部门的目标 | 将预算过程与战略规划过程相连接 | |
| | 准备预计的收益表、资产负债表和现金流量表 | 整理和整合多个部门的信息 | |
| | 为预算活动评估产能限制 | | |

表 6-6 绩效管理

**绩效管理：**
设计绩效管理系统，评估战略和战术的执行情况，并在适当的情形下纠偏

| 初级 | 中级 | 高级 | 专家 |
|---|---|---|---|
| 理解绩效管理过程的目的及其在支持战略中的用途（例如实现目标、激励措施、治理） | 进行全面的差异性分析，并解释绩效差异的驱动因素 | 制定并实施与总体战略目标相一致的绩效评估流程 | 在复杂的环境中（例如公共、全球、多元化、复杂的公司结构）定义和传达有效的绩效管理体系 |
| 执行独立和简单的差异分析 | 分析税收之外的转移定价对业务单元绩效的影响 | 优化绩效管理和财务报告流程，提供有用和及时的管理信息（例如使用有关键绩效指标、平衡计分卡和仪表盘） | 确保绩效评估流程、薪酬计划和系统与组织的价值创造模型紧密结合，并维护董事会的决策者角色 |
| 根据组织战略计算传统绩效指标 | | 评估绩效评估系统的稳健性、可靠性和严谨性 | 利用从绩效管理系统中获得的见解来引导组织变革 |
| 根据现有方法计算转移价格 | | 将差异分析转化为具备可行性的观点 | |
| | | 制定转让定价策略以优化组织绩效 | |

## 管理会计报告

表6-7 管理会计报告

管理会计报告：
运用管理会计方法，加工整理财务和业务信息，满足企业价值管理和决策支持需要的内部报告

| 初级 | 中级 | 高级 | 专家 |
| --- | --- | --- | --- |
| 总结与提交明确准确及时的管理信息报告 | 提交质量管理信息 | 评估、生成与实施如何优化管理信息的辨别以及向多职能团队提交创意 | 制定新的战略、流程和系统，在质量信息和低成本/高价值解决方案方面为企业提供最高级别的管理信息 |
| 在适当情况下准备并提供准确及时的财务数据，以便包含在财务整体流程中 | 为管理、项目或绩效报告开发业务单元数据体系，并根据报告周期实施流程以便提交管理信息 | 针对管理、项目或绩效报告、领导职能报告体系的开发 | 为企业管理报告与规定的信息系统设定标准，从而支持其实施 |
|  |  | 质疑并实施根本性变革，解决管理信息和报告质量准确性同题的根本原因 | 在整个组织和更广泛的行业范围内辨别并实施最佳管理报告做法；就报告内容提供战略性见解 |

注：参考财政部管理会计应用指引第801号《企业管理会计报告》。

## 风险管理

表6-8

风险管理：
识别、评估和降低组织内外部风险

| | 初级 | 中级 | 高级 | 专家 |
|---|---|---|---|---|
| 了解组织风险管理的必要性以及和内部管控的关系 | 确定组织内的风险类型（例如财务性风险、竞争性风险和商誉风险） | 基于广泛认可的框架（例如COSO）实施适当的风险管理系统 | 提出和制定战略风险缓解和风险应对策略（例如应对竞争风险和技术风险） |
| | | 分析运营风险（例如内部流程、人员和系统或外部因素，如法律、欺诈、安全），并实施缓解策略 | 财务风险管理的策略建议（例如投资组合多元化和套期保值、期权和其他衍生工具） | 用全面的组织战略计划和治理实施企业风险管理 |
| | | 分析财务风险（例如利率、信贷、外汇和资本结构），并实施缓解策略 | 使用PEST（政治、经济、社会、技术）分析等工具进行环境检测 | 应对影响大及概率高的事态 |
| | | 管理可保风险的合同关系、政策和范围 | 评估有关竞争格局的风险 | 分析环境、社会和治理风险，并实施缓解策略 |
| | | 协助运营经理识别和量化风险与机遇 | 监管机构要求的风险沟通准备 | |
| | | | 分析战略风险，包括竞争和商誉/品牌 | |
| | | | 制定并报告指标以为新兴风险提供预警 | |

战略管理：
评估关键的商业因素，制定战略和运营计划并执行驱动价值增长

表6-9

| 初级 | 中级 | 高级 | 专家 |
|---|---|---|---|
| 理解个人目标是如何支持组织战略的实现 | 执行部门与战略相关的年度或短期目标 | 评估组织面临的优势、劣势、机遇和威胁（例如 PESTEL 分析（政治、经济、社会、科技、环境、法律）） | 在不同的商业环境中，利用战略规划经验，识别可持续性竞争优势的关键驱动力 |
| 对支持战略规划的流程进行分析 | 阐释战术规划如何与组织战略相关联 | 运用行业分析技巧，例如波特五力模型和情景规划，识别战略议题和竞争优势的关键因素 | 建立战略管理流程和方法，以衡量创新有效性 |
| 认识到对组织进行长远思考的价值和重要性 | 识别成功实施所必需的关键成功因素（CSFs）和相关的关键业绩指标（KPIs） | 引入创新性方案和流程，加强组织社会责任感战略议题和环境目标 | 定义组织的可持续性价值创造模型并推动创新 |
| 理解战略与组织使命、愿景和核心价值相一致的重要性 | 有效传达组织战略 | 运用商业情报资源，识别战略机遇 | 在复杂的环境中，为组织制定最优战略时，综合互补及互斥因素，以权衡取舍 |
| | 当制定商业决策时，考虑资源限制并作出必要取舍 | 当平衡长期目标和短期目标的实行时，监督战略方案的实行，包括资源分配 | 驱动企业社会责任战略及环境和持续性战略，以增强企业的竞争优势 |
| | | 就易见的问题，组织战略差距进行沟通和解决问题 | 预见竞争对手的行为并制订应急计划 |
| | | 衡量价值链中战略决定的影响 | 有效在内外部传达愿景、战略设计和实行计划，以获得支持和统一 |
| | | | 为制定战略提出新的方案建议（例如情景模拟、作战设计） |

表 6-10 运营管理

运营管理：
在会计、财务部门之外，成为运营单元有价值的商务合作伙伴

| 初级 | 中级 | 高级 | 专家 |
| --- | --- | --- | --- |
| 了解组织内的信息及物资流动 | 与其他部门密切配合，包括采购、材料管理、生产、调研、市场、信息技术、人力资源、法务、设施、客户服务以及跨业务单元协作 | 在会计、财务部门之外，成为运营单元有价值的商务合作伙伴 | 通过轮岗或以前的职位获得经验，成为领先的制造、生产、分销或服务提供方面的专家 |
|  | 在财务部门之外，参与运营问题解决方案的制定 | 通过轮岗或参与跨职能项目展示运营知识 | 开发创造性的解决方案以优化整个价值链的绩效 |
|  |  |  | 成为其他团队和业务领域认可的具有运营专业知识的业务合作伙伴 |

表 6-11 项目管理

项目管理：
计划并组织资源，包括人力资源和财务资源，以完成重要任务或活动

| 初级 | 中级 | 高级 | 专家 |
| --- | --- | --- | --- |
| 了解基本项目管理工具（例如时间轴、清单、里程碑） | 使用管理工具参与团队建设（例如甘特图和关键路径法） | 运用项目管理工具领导项目，包括资源调度 | 运用项目管理工具，支持有大量预算的、同时进行的多个项目 |
|  |  |  | 灌输一种项目管理专业化的文化，用正式的方法指导组织 |

## 内部控制

表 6-12

**内部控制：**
为确保数据安全、保护组织资产以及符合法律和会计准则，执行流程与程序

| 初级 | 中级 | 高级 | 专家 |
|---|---|---|---|
| 在财务报告、制度遵守和运营的执行层面，理解内部管控的重要性 | 通过不同的会计流程和管控，核对总账及分类账 | 运用例如 COSO 这类框架，对内部风险管控进行评估 | 在复杂环境中设计、执行内部管控（例如在公共的、全球性的、多类型的、复杂型的企业结构中）|
| 识别基本的内部管控（例如责任分配、物理管控、审计跟踪、授权权限制）| 在管理方向引导下，执行和测试内部管控系统 | 设计有效的内部管控系统，包括科技管控，以应对组织内特定的风险 | 就内部管控为管理层和其他利益相关者提供保障 |
| | 确保遵循相关政策和流程 | 制定流程以监管风险管理和内部管控流程的有效性，并进行必要的修改 | 将内部管控与企业风险管理相互结合 |
| | 准备内部审计报告（合规性、可操作性、财务性）| 为组织制订内部审计计划 | |

表6-13 会计信息系统

**会计信息系统:**
利用技术手段有效地控制经营和财务流程,解决问题,分析数据以及提高经营业绩

| | 初级 | 中级 | 高级 | 专家 |
|---|---|---|---|---|
| 对财务系统中单个模块(例如企业资源计划(ERP)系统中的应付账款模块)的流程有所了解 | | 管理总账模块(例如科目表、日记账分录、试算表) | 设计ERP工作流程、多级账户图表和系统集成以实现稳健的财务控 | 设计系统结构,优化运营和财务绩效 |
| 具有使用基本硬件软件工具的能力 | | 控制和管理其他模块的数据如何、何时录入财务系统 | 能够运用和管理新兴技术提升财务流程 | 在复杂的环境中评估、建议和采取合适的ERP系统 |
| 识别不同类型的数据(例如结构化的、非结构化的、数值的、文本的、传感器的) | | 与信息技术部门紧密合作,共同实施解决业务问题的方案以及寻找其他(合作)机会 | 能够操作企业级系统上多个模块[例如物料需求计划(MRP)、采购、仓库管理、客户关系管理(CRM)],并对其他人进行培训 | 设计数据集市和数据仓库,以便整个组织进行信息访问 |
| 根据有关利益相关者信息准备业务流程图(例如库存控制) | | 记录信息系统设计的业务需求 | 确保信息和绩效管理系统的有效整合 | |
| 了解新兴技术的潜在应用(如云计算、区块链、机器人流程自动化、人工智能) | | 对关系数据库中的元素有所了解 | 认识到并解决集成系统环境中变化的级联影响 | |
| | | 在设计报告时使用关系数据库的概念,包括主要及次要因素 | 使用软件工具自动进行数据收集、验证和报告 | |
| | | 设计关系数据库、表 | 随着业务和环境的发展设计和实施新的数据模型;识别数据流中的不足,并提出具有可行性的改善建议 | |

表 6-14

数据分析：
通过运用定量和定性的技术对数据进行提取、变换和分析，以便获得认识，改进预测和支持决策

| 初级 | 中级 | 高级 | 专家 |
|---|---|---|---|
| 使用基本函数和公式，例如图表、数据过滤和数据排序，数据导入来创建电子表格和操作数据 | 使用 SQL 等工具提取、转换和查询数据 | 掌握专业报告工具（例如 XBRL）并能够解释结果 | 能够使用多种查询、脚本或解释型语言（例如 SQL, Python, R） |
| 计算基本的描述性统计指标，如比率和基本平均值以揭示趋势 | 对信息需求进行解析，转化为具有可操作性的数据分析需求 | 设计供他人使用的组织模板 | 建立说明性模型以优化组织绩效目标搜寻 |
| 了解通过数据制定业务决策的重要性 | 使用描述性分析对业务活动的效率和有效性进行评估 | 挖掘大型数据集以揭示业务模式并提供见解 | 使用高级统计工具进行探索性数据分析，揭示业务模式并提供见解，以达成业务成果（例如聚类分析、时间序列分析、蒙特卡罗分析） |
| 了解商业智能和数据挖掘 | 使用简单线性回归预测业务成果并解释分析结果 | 使用预测分析技术来解释结果，获取见解并提出建议 | |
| | 使用诊断技术确定并报告因果 | 运用专业统计软件和商业智能软件，将统计数据应用于数据集 | |
| | 使用查询语句执行临时的探索性数据分析 | 使用多元回归完成预测性和规定性的目标，并解释结果 | |
| | | 将原始非结构化数据转换为更适合分析的形式（例如数据清洗） | |

表 6-15 领导能力

领导能力：
把握组织的使命及动员人们围绕这个使命奋斗或达成组织目标的能力

| 初级 | 中级 | 高级 | 专家 |
| --- | --- | --- | --- |
| 对业务结构、运营和财务绩效有基本的了解 | 对总体业务运营和衡量具有中等程度的了解，执行战略 | 需要对组织的环境、当前战略地位和方向具备深入了解 | 需要专家级知识，从而制定战略愿景，为组织的总体方向和成功提供独特见解 |
| 通过自己而不是其他人的行动来实施和取得成果 | 需要有限或非正式地对同事负责，并/或需考虑更广泛的方法或后果 | 具备强大的分析能力，包括监督战略的实施 | 需要对业务领域正式负责，其行动和决策具备高级战略影响力 |
| | | 能够就战略选项为企业提供建议 | |
| | | 需要对同事及其行动正式负责，其决策将产生更广泛的影响 | |

表6-16 创新/变革能力

创新/变革能力：
通过过渡、领导组织、团队组织、团队或个人，向预期愿景和目标发展

| 初级 | 中级 | 高级 | 专家 |
| --- | --- | --- | --- |
| 认识到变革管理作为持续提升的关键因素是至关重要的 | 参与发起变革计划，并通过培训派来鼓励他们接受变革 | 与其他管理者协作，评估并执行变革计划发起 | 通过领导组织内重大转变，鼓励变革，以达成战略目标 |
| 争取理解变革并接受实施 | 按照相应的紧急程度，制订计划，有力支持变革计划的启动 | 持续改善激励，培训员工将结果利益最大化 | 推广变革的设想，有效领导主要的组织变革 |
|  | 沟通变革原因，并与计划结合推动变革 | 识别阻碍变革发起的障碍因素，寻求解决方式并获取承诺 | 创建一种力求创新、拥抱变化的组织文化 |
|  |  |  | 重视创新，通过沟通使每个部门认识到各自都有机会能力为目标实现作出贡献 |

表 6-17

学习能力：
保持求知欲和好奇心，正确地从经验中提炼心得，并把这些心得成功地应用到新的情境中去的能力和意愿

| 学习能力 | 初级 | 中级 | 高级 | 专家 |
| --- | --- | --- | --- | --- |
| | 在特定胜任能力领域达到认知或理解层次所需掌握的内容和深度 | 在特定胜任能力领域达到理解或应用层次所需掌握的内容和深度 | 在胜任能力领域达到分析和应用层次所需掌握的内容和深度 | 在胜任能力领域达到评价和综合层次所需掌握的内容和深度 |
| | 积极参与财会知识或技能培训 | 主动学习，不断发展和保持专业胜任能力 | 能够把实务经验中的隐性知识转化为显性知识 | 对新技术敏感，多专业、跨学科知识的学习，更新和综合能力 |
| | | | 擅于在细分领域钻研，既能独立思考，又鼓励知识分享 | 营造团队或组织的学习氛围和培养团队学习能力 |
| | | | 不断发展和保持专业胜任能力 | |

表6-18 分析和解决问题能力

分析和解决问题能力：
把握和识别工作问题的主要矛盾，并予以妥善处理的能力。能力高低和工作问题的模糊性、复杂性和不确定性相关。

| 初级 | 中级 | 高级 | 专家 |
|---|---|---|---|
| 运用适当的职业技能执行已分配的任务或解决问题 | 能结合技术技能和职业技能完成工作任务或解决问题 | 整合技术胜任能力和职业技能管理和领导工作任务或解决复杂问题 | 利用专业胜任能力和领导技能处理高模糊性、复杂性和不确定性相关问题 |
| 能解决简单的问题，把复杂的任务或问题转交主管或具有专业知识的人员 | 认识到在执行分配任务中态度和能力的重要性 | 根据职业道德和态度，对适当的行动作出判断 | 始终以有说服力的方式向广大利益相关群体展示并解释相关信息和解决方案 |
| | 通过口头或书面交流向会计相关或非会计相关的利益相关者清晰地提供信息以及解释想法 | 在有限的监督下评估、研究并解决复杂问题 | 根据职业道德、态度和价值观，对多种方案作出评价和决策 |
| | | 预测、适当地咨询并获得复杂问题的解决方案 | |

表 6-19 决策能力

**决策能力：**
运用分析技能评估决策方案，并提出建议

| 初级 | 中级 | 高级 | 专家 |
| --- | --- | --- | --- |
| 了解决策支持工具的基本类型和用途（例如损益平衡分析、净现值） | 实行"本量利"分析，以支持产品决策 | 评估非常规项目（例如特殊订货、外包和业务板块） | 涉及高风险，含糊不明和重大战略成果时，领导进行复杂决策 |
| | 评估决策数据，例如生产或采购、租赁购买以及售卖或继续持有 | 确定的最优选择组战略目标的最重要标准 | 为战略制定建立准则（例如在既定的案例中，采取特定的决策支持方法 |
| 具备调研技能 | 进行情景分析 | 运用内部和外部数据集评估潜在的盈利 | 当制定复杂的决策时，采用创新的方法论（例如蒙特卡罗模拟，实物期权） |
| | 能够批判性思考，包括目标分析、综合法及评估，以制定基于事实的决策 | 在进行战略决策时评估并纳入环境因素（例如政治，监管，市场） | 为非财务经理提供财务决策支持信息 |

## 商业敏锐度

**商业敏锐度：**
商业敏锐度包括组织商业模式和运营知识、质量管理、持续提升和项目管理技能

表6-20

| 初级 | 中级 | 高级 | 专家 |
|---|---|---|---|
| 了解本企业的特点知识和基本运营知识 | 了解本行业的特定知识和运营知识 | 熟悉行业特定知识和运营知识 | 精通行业特定知识和运营能力 |
| | 对企业业务运营和绩效衡量具备中等程度的了解 | 运用项目管理方式提供财会专业服务 | 持续提升质量管理的能力 |
| | | 业财融合的理念和方法，具备强大的商业模式分析能力 | 运用专家知识，为组织制定战略愿景、战略方向提供独特见解 |
| | | | 对业务领域正式负责，其行动和决策具有高层战略影响力 |
| | | | 提供商业模式的专业视角 |

表 6-21

## 沟通能力

沟通能力：
有效地倾听他人，通过多种形式的沟通（包括书面、口语和非语言的）传递出思想和观点

| 初级 | 中级 | 高级 | 专家 |
| --- | --- | --- | --- |
| 有逻辑地组织和呈现想法、信息和事实 | 准备条理清楚、简明扼要的论文写作 | 认识到其他人沟通方式的不同，并相应地进行自我调整 | 通过技巧、语气和时间调整沟通策略，使信息最优化传递 |
| 理解语言和非语言形式的含义及重要性 | 有效倾听，提出问题并表达关心 | 在沟通积极和消极结果时，能够敏锐感受倾听者 | 回答主要利益相关者们提出的疑问（例如员工、审计会、董事会、投资分析师及媒体），并提供有说服力、可信度高的回应 |
|  | 为文化背景多样化的群体提供有效的沟通方式 | 进行有力的汇报陈述（例如能够吸引人，有激励性，简洁有力，充分准备） | 就如何高效沟通和凝聚共识对他人进行培训 |
|  |  | 有效地利用技术工具（如社交媒体）作为沟通交流工具，同时考虑到受众的偏好 | 擅长使用科技工具，展现领导力 |
|  |  | 设计沟通方案，考虑全球多样性和当地习俗和规范 |  |

## 团队建设

表6-22

**团队建设：**

与他人有效合作，为实现积极结果建立互信关系

| 初级 | 中级 | 高级 | 专家 |
| --- | --- | --- | --- |
| 以他人敬有礼，始终如一的方式与团队成员沟通 | 突破部门障碍，在自身责任之外为实现团队目标作出贡献 | 与价值链中的合作伙伴协作，以实现互惠的工作关系和正面产出 | 当评估与其他组织合作伙伴合作时，考虑组织文化的重要性 |
| 通过自身承担责任，被需要时提供建议和支持，为团队目标实现贡献自身力量 | 主动倾听他人，鼓励协作，在团队成员中建立共同意见 | 当产生冲突时，提出建设性意见和支持 | 跳出思维框架，商业领域，作为楷模识别创新机会 |
|  | 奖励团队中的贡献者 | 与团队成员一起抓住机会，实现正向结果 |  |
|  |  | 鼓励采用综合方法进行管理并阻止单打独斗 |  |
|  |  | 在有助于组织成功的创新产品、服务或流程上进行协作 |  |

表 6-23　谈判能力

谈判能力：
使谈判多方达成共识，以达成组织最优结果和谈判方都能接受的解决方案

| 初级 | 中级 | 高级 | 专家 |
| --- | --- | --- | --- |
| 认识到积极的商业关系对成功谈判的重要性 | 运用相关数据呈现逻辑清楚、简明扼要的观点 | 采取技巧性、创意性的方式解决问题，并达成双赢的公式 | 运用沟通技巧实现及时的积极结果 |
| | 预见到可能需要谈判的相左意见 | 了解文化和多样性差异，以及这些差异对谈判的影响 | 成功的谈判者或仲裁者 |
| | 遵循谈判清晰的流程，确保识别并降低风险，实现企业目标 | 记录合同条款和关于角色责任的决定，推广协议约定积极结果 | 为实现共赢，坚持为各方达成共识 |
| | | | 对基于跨境谈判的全球政治和经济问题带来的影响表现出敏感性 |

表6-24

影响力：
建立和管理内部和外部关系以满足组织目标和管理责任的过程

| 初级 | 中级 | 高级 | 专家 |
| --- | --- | --- | --- |
| 调整自身的个人风格，以适应不同人员和情况 | 将自身的想法和议程与他人关联起来，说服他人接受 | 结合逻辑、个人激情、信念和人际关系技巧，对他人产生影响力 | 对来自不同文化的组织产生影响力，并有效地与之合作 |
| 倾听并对他人的观点和价值观保持敏感 | 在选择所采用的方式时预测他人的反应 | 关联、开发和利用组织内外的广泛关键关系网络，对他人产生影响力 | 通过预期和管理异议和质疑，有效地实施高层谈判 |
| 以开放友好专业的方式理解来自不同文化背景的其他人包括不同龄的同事和客户，并与其建立联系 | 在棘手的情况下，依旧保持专业性，展现同理心，理解他人的感受和行为，并以减少误解、促进接受的方式传达困难的信息 | 通过游说，为想法和计划建立幕后支持，寻求他人的参与，建立所有权和认同感 | 在高风险情境下有效、自信的沟通，解决复杂和/或敏感问题，并建立共识 |
| | 结合逻辑、个人激情、信念和人际关系技巧，对他人产生影响力 | | |

表 6-25  行业知识

行业知识：
理解并掌握特定行业促进商业成功的动态及驱动力

| 初级 | 中级 | 高级 | 专家 |
|---|---|---|---|
| 根据有限的工作经验或了解过的商业媒体报告，对该行业有一定了解 | 评估价值链，并对特定供应商、客户进行风险评估 | 准备关于外部报告风险的讨论（例如年度报告中的管理层讨论与分析（MD&A）部分） | 成为特定领域的专家，包括价值链、竞争对手、法规条例和客户视角 |
| | 主动跟进行业发展情况 | 分析客户、竞争对手及供应商的年度报告 | 成为既定行业、模块的专家 |
| | 监控竞争对手的商业活动 | 分析行业内竞争对手的结构，包括竞争对手的层级水平 | 制定策略、增强竞争优势，并寻找新的价值创造途径 |
| | 识别竞争情报来源 | 掌握行业特定的会计和税务要求 | 领导竞争分析团队 |
| | 对竞争对手进行财务比率分析 | | 评估组织战略风险（例如战略是否与市场及行业情况相符 |

## 市场和监管环境

市场和监管环境：
了解企业所运作的市场和行业，辨别风险和机会，同时确保对监管的合规

表 6-26

| 初级 | 中级 | 高级 | 专家 |
|---|---|---|---|
| 了解组织的产品与服务以及所销售的市场；了解关键行业结构以及组织在行业中的地位 | 在监管环境的背景下，将对组织产品和服务（及其市场）的知识应用于日常的角色和活动 | 了解组织的商业业务和市场（包括外部因素的影响）定制产品，以影响未来的需求 | 运用对组织产品和市场的深入了解，构建战略；与外部利益相关者建立关系，为未来的监管框架制定战略方向 |
| 对组织的客户和竞争者具备实操知识；了解组织和行业监管部门及其他关键利益相关方之间的关系 | 运用对组织客户和竞争者的完备知识，应用监管案例；分析与质疑商业报告要求和投资资金决策 | 设计信息报告工具，协助了解监管利益相关者，与内部利益相关者合作，支持监管机构的需求 | 监督和预测消费者和竞争者的行为变化，制定适当的组织响应策略；确定新兴商业模式的影响，发起行动，作出最优响应 |
| 展现对外部和全球因素的了解以及这些因素对组织绩效的潜在影响 | 基于外部因素对组织绩效影响的理解，制定短期战术响应 | 评估并理解客户和竞争者的优势和局限性，运用洞察力，影响商业决策 | 就监管机制，包括融资来源和监管标杆，向他人提供建议 |

表 6-27

职业判断力

职业判断力：
对与具体事实和情况（包括特定职业活动的性质和范围，以及所涉及的利益和关系）相一致的相关培训、专业知识、技能和经验的运用

| 初级 | 中级 | 高级 | 专家 |
| --- | --- | --- | --- |
| 收集和评估数据和信息 | 在解决问题、作出判断和得出合理结论是，运用技术来减少偏差 | 在计划和执行审计时运用职业判断，并在此基础上可出审计或评估意见 | 包括采取质疑的思维方式，对可能表明由于错误或舞弊导致错报的迹象保持警觉，以及对审计证据进行审慎评价 |
|  | 评估个人和组织的偏见对运用职业怀疑的影响 | 运用批判性思维识别和评估替代方案，确定适当的行动方案 | 运用职业判断评估管理层的认定和陈述 |
|  |  |  | 运用批判性思维解决审计问题 |

## 职业道德行为

表6-28 职业道德行为

职业道德行为：
遵守职场中管理员工行为的一系列指导原则

| 初级 | 中级 | 高级 | 专家 |
|---|---|---|---|
| 理解商业环境下职业道德的必要性（例如保密性、竞争力、正直和可靠性） | 基于组织及职业指导原则，了解该职位责任中潜在的职业道德冲突 | 在组织内培养道德行为及责任感文化 | 在组织范围内领导建立及维护道德守则 |
| 行为符合《管理会计协会关于职位道德实践的声明》中列出的标准和原则或其他相关标准 | 认识到一个组织的核心价值观的重要性及其如何促进道德行为 | 设计、执行并致力于持续改进公司内职业道德项目 | 当组织面临复杂的道德冲突时，作为道德模范提供专业建议 |
| | | 为他人提供建议——在可能遇到的可疑环境中，组织道德准则将如何应用 | 通过提供相关的组织政策和道德标准，与供应链合作伙伴创造合规性，并保证一致性 |

表6-29 识别、评估和应对不道德行为

识别、评估和应对不道德行为：
识别职场中的道德冲突和道德疑忌，合理评估并采取相应的行动

| 初级 | 中级 | 高级 | 专家 |
|---|---|---|---|
| 了解道德冲突，例如利益冲突或疑似诈欺的情形 | 帮助识别并评估在道德困境下的商业环境（例如销售目标、奖金、出差和娱乐花费） | 组织培训，以贯彻道德标准、《会计职业道德原则》或其他道德理念 | 运用内部管控专长，设计减少诈欺和道德冲突可能性的流程 |
| 当有可疑的不道德行为时，遵循正当的报告流程 | 在商业环境中，运用批判性思维和专业的怀疑精神 | 运用专业的判断力，策略知识以及最佳实践以解决复杂的道德冲突 | 设计道德和规范项目，包括培训，链沟通和供应商/客户资质 |
| | 认识到文化规范的不同可能会影响道德决策制定 | 认识在复杂环境中的"危险信号"和风险可能意味着有目的的误传 | 在推广会计专业性和价值方面，被推举为道德思想领袖 |
| | 运用组织政策、职业道德原则以应对潜在的道德冲突 | 协助他人解决道德冲突 | 在推广会计专业性和价值方面，被推举为道德思想领袖 |

合法和合规

表6-30

合法和合规：
遵循法律法规，以正直诚实实现组织愿景

| 初级 | 中级 | 高级 | 专家 |
| --- | --- | --- | --- |
| 理解法律要求的必要性，以及与保护公共利益间的联系 | 为员工提供指导，识别与法律法规间的冲突 | 设计和实施计划、政策和程序，以确保遵守法律法规 | 本着保护公众利益的精神，引导复杂的、有时矛盾的商业法律法规制度实现合规性（比如，国内相关法律法规，英国《反贿赂法》，美国《反海外贿赂法》，欧盟《一般数据保护条例》，《反洗钱/打击恐怖主义融资条例》） |
| | 以法律的精神和信条管理对就业、安全和其他商业法规的遵守 | 当法律或法规冲突或不明确时，作出符合受托责任的道德决策 | |
| | 管理对特定行业法律法规和报告要求的遵守 | | |

## 四、本章小结

本章在研究基础上建立分类别和分层次的"财务人员能力框架"。能力框架一方面反映了技术变革对全球商业环境的影响,另一方面反映了财务职能的角色演化。能力框架强调职业道德和价值观基础,以及知识、战略思维、工作经验和沟通技能四个维度的能力,确保财会人员的职业胜任力。能力层级覆盖组织财会人员从初级、中级、高级到专家级的不同群体,详细描述了四个层级财会人员对应的能力分级要求和熟练程度。

# 第七章
# 结 论

我们对一名合格 CFO 所要求的能力作了详细研究，得到了适合我国国情的 CFO 能力框架。对比我国现有的 CFO 评价体系和我们建立的 CFO 能力框架体系可以看出，目前我国 CFO 的评价和培养标准与不断变化的经济环境对 CFO 的要求存在较大差距，因此有必要建立适应我国经济发展状况、适应我国企业具体需求的评价体系。

## 一、完善 CFO 评价体系

我国 CFO 传统上主要从事财务会计工作，因此 CFO 也主要通过会计系列考试选拔而来，因此，对 CFO 的评价和遴选主要集中在财务知识方面。但是，从前面对 CFO 能力框架的讨论来看，作为公司高管人员之一的 CFO，其职能不仅仅与其负责的财务部门的工作密切相关，企业赋予了 CFO 更多的高级管理职能，要求 CFO 必须从公司战略的角度分析问题、解决问题。会计师任职资格侧重于财务会计领域的现状，使得这种任职资格制度不能与现代企业的要求相适应，也不能完全适应我国经济环境不断变化的要求。

参照 CFO 能力框架的要求，我们认为，未来 CFO 的评价体系需要重点关注以下三方面的内容：第一，现代企业要求 CFO 从战略高度参与重要经济问题的分析和决策，不仅涉及财务领域，还涉及非财务领域。因此，CFO 评价体系需要对战略决策给予足够关注；第二，CFO 是作为公司的高级管理人员、作为公司最高行政领导的战略合作伙伴参与公司经营的，因此评价体系在决策、沟通、领导等软技能方面有所侧重；第三，职业道德问题是许多任职资格评价体系中都异常关注的一个问题。例如，在注册金融分析师考试中，只要伦理道德部分达不到要求，即使其他部分的成绩再好，同样作为不合格处理，特别是一系列公司财务丑闻的出现，使得全社会对 CFO 日益关注伦理道德问题，因此，我们认为在评价体系中必须给伦理道德的评价一席之地。

CFO 能力框架的研究为建立科学的评价体系奠定了基础。基于 CFO 能力框架，政府或职业团体可以建立知识、技能与商业伦理并重的评价体系（宏观层面的评价体系，如准入标准、达标测试和能力自测工具等），以体现 CFO 转型的需求。该体系的建立将引导 CFO 确立自己的培养方向，对比其基础和潜质，设定培训目标和培训内容。从这一角度，宏观层面的评价体系对 CFO 这一群体的素质提高、对 CFO 培训战略的设计与运行，起着纲举目张的作用。宏观层面的评价体系修订是一项牵一发而动全身的改革，不可能一蹴而就，但我们相信，这一科学评价体系的建立，对于 CFO 的培养，对我国财务管理水平的提高，有着深远意义。

除了政府或职业团体所建立的 CFO 评价体系外，各企业或机构也有各自关于 CFO 岗位的评价体系（或业绩评价标准），以建立 CFO 的职责手册，或用于绩效测评。企业或机构中 CFO 评价体系的建立需要进行职能解剖，分解胜任单元，细分胜任要素，再将胜任要素化解为更为详细的流程，是一项更为庞大的研究项目，需要在企业解剖及模拟实验的基础上设计。

## 二、以案例为导向开发核心培训课程

自从哈佛商学院 1908 年创立管理案例教学法到 20 世纪 50 年代案例教学法

开始在加拿大、英国、法国、德国、意大利、日本以及东南亚国家的陆续普及运用以来，案例教学法如今已是风靡全球，成为管理教育和培训尤其是职业经理人继续教育的基本教学方法。

案例教学之所以能够风靡全球，得益于它在管理人才培养中无可替代的独特优势。管理学大师德鲁克曾说过，学会决策是有效管理者必须具备的一种本领。而这种实践中的管理与决策能力，是科学，也是艺术，它的形成必须将抽象的管理学理论置于鲜活的管理实践中。管理案例教学法便以最浓缩的方式，在课堂上模拟了决策与管理的实际过程，实现了管理学理论与管理实践的互动，提升这些未来的职业经理人实际操作和解决问题的能力。此外，管理知识也来自于经验的不断累积，这种经验只有经历才可获得，而以往获得的经验在实践中才可以进一步得到检验与升华，案例教学法的优势便是以最小的成本为学员提供一个体验实践的机会。西方管理案例教学近百年来的演进表明，随着管理教育和培训的逐步完善，案例教学在职业经理人继续教育中的重要性将会进一步凸显。

近年来，在中国"哈佛案例"和北大案例课堂的成功运作，使案例教学法运用与推广掀起了高潮。随着MBA的兴起，"案例教学"这一舶来品已在中国生根发芽，逐渐成为中国职业经理继续教育的主流教学方法。如今，不少大大小小的管理培训公司都打出了"案例式培训"之类的广告作为招揽客户的金字招牌，大有一派"言必称案例"的景象。我们在为案例教学在中国的兴起拍手叫好的同时，也应该清醒地认识到，案例教学真正引入到中国管理教育尚处于起步阶段。案例教学的两大支柱——案例库本身建设和与之配套的案例教学讲师队伍培养方面还都远未完善，这是阻碍案例教学在中国职业经理人培训中发挥作用的软肋所在，也是未来发展中必须跨过的门槛。

国内目前已有为数不少的案例著述资料，或言企业失败案例研究，或曰企业病诊断，也有专门探讨企业的成功经验，这些著述大多已经在我国的各类教育中应用。但是，从中国继续教育对案例的需求而言，目前已经开发的案例无论在数量上还是在质量上显然还无法满足要求。特别需要指出的是，目前国内的案例存在着以下缺陷：首先，为数众多的案例是舶来品，这些案例虽有系统与科学的写作方法，但其内容完全基于国外公司的实践。由于文化的差异，经济、社会和法律环境的不同，中西方的商业实践具有明显的不同，如果忽视这些差异，我们就很难确保案例教学的效果。但这些国外引进的案例资料显然没有将这些差异考虑在内。其次，那些基于国内企业实践所做的案例虽然在一定程度上反映了中国的现实，但大多数只是对企业的某一具体事件做简单地引用，或者只是将媒体的报道内容进行整合堆砌，充其量只是一个例子，而非案例。在以国内企业经营和管理实践为素材的案例中，高质量的，特别是适合于高层次财经管理人才职业教育需要的案例非常稀缺。而高层次财经人才职业教育对高质量的本土化案例的需求非常强烈。

基于上述考虑，我们寄希望于以案例为导向，以我们提出的 CFO 能力框架为基础，开发出适应我国企业要求的核心课程体系和后续教育培训课程，以此来促进我国企业财务决策水平的持续提高。

## 三、CFO 能力框架的展望

CFO 评价体系的完善和教育培训体系的运行是以 CFO 能力框架为基础建立起来的，要受方方面面因素的影响，具体而言，有以下三个方面：

第一，CFO 能力框架的设计是依据我国当前的实际状况以及未来可预见的发展前景。但能力框架的实施，则更取决于整个中国 CFO 改革的进程（不仅是国有企业的改革），取决于发展过程中对中国 CFO 的需求。

第二，CFO 能力不是全后续教育培训这种方式能解决的。尽管能力框架主要内容是包含规范型的知识机构，但就是个结构也不能全靠培训。培训是一个重要的手段，是有相当一些知识与能力的，更重要的是在实践中去获取。例如，决策能力是一个 CFO 很重要的能力，在培训中我们可以提供例如决策树、动态分段决策以及决策判准等知识基础，决策方法，这些将对 CFO 在工作中起重要的决策支持作用。但作为培训主要还是理念和方法上的内容。因此，培训是重要的，但不是唯一的。

第三，CFO 能力框架的实施依赖行业发展与行业管理的规范，关乎 CFO 事业的基础实施和基础环境。为此 CFO 能力框架涉及高级财务会计的基础教育、

CFO能力框架的建立、CFO职业的认证与考核等多个层面的关联与规范。

对比我国现有的CFO评价体系和我们建立的CFO能力框架体系可以看出，目前我国CFO的评价体系标准与不断变化的经济环境对CFO的要求存在较大差距，因此有必要建立适应我国经济发展状况、适应我国企业具体需求、适应社会主义市场经济要求、适应我国CFO能力框架的科学的评价体系。

作为实施CFO能力框架的重要一步，我们应当采用目前大多数CFO认可的培训方式，如举办CFO论坛、鼓励CFO交流、短期培训等灵活多样的方式进行后续教育培训，并以案例为导向开发核心培训课程，唯有如此，我国CFO的知识结构、能力水平以及经验技能才能持续改善，也只有这样，我国企业的财务决策水平才能持续提高。

# 附录一：企业 CFO 能力框架调查问卷（第三期）

近年来，信息科技突飞猛进，经济社会变革发展。企业内外部环境发生剧变，人工智能和信息技术对财会管理人才的能力素质提出新要求。上海国家会计学院联合美国管理会计师协会开展 CFO 能力框架项目（第三期）的调查，旨在了解新环境下企业对财会人员胜任能力要求的变化。希望大家配合填写，课题组会从完整填写者中抽取部分赠送 SNAI 二十周年院庆纪念礼品一份。

问卷链接：http：//survey.snai.edu/s/ryeUfmb/

上海国家会计学院

2020 年 10 月

**问卷说明**

＊提示：本问卷旨在了解企业财会人员的现状和趋势，而不是寻求标准答案。请您立足于公司的实际情况及本人的真实想法填写。

**一、能力框架**

1. 您如何评价如下能力要素对企业经营管理的重要性？

|  | 1分（不重要） | 2分 | 3分（一般） | 4分 | 5分（重要） |
|---|---|---|---|---|---|
| 专业知识 | □ | □ | □ | □ | □ |
| 工作经验 | □ | □ | □ | □ | □ |
| 战略思维 | □ | □ | □ | □ | □ |
| 人际能力 | □ | □ | □ | □ | □ |
| 职业道德和价值观 | □ | □ | □ | □ | □ |

2. 在专业知识方面，您如何评价如下各项对企业经营管理的重要性？

|  | 1分（不重要） | 2分 | 3分（一般） | 4分 | 5分（重要） |
| --- | --- | --- | --- | --- | --- |
| 会计准则 | □ | □ | □ | □ | □ |
| 财务分析 | □ | □ | □ | □ | □ |
| 数据分析 | □ | □ | □ | □ | □ |
| 资产管理 | □ | □ | □ | □ | □ |
| 兼并收购 | □ | □ | □ | □ | □ |
| 投融资管理 | □ | □ | □ | □ | □ |
| 资本运营 | □ | □ | □ | □ | □ |
| 绩效管理 | □ | □ | □ | □ | □ |
| 成本管理 | □ | □ | □ | □ | □ |
| 预算管理 | □ | □ | □ | □ | □ |
| 风险管理 | □ | □ | □ | □ | □ |
| 公司治理 | □ | □ | □ | □ | □ |
| 战略管理 | □ | □ | □ | □ | □ |
| 管理报告分析 | □ | □ | □ | □ | □ |
| 税务管理 | □ | □ | □ | □ | □ |
| 客户关系管理 | □ | □ | □ | □ | □ |
| 营运管理 | □ | □ | □ | □ | □ |
| 项目管理 | □ | □ | □ | □ | □ |
| 信息系统 | □ | □ | □ | □ | □ |
| 人力资源 | □ | □ | □ | □ | □ |
| 外语 | □ | □ | □ | □ | □ |
| 经济相关法律 | □ | □ | □ | □ | □ |
| 其他（可填写） |  |  |  |  |  |

3. 在工作经验方面,您如何评价如下各项对企业经营管理的重要性?

|  | 1分(不重要) | 2分 | 3分(一般) | 4分 | 5分(重要) |
|---|---|---|---|---|---|
| 企业熟悉程度 | □ | □ | □ | □ | □ |
| 集团熟悉程度 | □ | □ | □ | □ | □ |
| 行业熟悉程度 | □ | □ | □ | □ | □ |
| 行业监管法规 | □ | □ | □ | □ | □ |
| 技术发展熟悉 |  |  |  |  |  |
| 宏观经济熟悉 |  |  |  |  |  |
| 职业判断能力 | □ | □ | □ | □ | □ |

4. 在战略思维方面,您如何评价如下各项对企业经营管理的重要性?

|  | 1分(不重要) | 2分 | 3分(一般) | 4分 | 5分(重要) |
|---|---|---|---|---|---|
| 分析能力 | □ | □ | □ | □ | □ |
| 问题解决能力 | □ | □ | □ | □ | □ |
| 领导能力 | □ | □ | □ | □ | □ |
| 创新能力 | □ | □ | □ | □ | □ |
| 决断能力 | □ | □ | □ | □ | □ |
| 商业敏锐度 | □ | □ | □ | □ | □ |

5. 在人际能力方面,您如何评价如下各项对企业经营管理的重要性?

|  | 1分(不重要) | 2分 | 3分(一般) | 4分 | 5分(重要) |
|---|---|---|---|---|---|
| 沟通能力 | □ | □ | □ | □ | □ |
| 团队建设能力 | □ | □ | □ | □ | □ |
| 学习能力 | □ | □ | □ | □ | □ |
| 影响力 |  |  |  |  |  |
| 客户关系维护 |  |  |  |  |  |
| 谈判能力 | □ | □ | □ | □ | □ |

6. 在职业道德和价值观方面，您如何评价如下各项对企业经营管理的重要性？

|  | 1分（不重要） | 2分 | 3分（一般） | 4分 | 5分（重要） |
|---|---|---|---|---|---|
| 诚实守信 | □ | □ | □ | □ | □ |
| 遵守法律 | □ | □ | □ | □ | □ |
| 满足监管要求 | □ | □ | □ | □ | □ |
| 维护公司利益 | □ | □ | □ | □ | □ |
| 践行公司价值观 |  |  |  |  |  |
| 信息保密 | □ | □ | □ | □ | □ |
| 积极工作 | □ | □ | □ | □ | □ |

7. 请您对自己在知识和能力需要提升的方面进行评价。

|  | 1分（不重要） | 2分 | 3分（一般） | 4分 | 5分（重要） |
|---|---|---|---|---|---|
| 专业知识 | □ | □ | □ | □ | □ |
| 行业经验 | □ | □ | □ | □ | □ |
| 战略思维 | □ | □ | □ | □ | □ |
| 人际能力 | □ | □ | □ | □ | □ |
| 职业道德和价值观 | □ | □ | □ | □ | □ |

8. 您的工作时间用在与哪些对象打交道？

|  | 1分（不需要） | 2分 | 3分（一般） | 4分 | 5分（需要） |
|---|---|---|---|---|---|
| 银行 | □ | □ | □ | □ | □ |
| 税务 | □ | □ | □ | □ | □ |
| 政府监管机构 | □ | □ | □ | □ | □ |
| 企业高管人员 | □ | □ | □ | □ | □ |
| 财务部门同事 | □ | □ | □ | □ | □ |
| 集团财务部门 | □ | □ | □ | □ | □ |
| 经营部门 | □ | □ | □ | □ | □ |
| 其他辅助部门 | □ | □ | □ | □ | □ |

9. 您如何评价下列企业外部因素对财务作用的影响程度?

|  | 1分（很小） | 2分 | 3分（一般） | 4分 | 5分（很大） |
|---|---|---|---|---|---|
| 经济全球化 | □ | □ | □ | □ | □ |
| 市场竞争加剧 | □ | □ | □ | □ | □ |
| 信息技术的发展 | □ | □ | □ | □ | □ |
| 客户需求的变化 | □ | □ | □ | □ | □ |
| 股东和债权人的要求 | □ | □ | □ | □ | □ |
| 监管部门的要求 | □ | □ | □ | □ | □ |

10. 您如何评价下列企业内部因素对财务部门工作效果的影响程度?

|  | 1分（很小） | 2分 | 3分（一般） | 4分 | 5分（很大） |
|---|---|---|---|---|---|
| 管理层的重视程度 | □ | □ | □ | □ | □ |
| 公司信息化水平 | □ | □ | □ | □ | □ |
| 员工能力 | □ | □ | □ | □ | □ |
| 公司文化 | □ | □ | □ | □ | □ |
| 公司业财融合程度 | □ | □ | □ | □ | □ |
| 公司决策机制 | □ | □ | □ | □ | □ |
| 业务部门的配合 | □ | □ | □ | □ | □ |
| 财务职能的转变 | □ | □ | □ | □ | □ |
| 公司商业模式 | □ | □ | □ | □ | □ |

11. 在未来三年，下列知识对于您学习的重要程度。

|  | 1分（不重要） | 2分 | 3分（一般） | 4分 | 5分（重要） |
|---|---|---|---|---|---|
| 会计准则 | □ | □ | □ | □ | □ |
| 财务分析 | □ | □ | □ | □ | □ |
| 数据分析 | □ | □ | □ | □ | □ |
| 资产管理 | □ | □ | □ | □ | □ |
| 兼并收购 | □ | □ | □ | □ | □ |
| 投融资管理 | □ | □ | □ | □ | □ |

续表

|  | 1分<br>(不重要) | 2分 | 3分<br>(一般) | 4分 | 5分<br>(重要) |
|---|---|---|---|---|---|
| 资本运营 | □ | □ | □ | □ | □ |
| 绩效管理 | □ | □ | □ | □ | □ |
| 成本管理 | □ | □ | □ | □ | □ |
| 预算管理 | □ | □ | □ | □ | □ |
| 风险管理 | □ | □ | □ | □ | □ |
| 公司治理 | □ | □ | □ | □ | □ |
| 战略管理 | □ | □ | □ | □ | □ |
| 管理报告分析 | □ | □ | □ | □ | □ |
| 税务管理 | □ | □ | □ | □ | □ |
| 客户关系管理 | □ | □ | □ | □ | □ |
| 营运管理 | □ | □ | □ | □ | □ |
| 项目管理 | □ | □ | □ | □ | □ |
| 信息系统 | □ | □ | □ | □ | □ |
| 人力资源 | □ | □ | □ | □ | □ |
| 外语 | □ | □ | □ | □ | □ |
| 经济相关法律 | □ | □ | □ | □ | □ |
| 其他（可填写） |  |  |  |  |  |

12. 您所在企业对下列管理会计工具的使用情况。

|  | 正在使用 | 未来三年使用 |
|---|---|---|
| 战略规划 | □ | □ |
| 全面预算 | □ | □ |
| 滚动预算 | □ | □ |
| 弹性预算 | □ | □ |
| 零基预算 | □ | □ |
| 作业预算 | □ | □ |
| 传统成本计算 | □ | □ |
| 标准成本管理 | □ | □ |
| 变动成本法 | □ | □ |
| 作业成本法 | □ | □ |
| 目标成本法 | □ | □ |

续表

|  | 正在使用 | 未来三年使用 |
|---|---|---|
| 量本利分析 | □ | □ |
| 边际分析 | □ | □ |
| 敏感性分析 | □ | □ |
| 标杆管理 | □ | □ |
| 贴现现金流法 | □ | □ |
| 项目管理 | □ | □ |
| 资本成本分析 | □ | □ |
| 情景分析 | □ | □ |
| 约束资源优化 | □ | □ |
| 关键业绩指标法 | □ | □ |
| 经济增加值法 | □ | □ |
| 平衡计分卡 | □ | □ |
| 360度绩效评价 | □ | □ |
| 股权激励 | □ | □ |
| 内部控制 | □ | □ |
| 其他（请填写） |  |  |

13. 现在的专业知识和将来的专业知识。

|  | 现在具备 | 未来三年需要具备 |
|---|---|---|
| 战略规划 | □ | □ |
| 全面预算 | □ | □ |
| 滚动预算 | □ | □ |
| 弹性预算 | □ | □ |
| 零基预算 | □ | □ |
| 作业预算 | □ | □ |
| 传统成本计算 | □ | □ |
| 标准成本管理 | □ | □ |
| 变动成本法 | □ | □ |
| 作业成本法 | □ | □ |
| 目标成本法 | □ | □ |
| 量本利分析 | □ | □ |
| 边际分析 | □ | □ |

续表

|  | 现在具备 | 未来三年需要具备 |
|---|---|---|
| 敏感性分析 | ☐ | ☐ |
| 标杆管理 | ☐ | ☐ |
| 贴现金流法 | ☐ | ☐ |
| 项目管理 | ☐ | ☐ |
| 资本成本分析 | ☐ | ☐ |
| 情景分析 | ☐ | ☐ |
| 约束资源优化 | ☐ | ☐ |
| 关键业绩指标法 | ☐ | ☐ |
| 经济增加值法 | ☐ | ☐ |
| 平衡计分卡 | ☐ | ☐ |
| 360度绩效评价 | ☐ | ☐ |
| 股权激励 | ☐ | ☐ |
| 内部控制 | ☐ | ☐ |
| 其他（请填写） |  |  |

14. 您个人现在具备的技能和将来需要的技能。

| 1. 技术和数据分析能力 | 现在具备 | 未来三年需要具备 |
|---|---|---|
| 信息系统 | ☐ | ☐ |
| 数据治理 | ☐ | ☐ |
| 数据分析 | ☐ | ☐ |
| 数据可视化 | ☐ | ☐ |
| 2. 商业敏锐度和运营能力 | 现在具备 | 未来三年需要具备 |
| 行业特定知识 |  |  |
| 运营知识 | ☐ | ☐ |
| 质量管理和持续提升 | ☐ | ☐ |
| 项目管理 | ☐ | ☐ |
| 领导力 | 现在具备 | 未来三年需要具备 |
| 沟通技巧 | ☐ | ☐ |
| 激励和启发他人 | ☐ | ☐ |
| 协作、团队合作和关系管理 | ☐ | ☐ |
| 变革管理 | ☐ | ☐ |
| 冲突管理 | ☐ | ☐ |

续表

| 谈判 | ☐ | ☐ |
|---|---|---|
| 人才管理 | ☐ | ☐ |
| 职业道德和价值观 | 现在具备 | 未来三年需要具备 |
| 职业道德行为 | ☐ | ☐ |
| 识别并解决不道德行为 | ☐ | ☐ |
| 遵从法律法规要求 | ☐ | ☐ |
|  | ☐ | ☐ |

15. 现有培训途径和效果评价。

|  | 1分（很差） | 2分 | 3分（一般） | 4分 | 5分（很好） |
|---|---|---|---|---|---|
| 课堂培训 | ☐ | ☐ | ☐ | ☐ | ☐ |
| 线上学习 | ☐ | ☐ | ☐ | ☐ | ☐ |
| 干中学 | ☐ | ☐ | ☐ | ☐ | ☐ |
| 轮岗工作 | ☐ | ☐ | ☐ | ☐ | ☐ |
| 书面学习或专题 | ☐ | ☐ | ☐ | ☐ | ☐ |
| 同行交流讨论 | ☐ | ☐ | ☐ | ☐ | ☐ |
| 专业资格认证 | ☐ | ☐ | ☐ | ☐ | ☐ |
| 其他，请填写 | ☐ | ☐ | ☐ | ☐ | ☐ |

## 二、单位基本情况

16. 目前您的职务属于：

| 公司层管理者 | ☐ |
|---|---|
| 部门层管理者 | ☐ |
| 业务层管理者 | ☐ |
| 基层员工 | ☐ |

17. 您所在单位销售收入（单位：元）：

| 100万以下 | ☐ | 100万~1000万 | ☐ | 1000万~1亿 | ☐ |
|---|---|---|---|---|---|
| 1亿~10亿 | ☐ | 10亿~100亿 | ☐ | 100亿以上 | ☐ |

18. 您所在单位所属行业：

| 农林牧渔业 | ☐ | 采矿业 | ☐ | 电力、热力、燃气及水生产和供应业 | ☐ |
|---|---|---|---|---|---|
| 建筑业 | ☐ | 批发和零售业 | ☐ | 交通运输、仓储和邮政业 | ☐ |
| 住宿和餐饮业 | ☐ | 信息传输、软件和信息技术服务业 | ☐ | 金融业 | ☐ |
| 房地产业 | ☐ | 租赁和商务服务业 | ☐ | 科学研究和技术服务业 | ☐ |
| 水利、环境和公共设施管理业 | ☐ | 教育 | ☐ | 卫生和社会工作 | ☐ |
| 文化、体育和娱乐业 | ☐ | 制造业 | ☐ | 综合 | ☐ |

19. 您所在单位类别：

| 国有控股上市公司 | ☐ | 国有控股非上市公司 | ☐ | 非国有控股上市公司 | ☐ |
|---|---|---|---|---|---|
| 非国有控股非上市公司 | ☐ | 外商投资企业 | ☐ | 其他（请注明） | ☐ |

### 三、个人基本信息

20. 单位所在地区：（　　　　）

21. 您的性别：男☐ 女☐

22. 您的年龄：

| 35 岁以下 | ☐ | 35～40 岁 | ☐ | 40～45 岁 | ☐ |
|---|---|---|---|---|---|
| 45～50 岁 | ☐ | 50～55 岁 | ☐ | 55 岁以上 | ☐ |

23. 您从事财会工作的年限为

| 未从事 | ☐ | 1 年以内 | ☐ | 1～3 年 | ☐ |
|---|---|---|---|---|---|
| 3～5 年 | ☐ | 5～10 年 | ☐ | 10～15 年 | ☐ |
| 15～20 年 | ☐ | 20 年以上 | ☐ | | |

24. 您的教育背景：

| 博士 | ☐ | 硕士 | ☐ | 本科 | ☐ |
|---|---|---|---|---|---|
| 本科以下 | ☐ | | ☐ | | ☐ |

25. 是否持证:中级会计师□、高级会计师□、CPA□、ACCA□、CIMA□、CMA□、ICAEW□其他□

问卷到此结束,谢谢!参加抽奖请填写邮寄地址和手机号码_____

# 附录二：描述性统计

## 您如何评价如下能力要素对企业经营管理的重要性？

表 1

| 选项 | 样本(100%) | 企业规模 | | 所属行业 | | 单位类别 | | 经营地域 | | 年龄 | | 从事财务工作年限 | | 教育背景 | |
|---|---|---|---|---|---|---|---|---|---|---|---|---|---|---|---|
| | | 小规模企业 | 大规模企业 | 制造业 | 非制造业 | 非国有控股 | 国有控股 | 大城市 | 非大城市 | 小年龄组 | 大年龄组 | 任职年限短 | 任职年限长 | 非研究生 | 研究生 |
| 知识 | 93 | 8.09 | 8.08 | 8.09 | 8.09 | 8.12 | 8.07 | 8.15 | 8.06 | 8.06 | 8.17 | 8.03 | 8.14 | 8.09 | 8.07 |
| 工作经验 | 90 | 7.81 | 7.89 | 7.97 | 7.81 | 7.79 | 7.89 | 7.92 | 7.81 | 7.79 | 8.02 | 7.73 | 7.97 | 7.86 | 7.81 |
| 战略思维 | 97 | 8.48 | 8.67 | 8.65 | 8.56 | 8.56 | 8.60 | 8.67 | 8.54 | 8.55 | 8.67 | 8.48 | 8.69 | 8.59 | 8.55 |
| 人际能力 | 91 | 7.83 | 8.08 | 8.15 | 7.92 | 7.88 | 8.02 | 7.96 | 7.97 | 7.94 | 8.04 | 7.87 | 8.06 | 7.98 | 7.91 |
| 职业道德 | 97 | 8.51 | 8.56 | 8.60 | 8.52 | 8.48 | 8.58 | 8.53 | 8.54 | 8.50 | 8.65 | 8.47 | 8.61 | 8.52 | 8.59 |

注：按照企业规模将样本划分为两类：1 亿元以下为小规模企业，1 亿元以上为大规模企业；按照行业将样本划分为制造业和非制造业两类；按照所有制结构将样本划分为国有控股股份公司和非国有控股股份公司两类，其中国有控股股份公司包括国有控股上市公司，非国有控股股份公司包括民营控股上市公司、民营控股非上市公司、外商投资企业及其他企业；按照经营地域将样本划分为大城市企业和非大城市企业两类；按照调查对象的年龄将样本划分为两类：年龄低于 40 岁的为年龄小的一组，年龄超过 40 岁的为年龄大的一组；表中分别以研究生和非研究生作为分类，该项分为研究生以上学历（包括博士研究生和硕士研究生）和本科及以下学历两类，表中得分表示研究生作出回答就某一选项的平均得分，该选项反映作答某一选项的调查对象中，认为该因素重要或较重要的调查对象占全部反馈该问题调查对象中的比例。五级打分模式，认为该因素重要，赋值 9 分，认为该因素较重要，赋值 7 分，认为该因素一般重要，赋值 5 分，认为该因素较不重要，赋值 3 分，认为该因素不重要，赋值 1 分。样本一列为某一选项认为该选项重要或较重要的调查对象占全部反馈该问题调查对象中的比例。

在知识中，您如何评价如下各项对企业经营管理的重要性？

表 2

| 选项 | 样本(100%) | 企业规模 | | 所属行业 | | 单位类别 | | 经营地域 | | 年龄 | | 从事财务工作年限 | | 教育背景 | |
|---|---|---|---|---|---|---|---|---|---|---|---|---|---|---|---|
| | | 小规模企业 | 大规模企业 | 制造业 | 非制造业 | 非国有控股 | 国有控股 | 大城市 | 非大城市 | 小年龄组 | 大年龄组 | 任职年限短 | 任职年限长 | 非研究生 | 研究生 |
| 会计准则 | 79 | 7.54 | 7.23 | 7.18 | 7.43 | 7.37 | 7.38 | 7.36 | 7.39 | 7.32 | 7.52 | 7.43 | 7.32 | 7.41 | 7.28 |
| 财务分析 | 94 | 8.21 | 8.24 | 8.38 | 8.18 | 8.32 | 8.17 | 8.16 | 8.26 | 8.19 | 8.33 | 8.18 | 8.27 | 8.28 | 8.08 |
| 数据分析 | 95 | 8.28 | 8.35 | 8.37 | 8.30 | 8.34 | 8.30 | 8.23 | 8.36 | 8.25 | 8.49 | 8.25 | 8.38 | 8.35 | 8.21 |
| 资产管理 | 85 | 7.62 | 7.44 | 7.41 | 7.56 | 7.49 | 7.56 | 7.48 | 7.55 | 7.47 | 7.68 | 7.56 | 7.50 | 7.56 | 7.43 |
| 兼并收购 | 74 | 6.91 | 7.07 | 6.94 | 7.01 | 7.01 | 6.99 | 6.98 | 7.01 | 6.97 | 7.08 | 6.98 | 7.01 | 6.97 | 7.06 |
| 投融资管理 | 86 | 7.59 | 7.78 | 7.55 | 7.73 | 7.65 | 7.72 | 7.64 | 7.72 | 7.62 | 7.89 | 7.65 | 7.74 | 7.71 | 7.65 |
| 资本运营 | 90 | 7.94 | 7.87 | 7.80 | 7.94 | 7.87 | 7.93 | 7.85 | 7.94 | 7.90 | 7.93 | 7.92 | 7.89 | 7.94 | 7.82 |
| 绩效管理 | 90 | 7.83 | 7.82 | 7.85 | 7.81 | 7.69 | 7.90 | 7.76 | 7.85 | 7.75 | 8.04 | 7.78 | 7.87 | 7.86 | 7.71 |
| 成本管理 | 92 | 8.13 | 7.83 | 8.02 | 7.95 | 8.02 | 7.93 | 7.83 | 8.04 | 7.94 | 8.04 | 8.04 | 7.89 | 8.05 | 7.72 |
| 预算管理 | 90 | 8.03 | 7.81 | 7.90 | 7.91 | 7.89 | 7.92 | 7.88 | 7.93 | 7.85 | 8.08 | 7.93 | 7.89 | 7.98 | 7.71 |
| 风险管理 | 94 | 8.30 | 8.20 | 8.24 | 8.25 | 8.25 | 8.25 | 8.25 | 8.25 | 8.22 | 8.33 | 8.23 | 8.27 | 8.30 | 8.10 |
| 公司治理 | 90 | 7.87 | 7.81 | 7.85 | 7.83 | 7.79 | 7.86 | 7.82 | 7.85 | 7.74 | 8.09 | 7.73 | 7.95 | 7.88 | 7.72 |
| 战略管理 | 93 | 8.14 | 8.13 | 8.13 | 8.13 | 8.14 | 8.13 | 8.11 | 8.14 | 8.08 | 8.29 | 8.09 | 8.17 | 8.13 | 8.13 |
| 管理报告分析 | 89 | 7.77 | 7.82 | 7.87 | 7.77 | 7.85 | 7.76 | 7.77 | 7.81 | 7.75 | 7.93 | 7.82 | 7.77 | 7.86 | 7.62 |
| 税务管理 | 87 | 7.82 | 7.66 | 7.68 | 7.75 | 7.76 | 7.72 | 7.75 | 7.73 | 7.68 | 7.89 | 7.73 | 7.74 | 7.80 | 7.53 |
| 客户管理管理 | 87 | 7.71 | 7.58 | 7.54 | 7.66 | 7.56 | 7.68 | 7.49 | 7.71 | 7.65 | 7.60 | 7.75 | 7.52 | 7.68 | 7.53 |

续表

| 选项 | 样本(100%) | 企业规模 | | 所属行业 | | 单位类别 | | 经营地域 | | 年龄 | | 从事财务工作年限 | | 教育背景 | |
|---|---|---|---|---|---|---|---|---|---|---|---|---|---|---|---|
| | | 小规模企业 | 大规模企业 | 制造业 | 非制造业 | 非国有控股 | 国有控股 | 大城市 | 非大城市 | 小年龄组 | 大年龄组 | 任职年限短 | 任职年限长 | 非研究生 | 研究生 |
| 运营管理 | 88 | 7.76 | 7.60 | 7.61 | 7.69 | 7.73 | 7.63 | 7.56 | 7.73 | 7.66 | 7.71 | 7.71 | 7.63 | 7.76 | 7.42 |
| 项目管理 | 85 | 7.52 | 7.38 | 7.43 | 7.45 | 7.43 | 7.46 | 7.36 | 7.49 | 7.41 | 7.55 | 7.50 | 7.40 | 7.52 | 7.25 |
| 信息系统 | 87 | 7.74 | 7.72 | 7.73 | 7.73 | 7.67 | 7.77 | 7.77 | 7.71 | 7.63 | 8.00 | 7.62 | 7.84 | 7.76 | 7.65 |
| 人力资源 | 80 | 7.32 | 7.31 | 7.26 | 7.33 | 7.24 | 7.36 | 7.25 | 7.35 | 7.20 | 7.63 | 7.24 | 7.40 | 7.35 | 7.22 |
| 外语 | 50 | 6.11 | 5.94 | 5.88 | 6.06 | 5.89 | 6.11 | 6.15 | 5.96 | 6.07 | 5.90 | 6.23 | 5.81 | 6.08 | 5.86 |
| 经济相关法律 | 81 | 7.56 | 7.26 | 7.28 | 7.43 | 7.36 | 7.43 | 7.23 | 7.49 | 7.43 | 7.32 | 7.50 | 7.30 | 7.50 | 7.13 |

注：按照企业规模将样本划分为两类：1亿元以下为小规模企业，1亿元以上为大规模企业；按照行业将样本划分为制造业和非制造业两类；按照所有制结构将样本划分为国有控股和非国有控股公司两类，其中国有控股公司包括国有控股上市公司和非国有控股上市公司包括民营控股上市公司、民营控股非上市公司、外商投资企业及其他公司；按照经营地域将样本划分为大城市企业和非大城市企业；按照调查对象的年龄将样本划分为两类：年龄低于40岁的为年龄小的一组，年龄超过40岁的为年龄大的一组。按照调查对象的教育背景分为研究生以上学历（包括博士研究生和硕士研究生）和本科及以下学历两类，表中分别以研究生和非研究生作为分类。就某一选项而言，表中得分表示就某一选项作出回答的调查对象的平均得分，指标赋值采用五级打分模式，赋值9分，认为该因素重要，赋值7分，认为该因素较重要，赋值5分，认为该因素一般重要，赋值3分，认为该因素较不重要，赋值1分。样本一列表示认为某一选项为较重要或重要的调查对象占全部反馈该问题调查对象中的比例。

**表 3　在工作经验中，您如何评价如下各项对企业经营管理的重要性？**

| 选项 | 样本(100%) | 企业规模 | | 所属行业 | | 单位类别 | | 经营地域 | | 年龄 | | 从事财务工作年限 | | 教育背景 | |
|---|---|---|---|---|---|---|---|---|---|---|---|---|---|---|---|
| | | 小规模企业 | 大规模企业 | 制造业 | 非制造业 | 非国有控股 | 国有控股 | 大城市 | 非大城市 | 小年龄组 | 大年龄组 | 任职年限短 | 任职年限长 | 非研究生 | 研究生 |
| 企业熟悉程度 | 92 | 8.08 | 8.00 | 7.98 | 8.05 | 8.04 | 8.03 | 8.10 | 8.00 | 7.98 | 8.18 | 7.99 | 8.08 | 8.05 | 7.99 |
| 集团熟悉程度 | 85 | 7.59 | 7.64 | 7.53 | 7.64 | 7.57 | 7.65 | 7.56 | 7.64 | 7.59 | 7.69 | 7.60 | 7.63 | 7.66 | 7.48 |
| 行业熟悉程度 | 92 | 8.02 | 8.04 | 7.96 | 8.05 | 7.96 | 8.07 | 8.10 | 7.99 | 8.02 | 8.04 | 8.02 | 8.03 | 8.07 | 7.92 |
| 行业监管法规 | 90 | 7.98 | 7.72 | 7.59 | 7.91 | 7.77 | 7.89 | 7.83 | 7.85 | 7.82 | 7.89 | 7.87 | 7.81 | 7.88 | 7.73 |
| 技术发展熟悉 | 86 | 7.66 | 7.45 | 7.44 | 7.58 | 7.57 | 7.54 | 7.45 | 7.60 | 7.53 | 7.62 | 7.58 | 7.52 | 7.59 | 7.43 |
| 宏观经济熟悉 | 82 | 7.42 | 7.35 | 7.32 | 7.40 | 7.38 | 7.39 | 7.30 | 7.43 | 7.35 | 7.49 | 7.41 | 7.36 | 7.41 | 7.30 |
| 职业判断能力 | 94 | 8.17 | 8.12 | 8.16 | 8.14 | 8.13 | 8.16 | 8.20 | 8.12 | 8.08 | 8.31 | 8.08 | 8.21 | 8.15 | 8.12 |

注：按照企业规模将样本划分为两类：1亿元以下为小规模企业，1亿元以上为大规模企业，其中国有控股股份公司包括国有控股上市公司和非国有控股上市公司，按照所有制结构将样本划分国有控股股份公司和非国有控股股份公司，外商投资企业及其他公司，非国有控股公司包括民营控股非上市大城市企业和非大城市企业；按照调查对象的年龄将样本划分为两类：年龄低于40岁为年龄小的一组，年龄超过40岁为年龄大的一组；按照调查对象的教育背景分为研究生（包括博士研究生和硕士研究生）和本科及以下学历两类，表中分别以研究生和非研究生作为分类。就某一选项而言，表中得分表示就某一选项作出回答的调查对象中，该选项的平均得分，指标赋值采用五级打分模式，认为该因素非常重要，赋值9分，认为该因素较为重要，赋值7分，认为该因素一般重要，赋值5分，认为该因素较不重要，赋值3分，认为该因素不重要，赋值1分。样本一列表示认为某一选项较重要或非常重要的调查对象占全部反馈该问题调查对象中的比例。

表4 在战略思维中,您如何评价如下各项对企业经营管理的重要性?

| 选项 | 样本(100%) | 企业规模 | | 所属行业 | | 单位类别 | | 经营地域 | | 年龄 | | 从事财务工作年限 | | 教育背景 | |
|---|---|---|---|---|---|---|---|---|---|---|---|---|---|---|---|
| | | 小规模企业 | 大规模企业 | 制造业 | 非制造业 | 非国有控股 | 国有控股 | 大城市 | 非大城市 | 小年龄组 | 大年龄组 | 任职年限短 | 任职年限长 | 非研究生 | 研究生 |
| 分析能力 | 95 | 8.16 | 8.15 | 8.13 | 8.16 | 8.14 | 8.16 | 8.16 | 8.15 | 8.11 | 8.26 | 8.15 | 8.16 | 8.20 | 8.02 |
| 问题解决能力 | 97 | 8.43 | 8.52 | 8.50 | 8.47 | 8.56 | 8.43 | 8.50 | 8.47 | 8.42 | 8.64 | 8.41 | 8.55 | 8.50 | 8.41 |
| 领导能力 | 94 | 8.06 | 8.15 | 8.26 | 8.06 | 8.11 | 8.10 | 8.15 | 8.08 | 8.02 | 8.35 | 7.98 | 8.24 | 8.14 | 8.00 |
| 创新能力 | 90 | 7.85 | 7.83 | 7.77 | 7.86 | 7.85 | 7.83 | 7.84 | 7.83 | 7.80 | 7.93 | 7.81 | 7.87 | 7.86 | 7.78 |
| 决断能力 | 95 | 8.15 | 8.19 | 8.28 | 8.14 | 8.18 | 8.17 | 8.24 | 8.14 | 8.12 | 8.32 | 8.12 | 8.23 | 8.21 | 8.07 |
| 商业敏锐度 | 94 | 8.14 | 8.19 | 8.10 | 8.19 | 8.17 | 8.17 | 8.20 | 8.15 | 8.13 | 8.28 | 8.13 | 8.21 | 8.19 | 8.10 |

注:按照企业规模将样本划分为两类:1亿元以下为小规模企业,1亿元以上为大规模企业;按照行业将样本划分为制造业和非制造业两类;按照所有制结构将样本划分为国有控股公司和非国有控股公司两类,其中国有控股公司包括国有控股上市公司和国有控股非上市公司,非国有控股公司包括民营控股上市公司、民营控股非上市公司、外商投资企业及其他公司;按照企业经营地域将样本划分为大城市企业和非大城市企业;按照调查对象的教育背景将样本划分为研究生(包括博士研究生和硕士研究生)和非研究生两类,其中得分分别以研究生和非研究生作为分类。就某一选项而言,表中得分表示就某一选项作出回答的调查对象的平均得分,指标赋值采用五级打分模式,赋值9分,认为该因素最重要,赋值7分,认为该因素较重要,赋值5分,认为该因素一般重要,赋值3分,认为该因素不重要,赋值1分。样本一列表示认为某一选项较重要或重要的调查对象占全部反馈该问题调查对象中的比例。

表5 在人际能力中,您如何评价如下各项对企业经营管理的重要性?

| 选项 | 样本(100%) | 企业规模 | | 所属行业 | | 单位类别 | | 经营地域 | | 年龄 | | 从事财务工作年限 | | 教育背景 | |
|---|---|---|---|---|---|---|---|---|---|---|---|---|---|---|---|
| | | 小规模企业 | 大规模企业 | 制造业 | 非制造业 | 非国有控股 | 国有控股 | 大城市 | 非大城市 | 小年龄组 | 大年龄组 | 任职年限短 | 任职年限长 | 非研究生 | 研究生 |
| 沟通能力 | 98 | 8.38 | 8.39 | 8.49 | 8.36 | 8.41 | 8.37 | 8.42 | 8.37 | 8.34 | 8.51 | 8.34 | 8.43 | 8.41 | 8.34 |
| 团队建设能力 | 95 | 8.05 | 8.16 | 8.19 | 8.08 | 8.12 | 8.10 | 8.06 | 8.13 | 8.01 | 8.36 | 7.99 | 8.23 | 8.14 | 8.03 |
| 学习能力 | 95 | 8.17 | 8.02 | 8.16 | 8.07 | 8.12 | 8.06 | 7.98 | 8.14 | 8.04 | 8.23 | 8.07 | 8.10 | 8.11 | 8.03 |
| 影响力 | 91 | 7.79 | 7.85 | 7.84 | 7.82 | 7.77 | 7.86 | 7.87 | 7.80 | 7.79 | 7.92 | 7.73 | 7.91 | 7.84 | 7.77 |
| 客户关系维度 | 88 | 7.76 | 7.53 | 7.44 | 7.69 | 7.58 | 7.67 | 7.54 | 7.69 | 7.61 | 7.72 | 7.68 | 7.59 | 7.67 | 7.53 |
| 谈判能力 | 92 | 7.93 | 7.92 | 7.86 | 7.94 | 7.90 | 7.94 | 7.80 | 7.99 | 7.89 | 8.02 | 7.93 | 7.92 | 7.97 | 7.79 |

注:按照企业规模将样本划分为两类:1亿元以下为小规模企业,1亿元以上为大规模企业;按照行业将样本划分为制造业和非制造业两类;按照所有制结构将样本划分国有控股和非国有控股两类,其中国有控股包括国有控股上市公司和国有控股非上市公司和非国有控股包括民营控股上市公司、民营控股非上市公司、外商投资企业及其他企业;按照企业经营地域将样本划分为大城市和非大城市企业;按照调查对象的年龄将样本划分为两类:年龄低于40岁以下为年龄小的一组,年龄超过40岁为年龄大的一组;按照调查对象的教育背景分为研究生(包括博士研究生和硕士研究生)和本科及以下学历两类,表中分别以研究生和非研究生作为分类。就某一选项而言,表中得分表示就某一选项作出回答的调查对象中,该选项的平均得分,指标赋值采用五级打分模式,认为该因素很重要,赋值9分,认为该因素较重要,赋值7分,认为该因素一般重要,赋值5分,认为该因素较不重要,赋值3分,认为该因素不重要,赋值1分。样本一列表示认为某一选项很重要或重要的调查对象占全部反馈该问题调查对象中的比例。

**表 6 在职业道德中，您如何评价如下各项对企业经营管理的重要性？**

| 选项 | 样本(100%) | 企业规模 | | 所属行业 | | 单位类别 | | 经营地域 | | 年龄 | | 从事财务工作年限 | | 教育背景 | |
|---|---|---|---|---|---|---|---|---|---|---|---|---|---|---|---|
| | | 小规模企业 | 大规模企业 | 制造业 | 非制造业 | 非国有控股 | 国有控股 | 大城市 | 非大城市 | 小年龄组 | 大年龄组 | 任职年限短 | 任职年限长 | 非研究生 | 研究生 |
| 诚实守信 | 96 | 8.51 | 8.54 | 8.61 | 8.50 | 8.45 | 8.57 | 8.55 | 8.51 | 8.47 | 8.66 | 8.42 | 8.63 | 8.54 | 8.47 |
| 遵守法律 | 96 | 8.44 | 8.45 | 8.59 | 8.40 | 8.40 | 8.47 | 8.44 | 8.45 | 8.38 | 8.61 | 8.39 | 8.50 | 8.48 | 8.34 |
| 满足监管要求 | 91 | 7.99 | 7.95 | 8.12 | 7.93 | 7.94 | 7.99 | 7.97 | 7.97 | 7.98 | 7.94 | 7.95 | 7.99 | 7.99 | 7.90 |
| 维护公司利益 | 94 | 8.12 | 8.10 | 8.12 | 8.10 | 8.12 | 8.10 | 8.07 | 8.13 | 8.06 | 8.24 | 8.03 | 8.19 | 8.16 | 7.97 |
| 支持公司价值实现 | 91 | 8.03 | 7.99 | 8.01 | 8.01 | 8.04 | 8.00 | 8.06 | 7.99 | 7.97 | 8.14 | 7.90 | 8.13 | 8.01 | 8.01 |
| 信息保密 | 94 | 8.36 | 8.29 | 8.37 | 8.31 | 8.36 | 8.31 | 8.32 | 8.33 | 8.35 | 8.27 | 8.34 | 8.31 | 8.37 | 8.21 |
| 积极工作 | 92 | 8.11 | 8.00 | 8.03 | 8.06 | 8.06 | 8.05 | 7.87 | 8.14 | 8.02 | 8.14 | 8.03 | 8.07 | 8.12 | 7.85 |

注：按照企业规模将样本划分为两类：1亿元以下为小规模企业，1亿元以上为大规模企业；按照所有制结构将样本划分为国有控股公司和非国有控股公司两类，其中国有控股公司包括国有控股上市公司和国有控股非上市公司，非国有控股公司包括民营控股上市公司、民营控股非上市公司、外商投资企业及其他企业；按照行业将样本划分为制造业和非制造业两类；按照经营地域将样本划分为大城市企业和非大城市企业；按照调查对象的年龄将样本划分为两组：年龄低于40岁的为年龄小的一组，年龄超过40岁的为年龄大的一组；按照调查对象的教育背景分为研究生以上学历（包括博士研究生和硕士研究生）和本科及以下学历两类，表中分别以研究生和非研究生作为分类。就某一选项而言，表中得分表示就某一选项做出回答的调查对象中，该选项的平均得分，指标赋值采用五级打分模式，认为该因素重要，赋值9分，认为该因素较重要，赋值7分，认为该因素一般重要，赋值5分，认为该因素较不重要，赋值3分，认为该因素不重要，赋值1分。样本一列表示为某一选项认为较重要或重要的调查对象占全部反馈该问题调查对象中的比例。

表 7　请您对自己在能力和道德中需要改进的方面进行评价？

| 选项 | 样本(100%) | 企业规模 | | 所属行业 | | 单位类别 | | 经营地域 | | 年龄 | | 从事财务工作年限 | | 教育背景 | |
|---|---|---|---|---|---|---|---|---|---|---|---|---|---|---|---|
| | | 小规模企业 | 大规模企业 | 制造业 | 非制造业 | 非国有控股 | 国有控股 | 大城市 | 非大城市 | 小年龄组 | 大年龄组 | 任职年限短 | 任职年限长 | 非研究生 | 研究生 |
| 知识 | 86 | 7.88 | 7.60 | 7.58 | 7.78 | 7.76 | 7.72 | 7.57 | 7.82 | 7.74 | 7.71 | 7.79 | 7.67 | 7.82 | 7.48 |
| 行业经验 | 84 | 7.71 | 7.46 | 7.52 | 7.59 | 7.68 | 7.51 | 7.51 | 7.61 | 7.64 | 7.40 | 7.71 | 7.43 | 7.59 | 7.53 |
| 战略思维 | 88 | 7.98 | 7.96 | 8.03 | 7.95 | 7.93 | 7.99 | 7.94 | 7.98 | 7.97 | 7.98 | 7.96 | 7.98 | 8.00 | 7.88 |
| 人际能力 | 85 | 7.68 | 7.64 | 7.61 | 7.67 | 7.69 | 7.64 | 7.54 | 7.72 | 7.70 | 7.55 | 7.69 | 7.63 | 7.70 | 7.53 |
| 职业道德 | 76 | 7.57 | 7.13 | 7.27 | 7.35 | 7.26 | 7.38 | 7.11 | 7.45 | 7.32 | 7.38 | 7.38 | 7.29 | 7.44 | 7.03 |

注：按照企业规模将样本划分为两类：1亿元以下为小规模企业，1亿元以上为大规模企业，其中国有控股股份公司和非国有控股上市公司包括民营控股上市公司、民营控股非上市公司、外商投资企业及其他企业，按照所有制将样本划分为制造业和非制造业两类；按照行业将样本划分为制造业和非制造业两类；按照所有制将样本划分为国有控股公司和非国有控股公司，非国有控股股份公司包括民营控股上市公司、民营控股非上市公司、外商投资企业及其他企业；按照企业经营地域将样本划分为大城市和非大城市企业；按照调查对象的年龄将样本划分为两类：年龄低于40岁的为年龄小的一组，年龄超过40岁的为年龄大的一组；按照调查对象的教育背景分为研究生（包括博士研究生和硕士研究生）和本科及以下学历两类，表中分别以研究生和非研究生作为分类。就某一选项，表中得分表示该选项作出回答的调查对象中，该选项的平均得分，指标赋值采用五级打分模式，认为该因素重要，赋值9分，认为该因素较重要，赋值7分，认为该因素一般重要，赋值5分，认为该因素较不重要，赋值3分，认为该因素不重要，赋值1分。样本一列表示为某一选项认为该选项重要或较重要的调查对象占全部反馈该问题调查对象中的比例。

表 8　你的工作时间用在与哪些对象打交道？

| 选项 | 样本(100%) | 企业规模 | | 所属行业 | | 单位类别 | | 经营地域 | | 年龄 | | 从事财务工作年限 | | 教育背景 | |
|---|---|---|---|---|---|---|---|---|---|---|---|---|---|---|---|
| | | 小规模企业 | 大规模企业 | 制造业 | 非制造业 | 非国有控股 | 国有控股 | 大城市 | 非大城市 | 小年龄组 | 大年龄组 | 任职年限短 | 任职年限长 | 非研究生 | 研究生 |
| 银行 | 49 | 6.20 | 5.48 | 5.11 | 6.01 | 5.94 | 5.73 | 5.54 | 5.96 | 5.80 | 5.85 | 5.79 | 5.84 | 5.84 | 5.74 |
| 税务 | 58 | 6.76 | 5.81 | 5.69 | 6.41 | 6.53 | 6.08 | 5.98 | 6.40 | 6.20 | 6.39 | 6.27 | 6.24 | 6.40 | 5.84 |
| 政府监管机构 | 50 | 6.10 | 5.71 | 5.40 | 6.03 | 5.94 | 5.86 | 5.68 | 6.00 | 5.87 | 5.96 | 5.86 | 5.92 | 5.86 | 5.98 |
| 企业高管人员 | 81 | 7.34 | 7.62 | 7.56 | 7.47 | 7.69 | 7.36 | 7.55 | 7.45 | 7.36 | 7.85 | 7.11 | 7.88 | 7.50 | 7.45 |
| 财务部门同事 | 87 | 7.75 | 7.95 | 7.88 | 7.85 | 7.93 | 7.81 | 7.95 | 7.81 | 7.86 | 7.84 | 7.79 | 7.92 | 7.90 | 7.73 |
| 集团财务部门 | 76 | 7.05 | 7.45 | 7.23 | 7.27 | 7.46 | 7.13 | 7.29 | 7.25 | 7.27 | 7.24 | 7.13 | 7.39 | 7.30 | 7.16 |
| 其他部门 | 77 | 7.26 | 7.31 | 7.50 | 7.23 | 7.36 | 7.24 | 7.53 | 7.16 | 7.37 | 7.07 | 7.26 | 7.31 | 7.32 | 7.20 |

注：按照企业规模将样本划分为两类：1 亿元以下为小规模企业，1 亿元以上为大规模企业；按照所有制结构将样本划分国有控股公司和非国有控股公司，其中国有控股公司包括国有控股上市公司和非国有控股上市公司、民营控股非上市公司，外商投资企业及其他企业；按照企业经营地域将样本划分为大城市企业和非大城市企业；按照调查对象的年龄将样本划分为制造业和非制造业两类；按照行业将样本划分制造业和非制造业两类；按照调查对象的年龄将样本划分为两类，年龄低于 40 岁的为年龄小的一组，年龄超过 40 岁的为年龄大的一组；按照调查对象的教育背景分为研究生（包括硕士研究生和博士研究生）和本科及以下学历两类，表中分别以研究生作为分类。选项某一选项分表示就某一选项作出回答的调查对象中，该选项的平均得分，指标赋值采用五级打分模式，认为该因素较重要，赋值 9 分，认为该因素较重要，赋值 7 分，认为该因素一般重要，赋值 5 分，认为该因素 3 分，认为该因素不重要，赋值 1 分。样本一列表示为某认为该项反馈该问题调查对象占全部调查对象中的比例。

## 表9 您如何评价下列企业外部因素对财务作用的影响程度?

| 选项 | 样本(100%) | 企业规模 | | 所属行业 | | 单位类别 | | 经营地域 | | 年龄 | | 从事财务工作年限 | | 教育背景 | |
|---|---|---|---|---|---|---|---|---|---|---|---|---|---|---|---|
| | | 小规模企业 | 大规模企业 | 制造业 | 非制造业 | 非国有控股 | 国有控股 | 大城市 | 非大城市 | 小年龄组 | 大年龄组 | 任职年限短 | 任职年限长 | 非研究生 | 研究生 |
| 经济全球化 | 75 | 7.26 | 7.07 | 7.14 | 7.16 | 7.14 | 7.17 | 7.14 | 7.17 | 7.16 | 7.15 | 7.21 | 7.11 | 7.20 | 7.03 |
| 市场竞争加剧 | 88 | 7.81 | 7.72 | 7.89 | 7.72 | 7.77 | 7.76 | 7.78 | 7.75 | 7.73 | 7.85 | 7.74 | 7.78 | 7.82 | 7.60 |
| 信息技术发展 | 91 | 7.98 | 8.00 | 8.04 | 7.98 | 8.01 | 7.98 | 8.05 | 7.96 | 7.97 | 8.06 | 7.96 | 8.02 | 7.99 | 7.98 |
| 客户需求变化 | 85 | 7.85 | 7.47 | 7.64 | 7.65 | 7.66 | 7.64 | 7.71 | 7.61 | 7.62 | 7.72 | 7.70 | 7.59 | 7.67 | 7.57 |
| 股东和债权人的要求 | 74 | 7.29 | 6.93 | 7.00 | 7.12 | 7.23 | 7.01 | 7.13 | 7.07 | 7.11 | 7.04 | 7.15 | 7.04 | 7.12 | 7.01 |
| 监管部分要求 | 81 | 7.48 | 7.36 | 7.23 | 7.47 | 7.51 | 7.36 | 7.51 | 7.37 | 7.42 | 7.40 | 7.43 | 7.40 | 7.42 | 7.41 |

注:按照企业规模将样本划分为两类:1亿元以下为小规模企业,1亿元以上为大规模企业,其中国有控股非上市公司和非国有控股公司包括国有控股非上市公司和民营控股上市公司;按照行业将样本划分制造业和非制造业两类;按照所有制结构将样本划分国有控股和非国有控股两类,非国有控股公司包括民营控股上市公司、民营控股非上市公司、外商投资企业及其他企业;按照企业经营地域将样本划分为大城市企业和非大城市企业,按照调查对象的年龄将样本划分为两类:年龄低于40岁的为年龄小的一组,年龄超过40岁的为年龄大的一组;按照调查对象的教育背景分为研究生和非研究生(包括博士研究生和硕士研究生)和本科及以下学历两类,表中分别以研究生和非研究生作为分类。就某一选项而言,表中得分为该选项就某一选项作出回答的调查对象中,该选项的平均得分,指标赋值采用五级打分模式,认为该因素较重要,赋值9分,认为该因素重要,赋值7分,认为该因素一般重要,赋值5分,认为该因素不重要,赋值3分,认为该因素不重要,赋值1分。样本一列表示认为某一选项较重要或重要的调查对象占全部反馈该问题调查对象中的比例。

表 10 您如何评价下列企业内部因素对财务部门工作效果的影响程度？

| 选项 | 样本(100%) | 企业规模 | | 所属行业 | | 单位类别 | | 经营地域 | | 年龄 | | 从事财务工作年限 | | 教育背景 | |
|---|---|---|---|---|---|---|---|---|---|---|---|---|---|---|---|
| | | 小规模企业 | 大规模企业 | 制造业 | 非制造业 | 非国有控股 | 国有控股 | 大城市 | 非大城市 | 小年龄组 | 大年龄组 | 任职年限短 | 任职年限长 | 非研究生 | 研究生 |
| 监管层的重视程度 | 95 | 8.22 | 8.36 | 8.40 | 8.27 | 8.26 | 8.32 | 8.32 | 8.28 | 8.23 | 8.46 | 8.12 | 8.47 | 8.32 | 8.22 |
| 公司信息化水平 | 91 | 7.81 | 7.94 | 8.03 | 7.84 | 7.92 | 7.86 | 7.98 | 7.83 | 7.83 | 8.02 | 7.83 | 7.94 | 7.91 | 7.80 |
| 员工素质 | 87 | 7.71 | 7.46 | 7.58 | 7.57 | 7.55 | 7.59 | 7.52 | 7.60 | 7.55 | 7.64 | 7.58 | 7.57 | 7.62 | 7.44 |
| 公司文化 | 78 | 7.31 | 7.19 | 7.18 | 7.26 | 7.15 | 7.31 | 7.11 | 7.32 | 7.24 | 7.27 | 7.20 | 7.30 | 7.28 | 7.14 |
| 公司财务融合程度 | 91 | 7.95 | 7.96 | 7.93 | 7.96 | 7.97 | 7.94 | 8.04 | 7.91 | 7.91 | 8.06 | 7.91 | 8.00 | 7.96 | 7.92 |
| 公司决策机制 | 89 | 7.88 | 7.81 | 7.82 | 7.86 | 7.83 | 7.86 | 7.83 | 7.85 | 7.82 | 7.93 | 7.84 | 7.85 | 7.83 | 7.89 |
| 业务部门配合 | 91 | 7.89 | 7.72 | 7.84 | 7.79 | 7.74 | 7.84 | 7.75 | 7.83 | 7.83 | 7.72 | 7.89 | 7.72 | 7.85 | 7.66 |
| 财务职能转变 | 90 | 7.93 | 7.84 | 8.01 | 7.85 | 7.86 | 7.90 | 7.81 | 7.92 | 7.86 | 7.94 | 7.83 | 7.94 | 7.93 | 7.75 |
| 公司商业模式 | 83 | 7.67 | 7.25 | 7.30 | 7.49 | 7.46 | 7.43 | 7.43 | 7.45 | 7.43 | 7.49 | 7.52 | 7.37 | 7.49 | 7.32 |

注：按照企业规模将样本划分为两类：1 亿元以下为小规模企业，1 亿元以上为大规模企业；按照行业将样本划分为制造业和非制造业两类；按照所有制结构将样本划分国有控股公司和非国有控股公司，其中国有控股公司包括国有控股上市公司和国有控股非上市公司，非国有控股公司包括民营控股上市公司、民营控股非上市公司、外商投资企业及其他企业；按照企业经营地域将样本划分为大城市企业和非大城市企业；按照调查对象的年龄将样本划分为两类：年龄低于 40 岁的为年龄小的一组，年龄超过 40 岁的为年龄大的一组；按照调查对象的教育背景分为研究生（包括博士研究生和硕士研究生）和本科及以下学历两类，表中得分为表示就某一选项作出回答的调查对象中，该选项的平均得分，指标赋值采用五级打分模式，赋值 9 分，认为该因素非常重要，赋值 7 分，认为该因素较重要，赋值 5 分，一般重要，赋值 3 分，认为该因素不重要，赋值 1 分。样本一列表示认为某一选项较重要或重要的调查对象占全部反馈问题调查对象中的比例。

表 11 在未来五年，下列知识对于你学习的重要程度？

| 选项 | 样本(100%) | 企业规模 | | 所属行业 | | 单位类别 | | 经营地域 | | 年龄 | | 从事财务工作年限 | | 教育背景 | |
|---|---|---|---|---|---|---|---|---|---|---|---|---|---|---|---|
| | | 小规模企业 | 大规模企业 | 制造业 | 非制造业 | 非国有控股 | 国有控股 | 大城市 | 非大城市 | 小年龄组 | 大年龄组 | 任职年限短 | 任职年限长 | 非研究生 | 研究生 |
| 会计准则 | 74 | 7.43 | 6.99 | 6.90 | 7.28 | 7.28 | 7.15 | 7.05 | 7.27 | 7.18 | 7.23 | 7.29 | 7.10 | 7.27 | 6.98 |
| 财务分析 | 93 | 8.24 | 8.08 | 8.17 | 8.15 | 8.20 | 8.13 | 8.09 | 8.19 | 8.17 | 8.11 | 8.27 | 8.04 | 8.23 | 7.95 |
| 数据分析 | 95 | 8.29 | 8.33 | 8.45 | 8.28 | 8.31 | 8.31 | 8.26 | 8.34 | 8.30 | 8.36 | 8.36 | 8.27 | 8.32 | 8.29 |
| 资产管理 | 76 | 7.43 | 7.00 | 6.91 | 7.28 | 7.12 | 7.25 | 7.05 | 7.28 | 7.18 | 7.25 | 7.30 | 7.10 | 7.25 | 7.06 |
| 兼并收购 | 68 | 6.89 | 6.84 | 6.64 | 6.92 | 6.93 | 6.82 | 6.99 | 6.79 | 6.79 | 7.07 | 6.66 | 7.07 | 6.85 | 6.91 |
| 投融资管理 | 77 | 7.36 | 7.24 | 6.99 | 7.38 | 7.31 | 7.29 | 7.30 | 7.29 | 7.24 | 7.46 | 7.17 | 7.43 | 7.29 | 7.31 |
| 资本运营 | 80 | 7.53 | 7.32 | 7.07 | 7.52 | 7.46 | 7.39 | 7.42 | 7.42 | 7.36 | 7.59 | 7.30 | 7.54 | 7.47 | 7.28 |
| 绩效管理 | 85 | 7.71 | 7.50 | 7.55 | 7.61 | 7.60 | 7.60 | 7.48 | 7.66 | 7.53 | 7.78 | 7.59 | 7.61 | 7.69 | 7.34 |
| 成本管理 | 84 | 7.83 | 7.57 | 7.84 | 7.65 | 7.79 | 7.63 | 7.53 | 7.77 | 7.65 | 7.80 | 7.78 | 7.60 | 7.84 | 7.26 |
| 预算管理 | 87 | 7.98 | 7.67 | 7.84 | 7.80 | 7.83 | 7.80 | 7.79 | 7.82 | 7.78 | 7.89 | 7.81 | 7.82 | 7.92 | 7.51 |
| 风险管理 | 89 | 8.09 | 7.82 | 7.82 | 7.98 | 8.02 | 7.90 | 8.00 | 7.92 | 7.89 | 8.10 | 7.89 | 8.00 | 7.97 | 7.87 |
| 公司治理 | 79 | 7.51 | 7.21 | 7.15 | 7.41 | 7.38 | 7.33 | 7.32 | 7.37 | 7.30 | 7.50 | 7.29 | 7.42 | 7.33 | 7.41 |
| 战略管理 | 85 | 7.76 | 7.67 | 7.59 | 7.75 | 7.78 | 7.67 | 7.84 | 7.65 | 7.65 | 7.89 | 7.65 | 7.78 | 7.70 | 7.74 |
| 管理报告分析 | 91 | 8.01 | 7.88 | 7.87 | 7.96 | 7.94 | 7.93 | 7.92 | 7.95 | 7.91 | 8.02 | 7.95 | 7.93 | 7.99 | 7.79 |
| 税务管理 | 80 | 7.80 | 7.04 | 6.95 | 7.52 | 7.50 | 7.33 | 7.22 | 7.48 | 7.38 | 7.43 | 7.44 | 7.35 | 7.54 | 6.96 |
| 客户关系管理 | 72 | 7.23 | 6.72 | 6.58 | 7.06 | 6.93 | 6.97 | 6.74 | 7.07 | 6.97 | 6.92 | 7.03 | 6.88 | 6.98 | 6.88 |
| 营运管理 | 79 | 7.48 | 7.16 | 7.25 | 7.32 | 7.36 | 7.27 | 7.17 | 7.38 | 7.27 | 7.40 | 7.34 | 7.28 | 7.37 | 7.12 |
| 项目管理 | 76 | 7.35 | 6.96 | 7.11 | 7.15 | 7.07 | 7.19 | 7.07 | 7.18 | 7.10 | 7.25 | 7.24 | 7.04 | 7.17 | 7.06 |

续表

| 选项 | 样本(100%) | 企业规模 | | 所属行业 | | 单位类别 | | 经营地域 | | 年龄 | | 从事财务工作年限 | | 教育背景 | |
|---|---|---|---|---|---|---|---|---|---|---|---|---|---|---|---|
| | | 小规模企业 | 大规模企业 | 制造业 | 非制造业 | 非国有控股 | 国有控股 | 大城市 | 非大城市 | 小年龄组 | 大年龄组 | 任职年限短 | 任职年限长 | 非研究生 | 研究生 |
| 信息系统 | 83 | 7.72 | 7.43 | 7.65 | 7.54 | 7.56 | 7.57 | 7.53 | 7.58 | 7.49 | 7.77 | 7.48 | 7.65 | 7.59 | 7.49 |
| 人力资源 | 69 | 7.06 | 6.66 | 6.71 | 6.89 | 6.88 | 6.82 | 6.67 | 6.94 | 6.75 | 7.13 | 6.85 | 6.84 | 6.87 | 6.77 |
| 外语 | 53 | 6.22 | 5.84 | 5.88 | 6.06 | 5.83 | 6.14 | 6.19 | 5.93 | 6.11 | 5.76 | 6.36 | 5.67 | 5.99 | 6.09 |
| 经济相关法律 | 78 | 7.62 | 7.10 | 7.11 | 7.40 | 7.28 | 7.38 | 7.22 | 7.41 | 7.40 | 7.18 | 7.52 | 7.16 | 7.40 | 7.18 |

注：按照企业规模将样本划分为国有控股公司和非国有控股公司两类：1亿元以下为小规模企业，1亿元以上为大规模企业；按照所有制结构将样本划分为国有控股公司和非国有控股公司两类，其中国有控股公司包括国有控股股份上市公司和非国有控股股份上市公司，非国有控股股份上市公司包括民营控股股份上市公司、外商投资企业及其他企业；按照经营企业经营地域将样本划分为大城市和非大城市企业；按照行业将样本划分为制造业和非制造业两类；按照调查对象的年龄将样本划分为两类：年龄低于40岁的为年龄小的一组，年龄超过40岁的为年龄大的一组；按照调查对象的教育背景分为研究生以上学历（包括博士研究生和硕士研究生）和本科及以下学历两种模式，表中分别以研究生和非研究生作为分类。就某一选项而言，表中得分表示就某一选项作出回答的调查对象中，该选项的平均得分，指标赋值采用五级打分模式，赋值9分，认为该因素重要或重要，赋值7分，认为该因素较重要，赋值5分，认为该因素一般重要，赋值3分，认为该因素较不重要，赋值1分。样本一列表示认为某一选项认为该因素重要或重要的调查对象占全部反馈该问题调查对象中的比例。

## 附录二：描述性统计

**表12　您所在企业对下列管理会计工具的使用情况？**

| 选项 | 样本(100%) | 企业规模 | | 所属行业 | | 单位类别 | | 经营地域 | | 年龄 | | 从事财务工作年限 | | 教育背景 | |
|---|---|---|---|---|---|---|---|---|---|---|---|---|---|---|---|
| | | 小规模企业 | 大规模企业 | 制造业 | 非制造业 | 非国有控股 | 国有控股 | 大城市 | 非大城市 | 小年龄组 | 大年龄组 | 任职年限短 | 任职年限长 | 非研究生 | 研究生 |
| 战略规划 | 86 | 3.10 | 3.25 | 3.18 | 3.18 | 3.15 | 3.20 | 3.23 | 3.15 | 3.15 | 3.25 | 3.15 | 3.21 | 3.09 | 3.42 |
| 全面预算 | 90 | 3.16 | 3.61 | 3.38 | 3.40 | 3.28 | 3.47 | 3.48 | 3.36 | 3.34 | 3.55 | 3.25 | 3.55 | 3.34 | 3.57 |
| 滚动预算 | 58 | 2.57 | 3.00 | 2.99 | 2.75 | 2.75 | 2.83 | 2.93 | 2.73 | 2.80 | 2.79 | 2.72 | 2.89 | 2.68 | 3.16 |
| 弹性预算 | 56 | 2.69 | 2.77 | 2.74 | 2.73 | 2.68 | 2.77 | 2.73 | 2.74 | 2.73 | 2.76 | 2.74 | 2.73 | 2.69 | 2.85 |
| 零基预算 | 58 | 2.44 | 2.45 | 2.37 | 2.47 | 2.41 | 2.47 | 2.50 | 2.42 | 2.37 | 2.65 | 2.37 | 2.53 | 2.36 | 2.71 |
| 作业预算 | 54 | 2.32 | 2.17 | 2.35 | 2.21 | 2.26 | 2.23 | 2.16 | 2.29 | 2.29 | 2.11 | 2.41 | 2.08 | 2.23 | 2.28 |
| 传统成本预算 | 68 | 2.89 | 2.97 | 3.05 | 2.90 | 2.94 | 2.92 | 2.73 | 3.04 | 2.84 | 3.18 | 2.86 | 3.00 | 2.92 | 2.97 |
| 标准成本管理 | 68 | 2.70 | 2.80 | 3.15 | 2.64 | 2.78 | 2.73 | 2.70 | 2.78 | 2.73 | 2.81 | 2.81 | 2.69 | 2.72 | 2.85 |
| 变动成本法 | 64 | 2.61 | 2.69 | 2.88 | 2.59 | 2.69 | 2.63 | 2.51 | 2.73 | 2.63 | 2.73 | 2.62 | 2.68 | 2.62 | 2.73 |
| 作业成本法 | 53 | 2.34 | 2.21 | 2.45 | 2.22 | 2.31 | 2.25 | 2.24 | 2.29 | 2.32 | 2.13 | 2.44 | 2.09 | 2.23 | 2.38 |
| 目标成本法 | 59 | 2.39 | 2.53 | 2.50 | 2.45 | 2.53 | 2.42 | 2.34 | 2.53 | 2.41 | 2.62 | 2.40 | 2.53 | 2.38 | 2.70 |
| 量本利分析 | 76 | 3.04 | 3.03 | 3.23 | 2.98 | 3.29 | 2.88 | 2.91 | 3.10 | 3.00 | 3.13 | 3.00 | 3.07 | 2.98 | 3.19 |
| 边际分析 | 76 | 3.03 | 2.95 | 3.23 | 2.92 | 3.11 | 2.91 | 2.92 | 3.02 | 2.98 | 3.00 | 3.00 | 2.97 | 2.94 | 3.11 |
| 敏感性分析 | 73 | 2.74 | 2.88 | 2.89 | 2.79 | 2.91 | 2.75 | 2.79 | 2.82 | 2.80 | 2.86 | 2.83 | 2.80 | 2.68 | 3.18 |
| 标杆管理 | 71 | 2.72 | 2.78 | 2.74 | 2.75 | 2.74 | 2.76 | 2.64 | 2.81 | 2.74 | 2.79 | 2.75 | 2.75 | 2.68 | 2.96 |
| 贴现现金流法 | 61 | 2.45 | 2.48 | 2.39 | 2.49 | 2.55 | 2.41 | 2.45 | 2.47 | 2.46 | 2.47 | 2.57 | 2.36 | 2.39 | 2.70 |
| 项目管理 | 83 | 3.08 | 3.35 | 3.16 | 3.24 | 3.18 | 3.25 | 3.34 | 3.16 | 3.19 | 3.30 | 3.15 | 3.29 | 3.16 | 3.40 |
| 资本成本分析 | 81 | 2.99 | 3.23 | 3.12 | 3.12 | 3.14 | 3.11 | 3.12 | 3.12 | 3.07 | 3.27 | 3.06 | 3.19 | 3.04 | 3.35 |

续表

| 选项 | 样本(100%) | 企业规模 | | 所属行业 | | 单位类别 | | 经营地域 | | 年龄 | | 从事财务工作年限 | | 教育背景 | |
|---|---|---|---|---|---|---|---|---|---|---|---|---|---|---|---|
| | | 小规模企业 | 大规模企业 | 制造业 | 非制造业 | 非国有控股 | 国有控股 | 大城市 | 非大城市 | 小年龄组 | 大年龄组 | 任职年限短 | 任职年限长 | 非研究生 | 研究生 |
| 情景分析 | 65 | 2.55 | 2.51 | 2.46 | 2.55 | 2.57 | 2.51 | 2.54 | 2.53 | 2.54 | 2.51 | 2.59 | 2.47 | 2.46 | 2.73 |
| 约束资源优化 | 61 | 2.39 | 2.36 | 2.38 | 2.37 | 2.37 | 2.37 | 2.30 | 2.41 | 2.39 | 2.32 | 2.44 | 2.31 | 2.29 | 2.61 |
| 关键业绩指标 | 83 | 3.04 | 3.27 | 3.28 | 3.14 | 3.20 | 3.15 | 3.14 | 3.18 | 3.12 | 3.30 | 3.11 | 3.23 | 3.10 | 3.36 |
| 经济增加值法 | 60 | 2.42 | 2.46 | 2.33 | 2.47 | 2.33 | 2.52 | 2.27 | 2.53 | 2.47 | 2.38 | 2.45 | 2.43 | 2.37 | 2.65 |
| 平衡计分卡 | 61 | 2.49 | 2.44 | 2.41 | 2.48 | 2.51 | 2.43 | 2.35 | 2.52 | 2.49 | 2.38 | 2.50 | 2.42 | 2.45 | 2.50 |
| 360度绩效评价 | 60 | 2.30 | 2.49 | 2.34 | 2.42 | 2.44 | 2.38 | 2.44 | 2.38 | 2.36 | 2.51 | 2.35 | 2.45 | 2.37 | 2.50 |
| 股权激励 | 63 | 2.45 | 2.51 | 2.33 | 2.53 | 2.76 | 2.31 | 2.56 | 2.44 | 2.55 | 2.31 | 2.55 | 2.41 | 2.44 | 2.59 |
| 内部控制 | 95 | 3.54 | 3.77 | 3.75 | 3.64 | 3.69 | 3.65 | 3.70 | 3.64 | 3.61 | 3.81 | 3.57 | 3.76 | 3.62 | 3.79 |

注：按照企业规模将样本划分为两类：1亿元以下为小规模企业，1亿元以上为大规模企业；按照行业将样本划分为制造业和非制造业两类；按照所有制结构将样本划分为国有控股上市公司和非国有控股上市公司，其中国有控股上市公司包括国有控股上市公司和国有控股非上市公司，非国有控股上市公司包括民营控股上市公司、民营控股非上市公司、外商投资企业及其他企业；按照企业经营地域将样本划分为大城市企业和非大城市企业；按照调查对象的年龄将样本划分为两类：年龄低于40岁的为年龄小的一组，年龄超过40岁的为年龄大的一组；按照调查对象的教育背景分为研究生（包括博士研究生和硕士研究生）和本科及以下学历两类，表中分别以研究生和非研究生作为分类。就某一选项表示就某一选项作出回答的调查对象中，该选项的平均得分，指标赋值采用五级打分模式，认为该因素较重要，赋值9分，认为该因素较重要，赋值7分，认为该因素一般重要，赋值5分，认为该因素不重要，赋值3分，认为该因素不重要，赋值1分。样本一列表示认为某一选项为该问题反馈问题的调查对象占全部反馈问题的调查对象中的比例。

表 13　您个人现在的专业知识和将来的专业知识?

| 选项 | 样本(100%) | 企业规模 | | 所属行业 | | 单位类别 | | 经营地域 | | 年龄 | | 从事财务工作年限 | | 教育背景 | |
|---|---|---|---|---|---|---|---|---|---|---|---|---|---|---|---|
| | | 小规模企业 | 大规模企业 | 制造业 | 非制造业 | 非国有控股 | 国有控股 | 大城市 | 非大城市 | 小年龄组 | 大年龄组 | 任职年限短 | 任职年限长 | 非研究生 | 研究生 |
| 战略规划 | 93 | 2.31 | 2.33 | 2.29 | 2.33 | 2.35 | 2.30 | 2.35 | 2.30 | 2.29 | 2.45 | 2.24 | 2.43 | 2.28 | 2.47 |
| 全面预算 | 95 | 2.53 | 2.70 | 2.69 | 2.59 | 2.65 | 2.59 | 2.67 | 2.58 | 2.57 | 2.77 | 2.45 | 2.84 | 2.58 | 2.73 |
| 滚动预算 | 93 | 2.53 | 2.65 | 2.66 | 2.57 | 2.65 | 2.55 | 2.68 | 2.54 | 2.55 | 2.76 | 2.44 | 2.80 | 2.56 | 2.70 |
| 弹性预算 | 93 | 2.58 | 2.65 | 2.69 | 2.59 | 2.68 | 2.57 | 2.66 | 2.59 | 2.58 | 2.77 | 2.49 | 2.79 | 2.59 | 2.70 |
| 零基预算 | 91 | 2.58 | 2.59 | 2.67 | 2.57 | 2.66 | 2.54 | 2.65 | 2.56 | 2.56 | 2.70 | 2.47 | 2.76 | 2.56 | 2.68 |
| 作业预算 | 87 | 2.41 | 2.46 | 2.53 | 2.41 | 2.48 | 2.40 | 2.45 | 2.43 | 2.41 | 2.55 | 2.34 | 2.56 | 2.42 | 2.50 |
| 传统成本计算 | 92 | 2.67 | 2.70 | 2.83 | 2.64 | 2.72 | 2.66 | 2.68 | 2.69 | 2.64 | 2.86 | 2.58 | 2.83 | 2.66 | 2.77 |
| 标准成本管理 | 93 | 2.60 | 2.66 | 2.75 | 2.59 | 2.69 | 2.59 | 2.67 | 2.61 | 2.60 | 2.76 | 2.55 | 2.74 | 2.59 | 2.76 |
| 变动成本法 | 93 | 2.64 | 2.67 | 2.75 | 2.62 | 2.72 | 2.61 | 2.64 | 2.66 | 2.62 | 2.77 | 2.56 | 2.79 | 2.62 | 2.76 |
| 作业成本法 | 88 | 2.52 | 2.49 | 2.59 | 2.48 | 2.58 | 2.45 | 2.49 | 2.51 | 2.50 | 2.54 | 2.48 | 2.54 | 2.48 | 2.60 |
| 目标成本法 | 90 | 2.55 | 2.56 | 2.69 | 2.52 | 2.58 | 2.54 | 2.58 | 2.54 | 2.52 | 2.69 | 2.47 | 2.68 | 2.51 | 2.70 |
| 量本利分析 | 95 | 2.67 | 2.69 | 2.80 | 2.64 | 2.78 | 2.61 | 2.71 | 2.66 | 2.65 | 2.79 | 2.60 | 2.79 | 2.64 | 2.81 |
| 边际分析 | 93 | 2.62 | 2.70 | 2.73 | 2.63 | 2.75 | 2.59 | 2.67 | 2.65 | 2.63 | 2.75 | 2.58 | 2.76 | 2.62 | 2.78 |
| 敏感性分析 | 93 | 2.54 | 2.61 | 2.65 | 2.55 | 2.65 | 2.52 | 2.60 | 2.56 | 2.56 | 2.65 | 2.51 | 2.66 | 2.53 | 2.73 |
| 标杆管理 | 90 | 2.41 | 2.48 | 2.47 | 2.44 | 2.47 | 2.43 | 2.45 | 2.44 | 2.42 | 2.54 | 2.37 | 2.55 | 2.40 | 2.60 |
| 贴现现金流法 | 87 | 2.41 | 2.44 | 2.47 | 2.41 | 2.53 | 2.35 | 2.43 | 2.42 | 2.40 | 2.52 | 2.38 | 2.49 | 2.36 | 2.62 |
| 项目管理 | 92 | 2.39 | 2.52 | 2.49 | 2.44 | 2.51 | 2.42 | 2.48 | 2.44 | 2.42 | 2.61 | 2.37 | 2.57 | 2.42 | 2.58 |
| 资本成本分析 | 93 | 2.51 | 2.58 | 2.59 | 2.54 | 2.65 | 2.47 | 2.53 | 2.56 | 2.53 | 2.63 | 2.48 | 2.64 | 2.50 | 2.70 |

续表

| 选项 | 样本(100%) | 企业规模 | | 所属行业 | | 单位类别 | | 经营地域 | | 年龄 | | 从事财务工作年限 | | 教育背景 | |
|---|---|---|---|---|---|---|---|---|---|---|---|---|---|---|---|
| | | 小规模企业 | 大规模企业 | 制造业 | 非制造业 | 非国有控股 | 国有控股 | 大城市 | 非大城市 | 小年龄组 | 大年龄组 | 任职年限短 | 任职年限长 | 非研究生 | 研究生 |
| 情景分析 | 87 | 2.34 | 2.40 | 2.39 | 2.36 | 2.44 | 2.31 | 2.37 | 2.37 | 2.36 | 2.41 | 2.36 | 2.38 | 2.32 | 2.52 |
| 约束资源优化 | 86 | 2.32 | 2.30 | 2.29 | 2.31 | 2.40 | 2.25 | 2.25 | 2.34 | 2.31 | 2.31 | 2.30 | 2.33 | 2.27 | 2.45 |
| 关键业绩指标法 | 92 | 2.43 | 2.56 | 2.57 | 2.47 | 2.60 | 2.43 | 2.46 | 2.51 | 2.47 | 2.60 | 2.40 | 2.63 | 2.44 | 2.67 |
| 经济增加值法 | 85 | 2.32 | 2.31 | 2.32 | 2.31 | 2.35 | 2.29 | 2.23 | 2.36 | 2.30 | 2.37 | 2.28 | 2.36 | 2.26 | 2.49 |
| 平衡计分卡 | 89 | 2.43 | 2.43 | 2.48 | 2.42 | 2.56 | 2.34 | 2.42 | 2.44 | 2.40 | 2.56 | 2.38 | 2.50 | 2.38 | 2.59 |
| 360度绩效评价 | 81 | 2.17 | 2.26 | 2.27 | 2.20 | 2.27 | 2.18 | 2.24 | 2.20 | 2.16 | 2.42 | 2.13 | 2.34 | 2.17 | 2.36 |
| 股权激励 | 79 | 2.16 | 2.08 | 2.01 | 2.16 | 2.24 | 2.04 | 2.15 | 2.11 | 2.11 | 2.18 | 2.10 | 2.16 | 2.10 | 2.20 |
| 内部控制 | 95 | 2.60 | 2.66 | 2.68 | 2.62 | 2.66 | 2.61 | 2.64 | 2.63 | 2.57 | 2.88 | 2.51 | 2.81 | 2.61 | 2.70 |

注：按照企业规模将样本划分为两类：1亿元以下为小规模企业，1亿元以上为大规模企业；按照行业将样本划分为制造业和非制造业两类；按照所有制结构将样本划分为国有控股和非国有控股两类，其中国有控股公司包括国有控股上市公司和国有控股非上市公司，非国有控股公司包括民营控股上市公司、民营控股非上市公司、外商投资企业及其他企业；按照中国企业经营地域将样本划分为大城市和非大城市企业；按照调查对象的年龄将样本划分为两类：年龄低于40岁的为年龄小的一组，年龄超过40岁的为年龄大的一组；表中分别以研究生和非研究生作为分类，年龄分为博士研究生（包括博士研究生以上学历（包括博士研究生和硕士研究生）和本科及以下学历两类，表中得分以研究生和非研究生重要，赋值9分，认为该因素较重要，赋值7分，认为该项作出回答的调查对象中，该选项的平均得分，该选项因素非常重要，赋值5分，认为该因素一般重要，赋值3分，认为该因素不重要，赋值1分。样本一列为认为某一选项表示认为某一选项非常重要或重要的调查对象占全部反馈该问题调查对象中的比例。

## 表 14 您个人现在的技能和将来的综合能力？

| 选项 | 样本(100%) | 企业规模 | | 所属行业 | | 单位类别 | | 经营地域 | | 年龄 | | 从事财务工作年限 | | 教育背景 | |
|---|---|---|---|---|---|---|---|---|---|---|---|---|---|---|---|
| | | 小规模企业 | 大规模企业 | 制造业 | 非制造业 | 非国有控股 | 国有控股 | 大城市 | 非大城市 | 小年龄组 | 大年龄组 | 任职年限短 | 任职年限长 | 非研究生 | 研究生 |
| 信息系统 | 94 | 2.44 | 2.51 | 2.51 | 2.47 | 2.56 | 2.42 | 2.52 | 2.46 | 2.44 | 2.62 | 2.38 | 2.62 | 2.49 | 2.45 |
| 数据治理 | 92 | 2.31 | 2.31 | 2.37 | 2.29 | 2.35 | 2.28 | 2.36 | 2.28 | 2.31 | 2.32 | 2.24 | 2.40 | 2.35 | 2.19 |
| 数据分析 | 97 | 2.55 | 2.68 | 2.71 | 2.58 | 2.63 | 2.60 | 2.72 | 2.55 | 2.57 | 2.77 | 2.49 | 2.79 | 2.62 | 2.59 |
| 数据可视化 | 92 | 2.31 | 2.37 | 2.35 | 2.34 | 2.36 | 2.33 | 2.37 | 2.32 | 2.35 | 2.29 | 2.32 | 2.36 | 2.35 | 2.31 |
| 行业特定知识 | 96 | 2.43 | 2.58 | 2.47 | 2.52 | 2.52 | 2.49 | 2.55 | 2.48 | 2.47 | 2.63 | 2.45 | 2.58 | 2.48 | 2.57 |
| 运营知识 | 95 | 2.42 | 2.56 | 2.60 | 2.46 | 2.54 | 2.46 | 2.53 | 2.47 | 2.44 | 2.68 | 2.39 | 2.64 | 2.47 | 2.55 |
| 质量管理和持续提升 | 91 | 2.34 | 2.35 | 2.31 | 2.35 | 2.37 | 2.32 | 2.36 | 2.33 | 2.34 | 2.37 | 2.30 | 2.41 | 2.32 | 2.41 |
| 项目管理 | 92 | 2.34 | 2.49 | 2.42 | 2.41 | 2.41 | 2.42 | 2.48 | 2.38 | 2.40 | 2.49 | 2.33 | 2.53 | 2.40 | 2.47 |
| 沟通技巧 | 99 | 2.59 | 2.75 | 2.69 | 2.66 | 2.66 | 2.68 | 2.72 | 2.64 | 2.64 | 2.80 | 2.61 | 2.75 | 2.65 | 2.72 |
| 激励和启发他人 | 96 | 2.52 | 2.63 | 2.55 | 2.58 | 2.56 | 2.59 | 2.65 | 2.53 | 2.53 | 2.73 | 2.51 | 2.66 | 2.54 | 2.68 |
| 协作、团队合作和关系管理 | 98 | 2.67 | 2.78 | 2.74 | 2.72 | 2.70 | 2.73 | 2.81 | 2.67 | 2.69 | 2.86 | 2.66 | 2.81 | 2.71 | 2.76 |
| 变革管理 | 88 | 2.17 | 2.25 | 2.19 | 2.21 | 2.20 | 2.22 | 2.21 | 2.21 | 2.21 | 2.21 | 2.17 | 2.26 | 2.18 | 2.31 |
| 冲突管理 | 90 | 2.22 | 2.33 | 2.18 | 2.30 | 2.25 | 2.29 | 2.30 | 2.26 | 2.26 | 2.32 | 2.24 | 2.33 | 2.24 | 2.38 |
| 谈判 | 92 | 2.29 | 2.34 | 2.25 | 2.34 | 2.27 | 2.35 | 2.32 | 2.32 | 2.29 | 2.41 | 2.27 | 2.38 | 2.28 | 2.43 |
| 人才管理 | 91 | 2.33 | 2.42 | 2.43 | 2.36 | 2.34 | 2.40 | 2.39 | 2.37 | 2.32 | 2.59 | 2.26 | 2.54 | 2.34 | 2.49 |

续表

| 选项 | 样本(100%) | 企业规模 | | 所属行业 | | 单位类别 | | 经营地域 | | 年龄 | | 从事财务工作年限 | | 教育背景 | |
|---|---|---|---|---|---|---|---|---|---|---|---|---|---|---|---|
| | | 小规模企业 | 大规模企业 | 制造业 | 非制造业 | 非国有控股 | 国有控股 | 大城市 | 非大城市 | 小年龄组 | 大年龄组 | 任职年限短 | 任职年限长 | 非研究生 | 研究生 |
| 履行职业道德行为 | 99 | 2.77 | 2.92 | 2.89 | 2.83 | 2.84 | 2.85 | 2.90 | 2.81 | 2.82 | 2.95 | 2.79 | 2.92 | 2.83 | 2.89 |
| 能够识别并解决不道德行为 | 99 | 2.76 | 2.85 | 2.85 | 2.79 | 2.79 | 2.82 | 2.86 | 2.78 | 2.78 | 2.90 | 2.75 | 2.89 | 2.79 | 2.85 |
| 遵从法律法规要求 | 99 | 2.83 | 2.92 | 2.91 | 2.86 | 2.87 | 2.88 | 2.92 | 2.85 | 2.85 | 2.95 | 2.83 | 2.94 | 2.87 | 2.90 |

注：按照企业规模将样本划分为两类：1亿元以下为小规模企业，1亿元以上为大规模企业；按照行业将样本划分为制造业和非制造业两类；按照所有制结构将样本划分为国有控股公司和非国有控股公司，其中国有控股公司包括国有控股上市公司、非国有控股公司包括民营控股上市公司、民营控股非上市公司、外商投资企业及其他企业；按照企业经营地域将样本划分为大城市企业和非大城市企业；按照调查对象的年龄将样本划分为两类：年龄低于40岁的为年龄小的一组，年龄超过40岁的为年龄大的一组；按照调查对象的教育背景分为研究生（包括博士研究生和硕士研究生）和本科及以下学历两类，表中得分表示研究生和非研究生作为均得分，指标赋值采用五级打分模式，认为该因素重要，赋值9分，认为该因素较重要，赋值7分，认为该因素一般重要，赋值5分，认为该因素较不重要，赋值3分，认为该因素不重要，赋值1分。样本一列表示认为某一选项较重要或重要的调查对象占全部反馈该问题调查对象中的比例。

表 15 对现有培训方式和效果评价

| 选项 | 样本(100%) | 企业规模 | | 所属行业 | | 单位类别 | | 经营地域 | | 年龄 | | 从事财务工作年限 | | 教育背景 | |
|---|---|---|---|---|---|---|---|---|---|---|---|---|---|---|---|
| | | 小规模企业 | 大规模企业 | 制造业 | 非制造业 | 非国有控股 | 国有控股 | 大城市 | 非大城市 | 小年龄组 | 大年龄组 | 任职年限短 | 任职年限长 | 非研究生 | 研究生 |
| 课堂培训 | 75 | 7.36 | 7.03 | 7.13 | 7.21 | 7.20 | 7.19 | 7.17 | 7.20 | 7.15 | 7.36 | 7.21 | 7.17 | 7.20 | 7.18 |
| 线上学习 | 76 | 7.41 | 7.13 | 7.04 | 7.34 | 7.19 | 7.32 | 7.27 | 7.27 | 7.20 | 7.53 | 7.27 | 7.27 | 7.30 | 7.15 |
| 干中学 | 79 | 7.25 | 7.45 | 7.39 | 7.34 | 7.42 | 7.30 | 7.35 | 7.35 | 7.30 | 7.53 | 7.27 | 7.47 | 7.32 | 7.45 |
| 轮岗工作 | 75 | 7.00 | 7.21 | 7.17 | 7.08 | 7.15 | 7.08 | 7.17 | 7.07 | 7.16 | 6.89 | 7.18 | 7.00 | 7.11 | 7.10 |
| 书面学习或专题 | 69 | 6.89 | 6.74 | 6.57 | 6.89 | 6.94 | 6.73 | 6.78 | 6.83 | 6.78 | 6.92 | 6.80 | 6.83 | 6.84 | 6.73 |
| 同行交流讨论 | 83 | 7.46 | 7.42 | 7.29 | 7.48 | 7.58 | 7.33 | 7.39 | 7.46 | 7.44 | 7.42 | 7.50 | 7.35 | 7.48 | 7.28 |
| 专业资格认证 | 87 | 7.76 | 7.60 | 7.65 | 7.69 | 7.72 | 7.65 | 7.59 | 7.74 | 7.70 | 7.63 | 7.75 | 7.59 | 7.67 | 7.73 |

注：按照企业规模将样本划分为两类：1亿元以下为小规模企业，1亿元以上为大规模企业；按照所有制结构将样本划分为国有控股上市公司和非国有控股上市公司两类，其中国有控股公司包括国有控股上市公司和非国有控股上市公司包括所有制造业上市公司、民营控股非上市公司、外商投资企业及其他企业；按照经营地域将样本划分为大城市和非大城市企业；按照调查对象的年龄将样本划分为两组：年龄低于40岁的为年龄小的一组，年龄超过40岁的为年龄大的一组；按照调查对象的教育背景分为研究生（包括博士研究生和硕士研究生）和本科及以下学历两类，表中分别以研究生和非研究生作为分类。就某一选项而言，表中得分表示就某一选项作出回答的调查对象中，该选项的平均得分，指标赋值采用五级打分模式，认为该因素非常重要，赋值9分，认为该因素较重要，赋值7分，认为该因素一般重要，赋值5分，认为该因素不重要，赋值3分，认为该因素不重要，赋值1分。样本一列表示认为某一选项较重要或非常重要的调查对象占全部反馈该问题调查对象中的比例。

表16  相关分析

| 变量 | 企业规模<br>（小-大） | 所属行业<br>（非-制造） | 单位类别<br>（非国控-国控） | 经营地域<br>（小-大） | 年龄<br>（小-大） | 从事财务工作<br>年限（短-长） | 教育背景<br>（非研-研） |
|---|---|---|---|---|---|---|---|
| 企业规模 | 1 | | | | | | |
| 所属行业 | 0.185** | 1 | | | | | |
| 单位类别 | 0.026 | 0.009 | 1 | | | | |
| 经营地域 | 0.091** | 0.038 | 0.046 | 1 | | | |
| 年龄 | 0.124** | 0.074* | 0.027 | 0.009 | 1 | | |
| 从事财务工作年限 | 0.255** | 0.109** | 0.041 | 0.078* | 0.503** | 1 | |
| 教育背景 | 0.139** | 0.025 | 0.044 | 0.117** | 0.047 | 0.021 | 1 |

注：** 相关性在 0.01 级别显著（双尾）。* 相关性在 0.05 级别显著（双尾）。

# 附录三：分析图表

图1　您如何评价如下能力要素对企业经营管理的重要性？

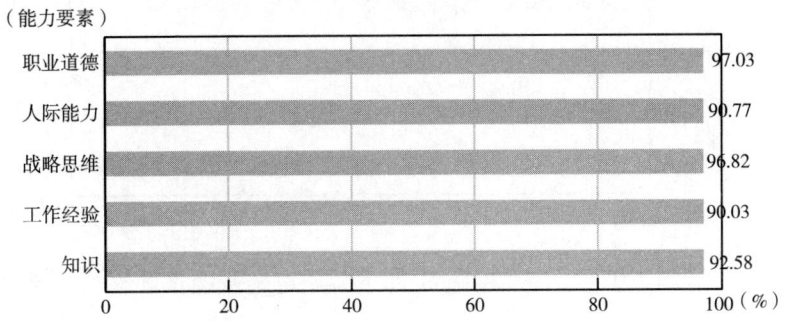

图2　在知识中，您如何评价如下各项对企业经营管理的重要性？

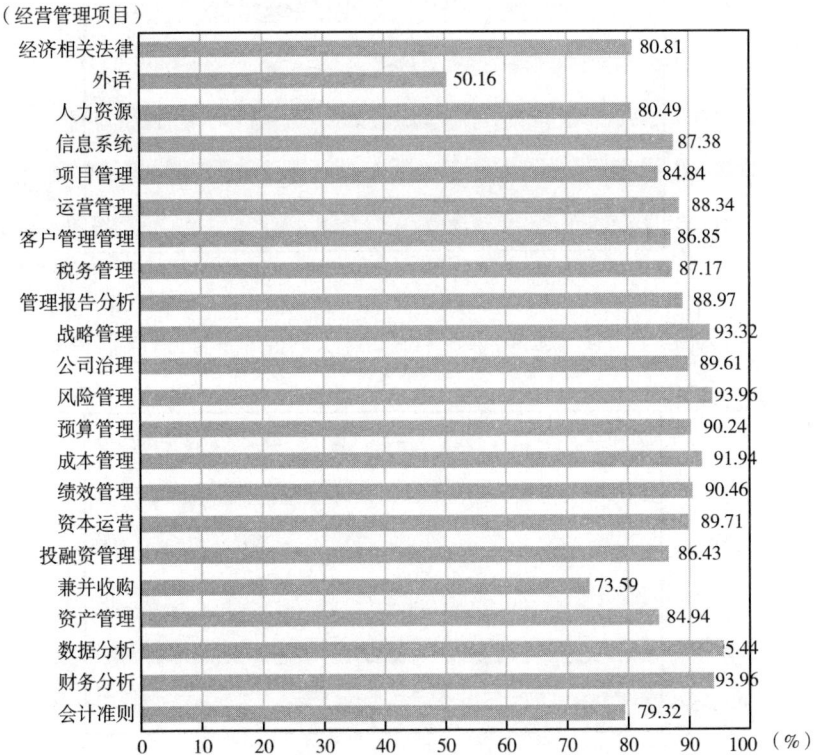

图3 在工作经验中,您如何评价如下各项对企业经营管理的重要性?

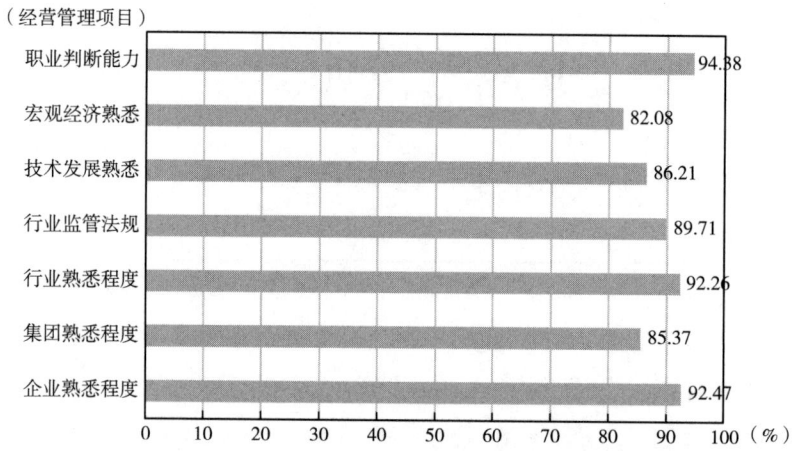

图4 在战略思维中,您如何评价如下各项对企业经营管理的重要性?

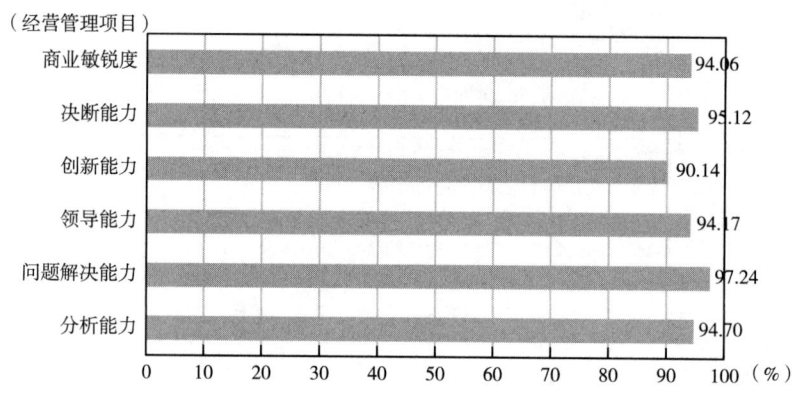

图5 在人际能力中,您如何评价如下各项对企业经营管理的重要性?

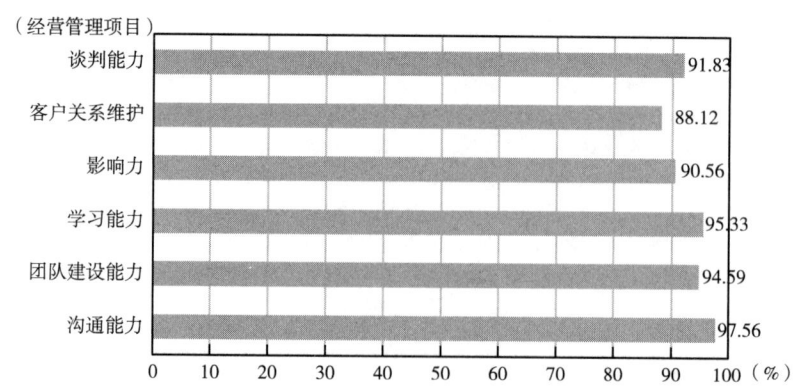

图6 在职业道德中,您如何评价如下各项对企业经营管理的重要性?

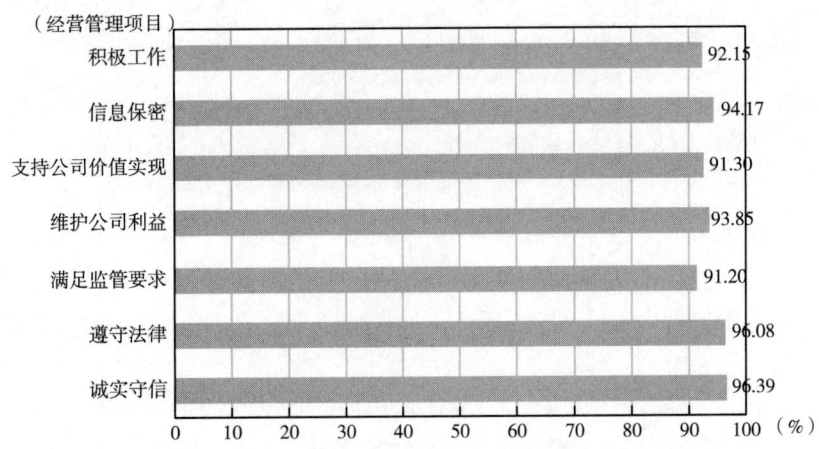

图7 请您对自己在能力和道德中需要改进的方面进行评价?

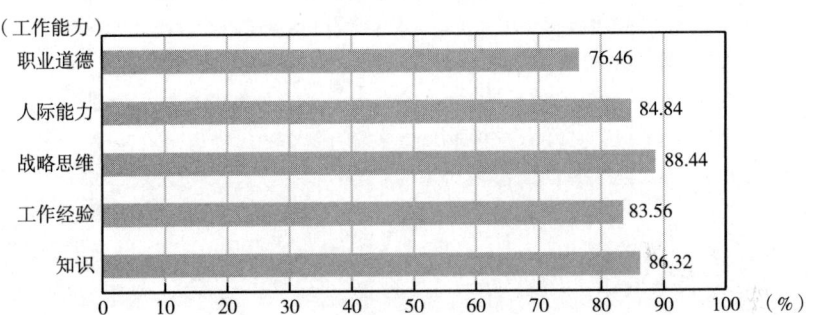

图8 你的工作时间用在与哪些对象打交道?

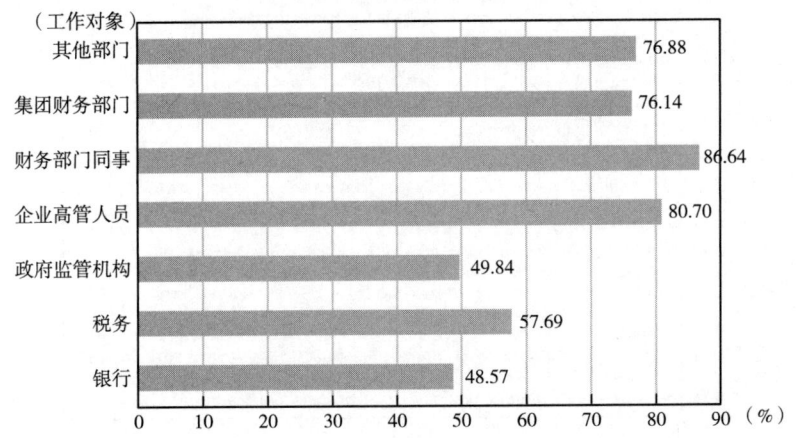

图9　您如何评价下列企业外部因素对财务作用的影响程度？

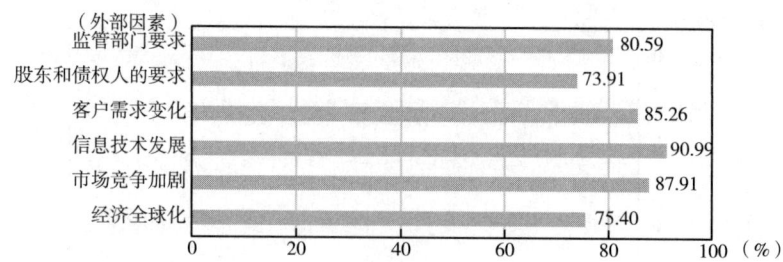

图10　您如何评价下列企业内部因素对财务部门工作效果的影响程度？

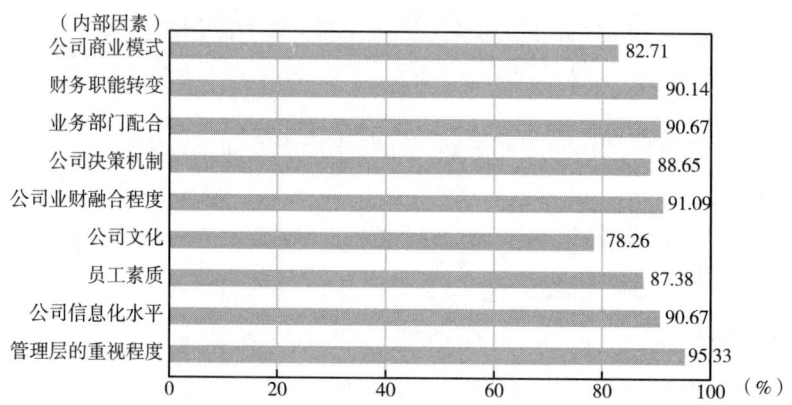

图11　在未来五年，下列知识对于你学习的重要程度？

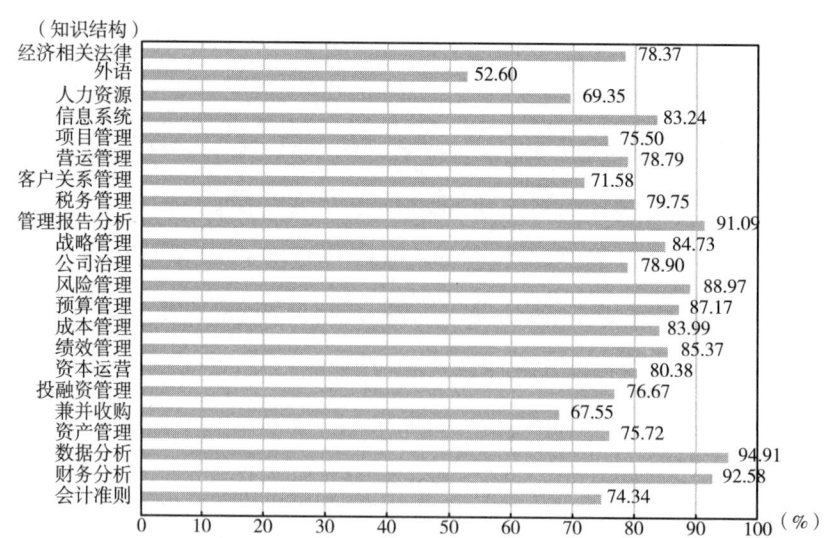

图 12 您所在企业对下列管理会计工具的使用情况?

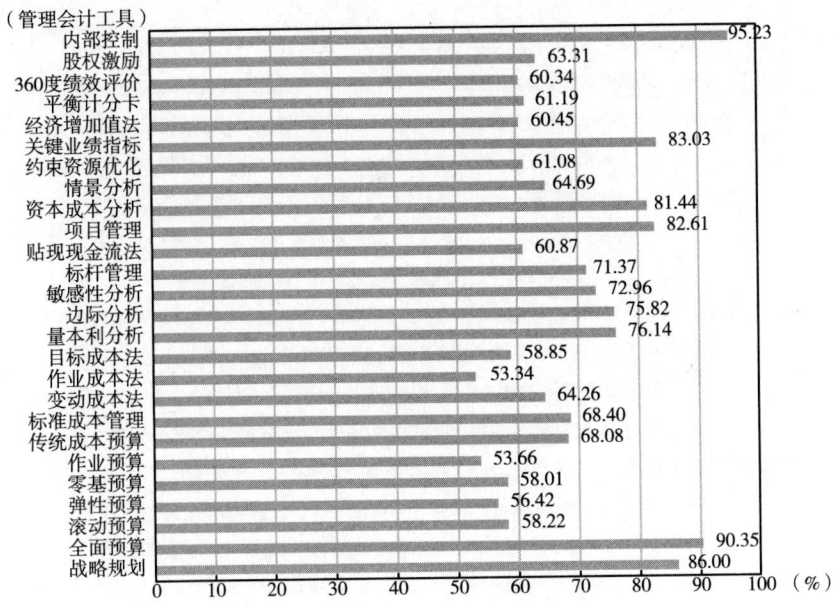

图 13 您个人现在的专业知识和将来的专业知识。

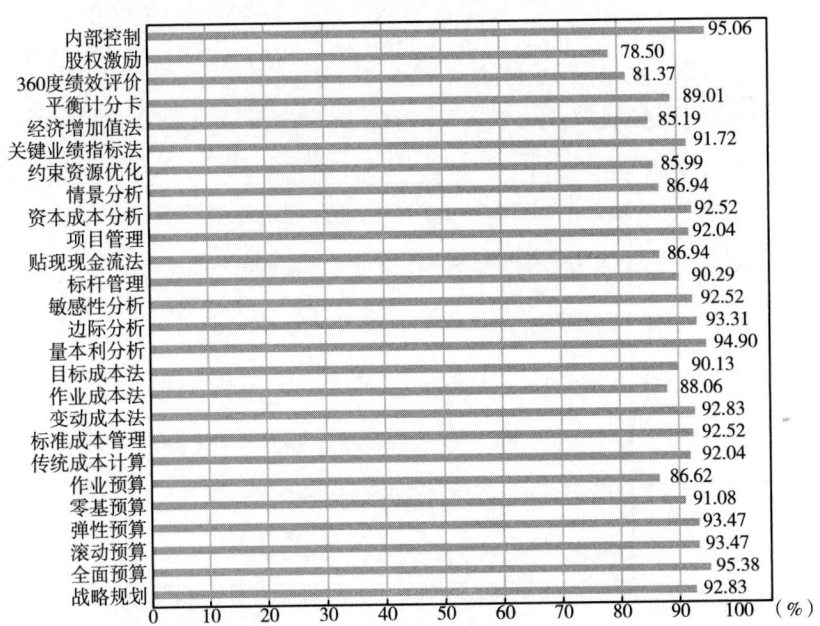

图 14 您个人现在的技能和将来的综合能力。

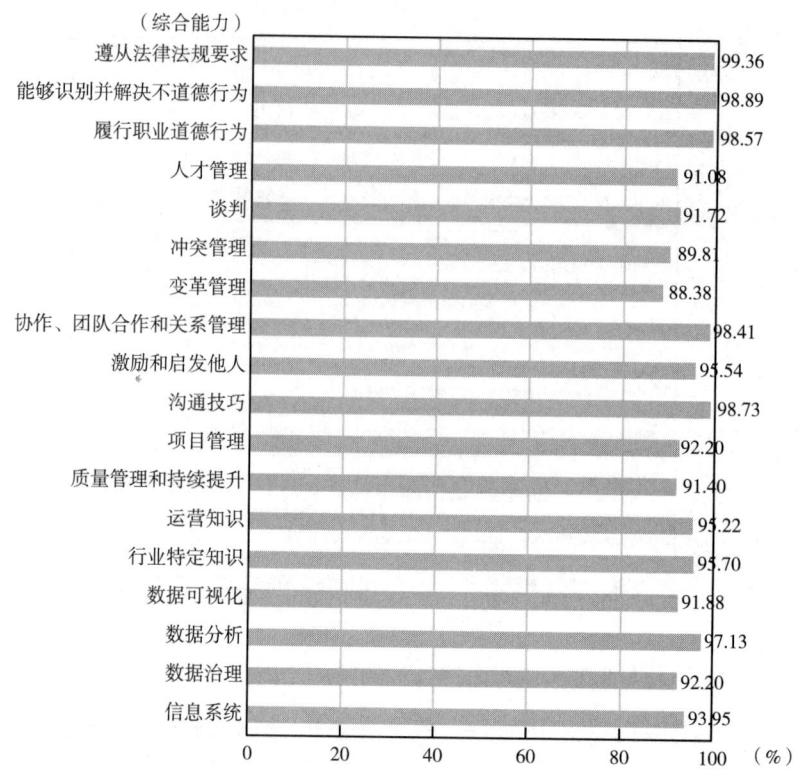

图 15 请对现有培训方式和效果评价。

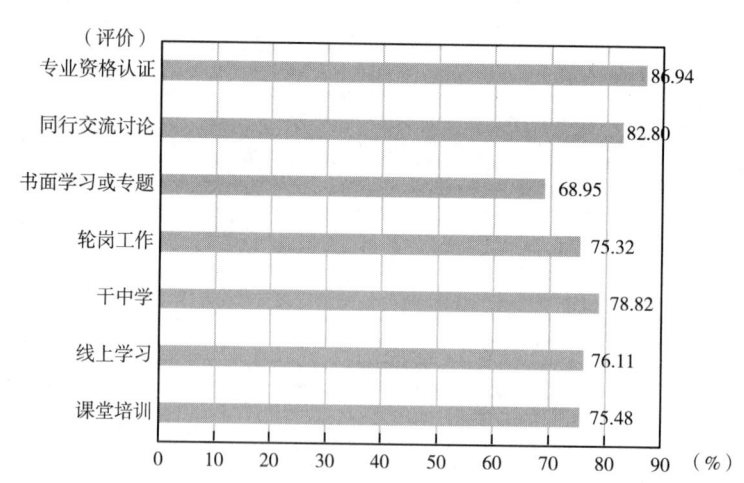

## 基本情况部分

1. 所属职务。

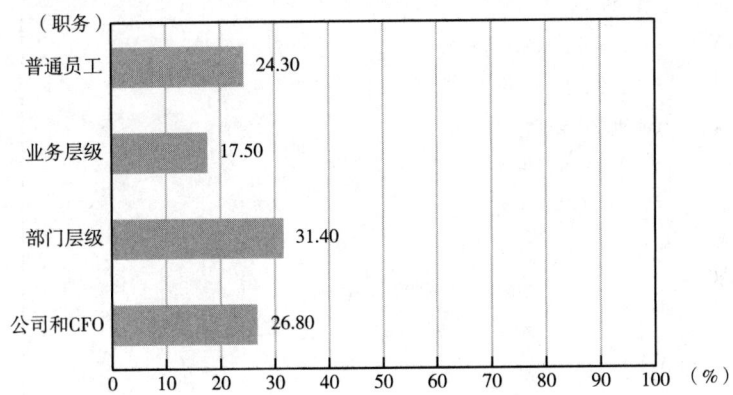

2. 企业规模。

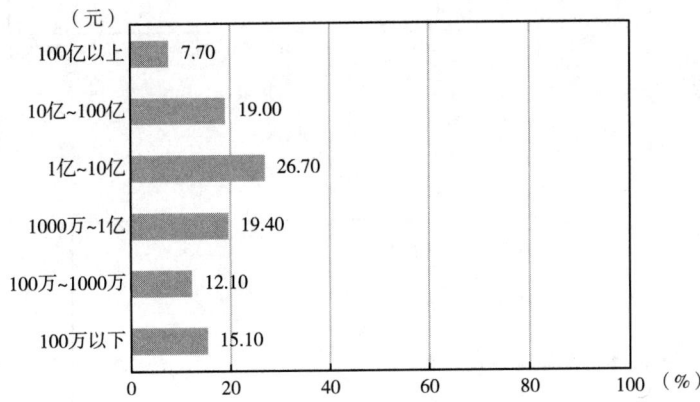

3. 所属行业。

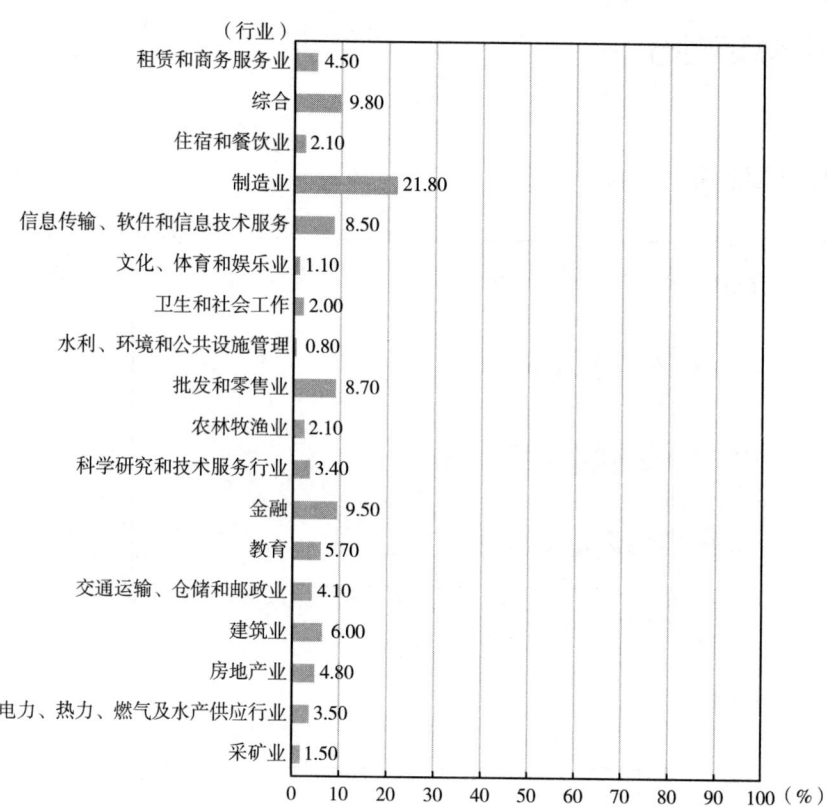

4. 单位类别。

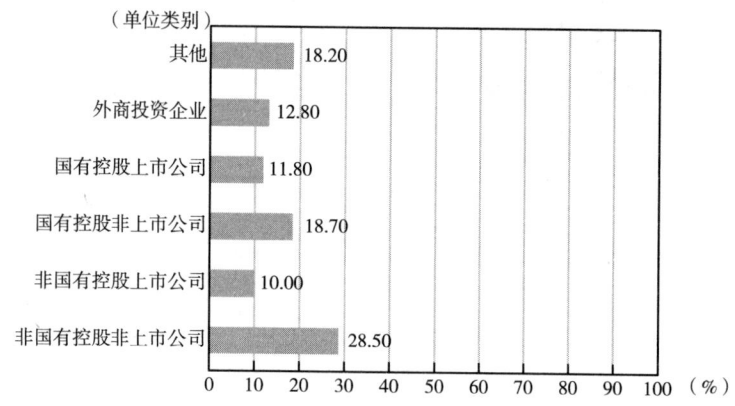

5. 单位所在地。

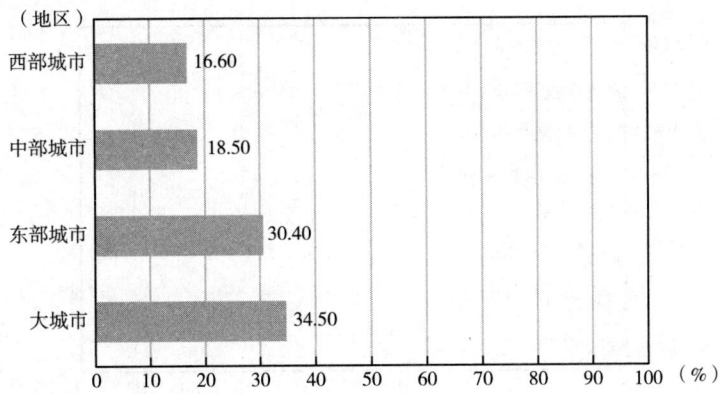

6. 性别。

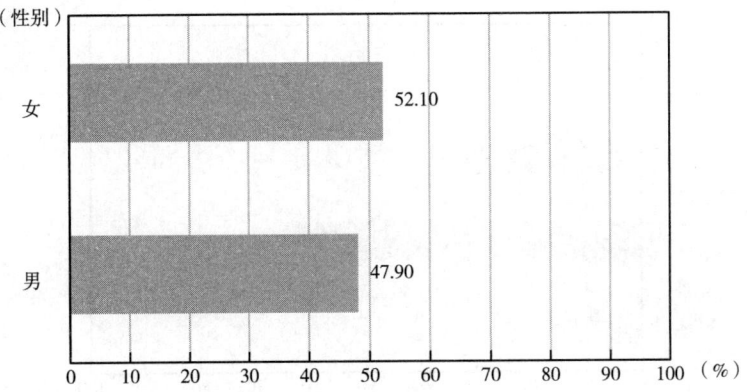

7. 年龄。

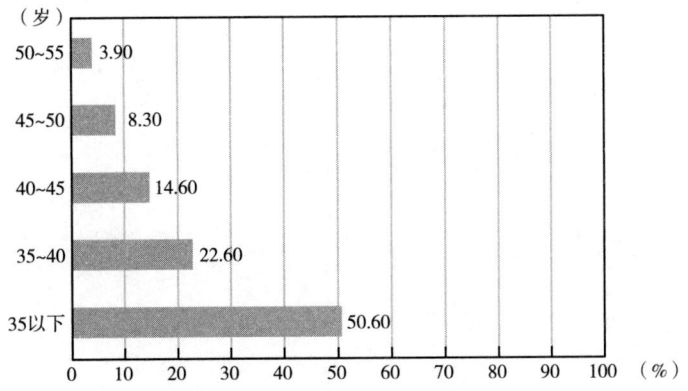

8. 从事财务工作的年限。

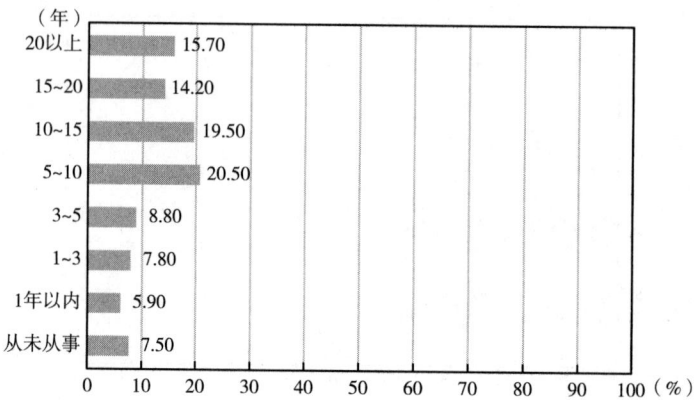

9. 教育背景。

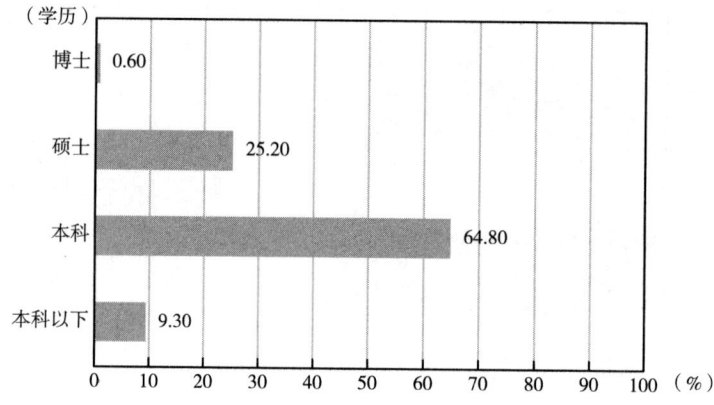

# 后 记

课题组从2019年着手开始研究工作到今天提交研究报告，三年时间里，我们得到了来自方方面面的支持。首先，在项目论证会上，与会专家提出了宝贵意见，对我们很有启发，也对课题报告给予了充分肯定，我们对各位专家在百忙中仍能来参会表示由衷的感谢；其次，我们要感谢全国1000余家公司的CFO积极配合我们的访谈和问卷调查，没有他们的配合，我们的课题就无法完成；再次，要感谢李扣庆院长等学院领导的支持，没有学院在财务和精神上的鼓励、支持和帮助，我们的项目很难顺利完成；最后，我们还要感谢远程等部门同事在研究方案确定、访谈、问卷统计、问卷分析过程中的通力合作，课题报告不仅是课题组的成果，而且是全院同事努力的成果。同时，也感谢合作方IMA在项目立项、研究过程到项目撰写全过程的支持和配合，让整个项目的进程和谐顺利！

本书由赵春光教授负责总体设计和总撰定稿，谢荣教授、张人骥教授和邓传洲教授任顾问，在此特别感谢杨艺在项目管理上付出的诸多努力。

本书撰写的具体分工如下：第一章，赵春光；第二章，赵春光；第三章，袁宇豪、赵春光；第四章，崔景瑞、赵春光；第五章，赵春光；第六章，季周；第七章，赵春光。

CFO能力框架的建立是一项复杂的系统工程，我们需要在进一步调研的基础上加以完善，期待您的任何意见和建议。

课题组

2021年10月